Maiorca

Hans-Joachim Aubert

indice

Informazioni, indirizzi e siti web

Per saperne di più: dati e retroscena

In giro per Maiorca

indice

Approfondimenti

Carte e mappe

► Questo simbolo nella guida rimanda alla mappa staccabile di Maiorca

In breve

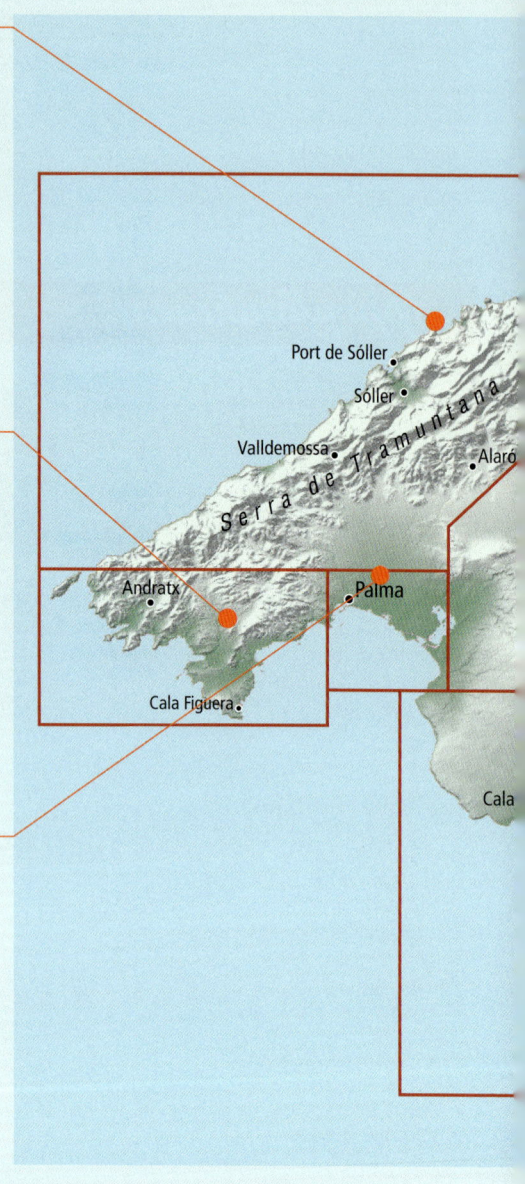

Serra de Tramuntana (Serra del Norte)

Fertili vallate e ripide scogliere con vista sul Cap de Formentor, idilliaci villaggi fortificati e il paesaggio arabeggiante di Banyalbufar, monasteri come Valldemossa o Lluc, tenute principesche e semplici eremi: questo e altro ancora è la Serra de Tramuntana.
Pag. 138

La costa a ovest di Palma

Spiagge, baie e montagne che si spingono fino al mare, frequentate sia dal turismo di massa sia dai ricchi proprietari di ville lussuose e degli yacht ancorati nei porti. Spa e scivoli d'acqua, chioschi per uno spuntino in piedi e ristoranti raffinati convivono a pochi passi gli uni dagli altri.
Pag. 120

Palma e dintorni

La porta d'ingresso di Maiorca è una città moderna, chic e tuttavia ancora ricca di tradizione, che offre uno splendido lungomare sul porto turistico, un intrico di viuzze attorno alla cattedrale Sa Seu e una vivace vita notturna a Palma e nelle località vicine.
Pag. 84

Port de Sóller

Sóller

Valldemossa

Alaró

Serra de Tramuntana

Andratx

Palma

Cala Figuera

Cala

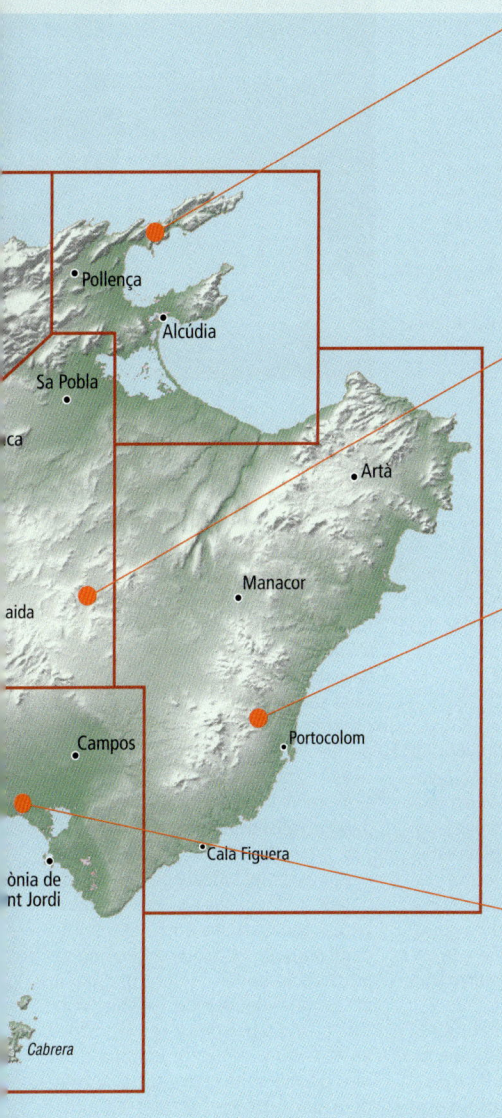

Badia de Pollença e Badia de Alcúdia
Nel nord-ovest dell'isola si trovano la baia di Pollença, paradiso dei velisti e dei surfisti, Can Picafort, molto amata dai bagnanti, e le spiagge di sabbia presso Alcúdia, una delle località più piacevoli dell'isola. Pag. 178

Es Pla, la pianura centrale
La Maiorca dell'entroterra, dove si trovano ancora pascoli, piantagioni e campi coltivati attorno a villaggi che sembrano usciti da un'altra epoca, dominati dal Puig de Randa con i suoi monasteri. Pag. 208

La costa orientale
Questa costa scoscesa presenta baie isolate e le spiagge di Cala Millor e Cala Rajada, situate in una splendida posizione. Tra le montagne dell'entroterra si trovano monasteri, grotte e villaggi fortificati. Pag. 244

La costa meridionale
È l'angolo più tranquillo di Maiorca, con lunghe spiagge di sabbia, pinete, saline e una rete di piste ciclabili che promettono una vacanza rilassante. Nel villaggio di Capocorb Vell si può tornare nella preistoria. Pag. 230

In viaggio con Hans-Joachim Aubert
Viaggiare, fotografare e scrivere: queste sono le tre grandi passioni di Hans-Joachim Aubert. Fondamentalmente non fa nient'altro, perciò può essere definito a tutti gli effetti un globetrotter. Spesso rimane in viaggio per mesi, soprattutto in Sudamerica, India e naturalmente a Maiorca. Alla domanda su che cosa ami così tanto di quest'isola e perché ci torni tanto spesso, risponde: "Amo la varietà del paesaggio, l'ambiente mediterraneo e, da fotografo, la luce davvero speciale. La mia preferenza personale va alla Serra de Tramuntana: la strada che la attraversa non ha eguali in Europa".

Un'isola per sognare

"In una zona così vicina alla grande civilizzazione non si trovano alloggi", si lamentava George Sand quando nel 1838 trascorse l'inverno nel monastero di Valldemossa in compagnia del suo amato, il compositore Frédéric Chopin. Come sono cambiati i tempi!

Un'isola dai mille volti
L'isola delle Baleari è ormai diventata da molto tempo una delle mete favorite del turismo di massa, e riesce a stregare tutti i visitatori con i suoi paesaggi spettacolari, la rilassata atmosfera mediterranea e non da ultimo la sua luce davvero speciale. Tuttavia solo chi si reca spesso sull'isola e desidera conoscerla più a fondo potrà cogliere le numerose sfaccettature che Maiorca può offrire.

Ridurre Maiorca a una mera meta per vacanze al mare tra spiagge e piscine non le farebbe infatti giustizia. L'isola è più propriamente un microcosmo, dove ognuno può soddisfare i propri desideri personali. Gli escursio-

nisti che contemplano il blu del mare dalle vette della Serra de Tramuntana saranno felici quanto i bagnanti che si godono il sole sulle spiagge, quelle affollate come la Platja de Palma o quelle solitarie che si trovano nelle migliaia di baie dell'isola. I giocatori di golf possono scegliere tra 20 campi mantenuti con cura, i velisti e i surfisti possono approfittare dei venti tiepidi e costanti, i ciclisti saranno allettati dalle strade tutte curve lungo le coste e i romantici dai magnifici tramonti.

Il fatto che Maiorca si sia trasformata nella meta ideale per le vacanze si deve non solo alla sua natura molteplice e generosa, ma anche allo spirito degli abitanti dell'isola, che hanno saputo comprendere e interpretare le necessità e i desideri dei turisti. Qui infatti gli ospiti possono vivere il gusto di un'atmosfera esotica e lontana dalla loro quotidianità senza tuttavia rompere del tutto con le loro abitudini consolidate. Maiorca è la regina di questa abile politica di accoglienza. Ad

esempio gustare una paella sotto le palme sorseggiando una birra d'importazione è più la regola che l'eccezione. Uno dei segreti del successo di Maiorca, forse il più significativo, è proprio la capacità di adattarsi alle necessità dei turisti di diverse nazioni senza tuttavia perdere la sua profonda identità catalana.

La mia Maiorca

Alla fine del XIX secolo Maiorca veniva ancora definita "l'isola della calma", molto tempo prima dell'arrivo del turismo di massa. Sorprendentemente, nonostante i 19 milioni di visitatori che arrivano qui ogni anno, è ancora possibile trovare questa calma, sicuramente non sulle vaste spiagge sabbiose in piena estate, ma in primavera e in autunno negli eremi solitari, tra i mulini a vento della pianura di Sa Pobla o in una delle spiaggette della costa orientale.

Il breve periodo della "mentalità dei cercatori d'oro", quando il denaro facile affluiva nelle mani degli abitanti, procurando a Maiorca la fama poco lusinghiera di un El Dorado di sole e san-

gría grossolano e a buon prezzo è ormai passato da tempo. A Maiorca trascorre ancora le sue vacanze il re di Spagna, che ha scelto l'isola come una delle sue residenze. In nessun altro luogo si trova una tale concentrazione di ristoranti di lusso, e una vacanza in campagna qui non significa necessariamente odore di stalla e materassi di paglia, bensì residenze lussuose allestite in una *finca* restaurata con cura e dotata di tutte le comodità.

Venite a Maiorca quando ormai i vacanzieri estivi sono tornati a casa, quando il sole autunnale avvolge il mare e il paesaggio con la sua luce impareggiabile, quando le strade secondarie sono deserte e trovare posto in un ristorante di pesce è facilissimo. Potrete passeggiare sulla Serra de Tramuntana, con il mare ai vostri piedi, circondati da pini e sughere, e come l'arciduca Salvator sentirete "la fantasia stimolata a dare libero sfogo a immagini di ogni genere; risvegliandosi da questo sogno, si ringrazia il cielo di poter vivere in questo angolo beato della terra". Attenzione: Maiorca è ad alto rischio di dipendenza!

9

Sant Elm, panorama serale sull'isola
Sa Dragonera, pag. 134

Xocolateria Ca'n Joan de S'Aígo,
pag. 100

I luoghi del cuore

Sa Pobla, un mercato tradizionale,
pag. 216

I mulini nei pressi di Campos, pag. 242

Sa Calobra, la gola del Torrent de Pareis, pag. 164

Cala Rajada, un pomeriggio al faro Capdepera, pag. 274

Le guide DuMont vengono redatte da autori che aggiornano continuamente il volume visitando sempre ogni località descritta. Prima o poi ognuno di loro scopre i propri luoghi del cuore: un paesino lontano dai classici itinerari turistici, una particolare spiaggia sabbiosa, un simpatico ristoro, un angolo di natura incontaminata... luoghi da condividere con i lettori.

Cala S'Amarador, un angolo di natura incontaminata, pag. 254

Port de Pollença, alla fine del molo, pag. 188

Informazioni, indirizzi e siti web

In compagnia sulla lunga spiaggia naturale di Sa Canova nel nord-est dell'isola

Fonti di informazioni

Informazioni in internet

In internet si trovano innumerevoli siti che riguardano l'isola di Maiorca; per la maggior parte sono siti commerciali che offrono voli, alloggi e automobili a noleggio. Tuttavia si trovano anche parecchie informazioni sull'isola e sulle persone, sui monumenti, i mercati, le feste e le spiagge migliori.

Non è sempre facile risalire direttamente al sito di un albergo, perché il nome dell'albergo rimanda immediatamente al sito di un intermediario, che spesso non ha interesse a concedere l'accesso diretto alla fonte. Inoltre alcuni siti sono un po' datati, come per esempio il più antico ufficio turistico del mondo (fondato nel 1905!), www.fomentmallorca.org. Alcuni dei più interessanti esistono solo nella versione spagnola e catalana, anche se qualcuno offre una traduzione un po' curiosa in altre lingue.

www.infomallorca.net: sito ufficiale dell'Ente turistico di Maiorca con moltissimi consigli soprattutto per gli amanti della natura (spagnolo, inglese e francese).

www.seemallorca.com: sito ben fatto in inglese e suddiviso in differenti sezioni: News, Calendario eventi, Spiagge, Webcam, Ville, Appartamenti, Hotel di lusso, Hotel, Trasferimenti da/per l'aeroporto, Beach Club, Gite in barca, Noleggio yacht, Cose da fare, Sport acquatici, Noleggio biciclette, Guide e tour, Ristoranti, Proprietà in vendita, Agenzie immobiliari.

www.balearsculturaltour.net: sito con focus sulla cultura maiorchina (spagnolo, inglese, francese). Tante immagini e mappe interattive, un vero piacere per gli occhi!

www.beach-inspector.com: guida online in inglese sulle spiagge del mondo. Nell'elenco ci sono anche le baie più piccole di Maiorca con valutazione e link alla Google Map.

www.digamemallorca.com: sito in inglese dell'omonima rivista cartacea *Dígame Magazine* distribuita in locali, hotel e musei selezionati dalla redazione. Contiene informazioni utili per il turista; in particolare la sezione "Dígame drives" riporta itinerari da percorrere comodamente in macchina per riempirsi gli occhi dei meravigliosi paesaggi di Maiorca.

Uffici turistici

... in Italia

Turespaña Milano
Via Broletto 30
20121 Milano
Tel. +39 0272004625
Fax +39 0272004318
http://www.spain.info/it/
(Sede non aperta al pubblico; area di competenza: Italia settentrionale e Repubblica di San Marino)
Per chiedere informazioni usare il modulo web: ww.spain.info/contact/
http://www.spain.info/it/

Turespaña Roma
Piazza di Spagna 55
00187 Roma
Tel. +39 066782850
Fax +39 066798272
http://www.spain.info/it/
Orari di apertura per il pubblico: lu–ve

9–13 (area di competenza: Italia centrale, meridionale e isole)
Per chiedere informazioni usare il modulo web: www.spain.info/contact/

... in Svizzera

Turespana Zurigo
Seefeldstr. 19
8008 Zurigo
Tel. 0041 442 53 60 50
http://www.spain.info/it/
Orari di apertura per il pubblico: lu–ve 9–17.

Ulteriori informazioni sono reperibili sul sito del Ministero dell'industria, del commercio e del turismo spagnolo, www.tourspain.es.

Uffici turistici a Maiorca

In tutte le città più grandi è possibile trovare un ufficio turistico. I dipendenti parlano diverse lingue e la maggior parte delle volte sono ben informati ed efficienti. Molto utili le mappe, i volantini di eventi e le riviste turistiche che si possono reperire all'interno di questi uffici e presentano ristoranti, hotel e negozi. Informarsi già prima dell'inizio del soggiorno con e-mail o in internet è comunque consigliabile, soprattutto se si può contare su conoscenze anche solo basilari della lingua spagnola.

App

Esistono ormai numerose app per Apple e Android che possono essere utili ai turisti.
http://maps.me: programma per l'uso delle mappe quando non si è online, per Apple e Android.
Zumbs Mallorca: tra le altre cose, segnala eventi, spiagge, ristoranti e vita notturna.

Altre applicazioni si possono scaricare dalla seguente pagina web del sito dell'Ufficio del turismo spagnolo in Italia: http://www.spain.info/it/reportajes/apps_turisticas_mallorca.html.

Letture consigliate

Stoeltie, Barbare & Renè: *Ville e Casali di Maiorca*, Taschen, 2000. Maiorca è un angolo di paradiso. Ma non tutti conoscono la parte più nascosta dell'isola, dove le case si perdono nella campagna. *Ville e Casali di Maiorca* invita a scoprire questo mondo attraverso 220 fotografie, alcune inedite.
Villalonga, Lorenzo: *La sala delle bambole*, Editori Riuniti, 1976. Un romanzo che ritrae la vita di Maiorca nel XIX secolo, descritta da uno scrittore locale.
Alzamora, Sebastià: *Miracolo a Maiorca*, Marcos y Marcos, 2011. Romanzo ambientato nella Maiorca degli anni Venti, è la storia di un contadino romantico e dei suoi sogni. Commedia piena di gioia di vivere, tratta da una storia vera.
Sand, George: *Un inverno a Maiorca*, L'Iguana, 2017. Il resoconto autobiografico del soggiorno dell'autrice sull'isola in compagnia del compagno Frédéric Chopin fra il 1838 e il 1839.
Berry, Valérie: *Basic tapas*, Guido Tommasi Editore, 2007. Tante ricette insolite e gustose, a base di verdure, carne e pesce che vi guideranno alla scoperta dei sapori genuini, semplici e speziati della cucina spagnola. E per chi non riesce a rinunciare al dessert c'è un intero capitolo dedicato a dolci profumati e golosi.
Quinn, Sue: *Le basi della cucina spagnola*, Guido Tommasi Editore, 2013. Un libro per imparare a cucinare i piatti tipici spagnoli e mettere al bando la nostalgia dopo un tour gastronomico in Spagna.

Clima e periodo del viaggio

Clima

Estati calde e secche e inverni freschi e piovosi sono i tratti distintivi del clima mediterraneo, tipico delle Baleari. Le temperature variano tra i 15° C in gennaio/febbraio agli oltre 30° C con cielo prevalentemente sereno in luglio/agosto. Il clima invernale molto mite è favorito dalla presenza della Serra de Tramuntana, che protegge l'isola dai venti freddi provenienti dalla terraferma.

Nonostante le dimensioni ridotte dell'isola, le precipitazioni variano notevolmente da zona a zona. Nel sudest presso Colònia de Sant Jordi ammontano in media a 350 mm all'anno, mentre nella Serra de Tramuntana arrivano a 1500 mm. I mesi più piovosi sono quelli da settembre a novembre, nei quali si concentra il 40 % delle precipitazioni annuali. Un altro 25 % avviene tra marzo e maggio, un ulteriore 25 % tra dicembre e febbraio, mentre in estate si verifica solo il 10 % delle piogge.

Il cambiamento climatico globale si nota anche a Maiorca: ad esempio nel 2007 le temperature estive hanno superato i 40 °C, mentre in ottobre i cicloni provocati dall'aumento della temperatura dell'acqua hanno causato numerosi danni. In generale le anomalie del clima sono diventate più frequenti, e il clima invernale tranquillo e mite non è più una garanzia.

Stagioni del viaggio

Primavera
Già in febbraio i mandorli iniziano a fiorire, seguiti dagli albicocchi e dagli aranci. La maggior parte degli alloggi nelle località turistiche è ancora chiusa, tuttavia gli hotel a Palma e alcune *fincas* e diversi alberghi in campagna hanno già aperto. Meglio accertarsi che il riscaldamento sia acceso. La primavera è particolarmente adatta per le escursioni, soprattutto a partire da marzo. Non bisogna mai dimenticare l'abbigliamento da pioggia.

Estate
Periodo di ferie nella maggior parte dei Paesi europei, l'estate è sicuramente l'alta stagione. Cielo blu, temperature elevate ma rinfrescate da un vento leggero e costante e acqua tiepida attirano numerosi turisti. Le spiagge sono affollate e i prezzi raggiungono il top. L'estate non è certo il periodo migliore per escursioni a piedi e in bicicletta.

Autunno
Come la primavera, anche l'autunno è il periodo ideale per visitare Maiorca. Fino a ottobre l'acqua è abbastanza

Tabella climatica di Palma

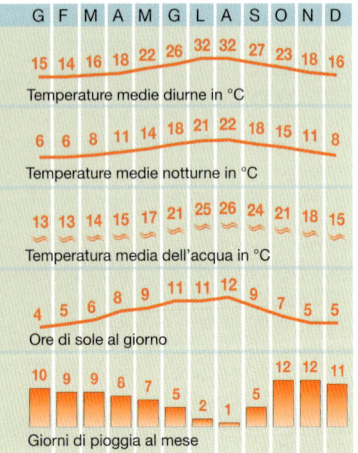

	G	F	M	A	M	G	L	A	S	O	N	D
Temperature medie diurne in °C	15	14	16	18	22	26	32	32	27	23	18	16
Temperature medie notturne in °C	6	6	8	11	14	18	21	22	18	15	11	8
Temperatura media dell'acqua in °C	13	13	14	15	17	21	25	26	24	21	18	15
Ore di sole al giorno	4	5	6	8	9	11	11	12	9	7	5	5
Giorni di pioggia al mese	10	9	9	8	7	5	2	1	5	12	12	11

calda per fare il bagno. Di notte è fresco, di giorno soleggiato, ma il clima è sopportabile anche durante le passeggiate. Da ottobre in poi bisogna fare i conti con possibili brevi temporali.

Inverno

Maiorca è un buon posto per passare l'inverno. Raramente le temperature scendono sotto i 10 °C, anche se è possibile che piova.

Abbigliamento

L'abbigliamento ideale dipende anche dal tipo di vacanza e dal periodo del viaggio. Se venite in estate per una vacanza al mare avrete bisogno di abiti leggeri che si asciugano in fretta, mentre per le serate è meglio avere un pullover. Se amate cambiarvi spesso nelle località balneari troverete una vasta scelta di T-shirt e abiti da mare.

In primavera, autunno e inverno sarà meglio avere in valigia abiti più caldi, oltre a una giacca impermeabile per proteggersi dalle piogge più frequenti in queste stagioni.

Gli escursionisti dovranno avere con sé scarpe robuste, abbigliamento comodo, cappello per il sole, borraccia e bastoncini per affrontare le escursioni a volte impegnative.

Organizzazione del viaggio

Visto che per la maggior parte i visitatori di Maiorca scelgono di stabilirsi a Palma o comunque nella stessa *finca* o località balneare per tutta la durata del loro soggiorno, e considerando le dimensioni limitate dell'isola, le gite qui proposte sono pensate per una sola giornata. Condizione essenziale è avere a disposizione un'auto (v. pag 18). L'unico giro che vale la pena fare con i mezzi pubblici è quello in treno o autobus da Palma a Sóller, passando per Valldemossa e Deià, con il ritorno in "Freccia Rossa".

Nella Serra de Tramuntana

Classica e sempre bella è la gita che porta da Andratx all'estremità sud-occidentale della costa, attraversando per circa 150 km le montagne della Serra de Tramuntana per arrivare a Cap de Formentor. Ci sono talmente tante cose da vedere che è consigliabile suddividere questo tour in più tappe.

La prima tappa potrebbe condurre a Sóller e Port de Sóller, da dove si può facilmente tornare al punto di partenza (Palma) attraverso un tunnel. Sulla via di Sóller si trovano il paesino di montagna Esporles, le terrazze e la torre di avvistamento di Banyalbufar, il paesino di artisti Deià e soprattutto Valldemossa, con il suo ex monastero, la Cartuja de Valldemossa, dove in pas-

sato George Sand e Frédéric Chopin trascorsero insieme un inverno. Che un tempo risiedessero qui anche dei signori feudali lo dimostrano i campi che sfilano di fianco alla strada, appartenuti all'arciduca austriaco Salvator. La prima tappa si conclude a Port de Sóller, uno dei porti più belli di Maiorca. Da qui, durante la seconda tappa si passa per l'antichissimo villaggio di montagna Fornalutx e oltre il monte più alto dell'isola, per arrivare infine al Santuari de Lluc, che con la sua Madonna Nera è la più famosa meta di pellegrinaggio dell'isola. La strada continua poi serpeggiando attraverso i boschi delle alture e conduce a Pollença e Port de Pollença, che si estende con la sua lunga baia fino al faro di Cap de Formentor, sulla punta nord-occidentale dell'isola. Da Pollença si può infine tornare a Palma senza problemi, prendendo l'autostrada.

Noleggiare un'auto

Il tempo delle auto a noleggio a buon prezzo è finito ormai dal 2010, e la nuova tendenza è quella di sfoltire il traffico estivo sull'isola. In generale se si pianifica una vacanza in alta stagione è importante prenotare un'auto per tempo. Negli altri momenti dell'anno è consigliabile affittarla sul posto o considerare l'offerta delle agenzie viaggi. Le distanze sull'isola sono brevi, non ci sono località che distano più di 85 km da Palma, ma i tour al di fuori dei collegamenti principali, autostrade e superstrade, possono richiedere un certo tempo. Le strade sono spesso strette e piene di curve, e quelle all'interno dei paesi molto anguste. Chi cercherà di attraversare Palma nel tardo pomeriggio, al ritorno da una gita, dovrà mettere in conto il rischio di rimanere imbottigliato nel traffico.

Lungo la costa orientale

Questa gita parte da Palma o dalla zona degli hotel di Platja de Palma e conduce innanzitutto lungo la costa meridionale, passando per la rocciosa Cala Pi e il villaggio della cultura tala-

iot Capocorb Vell, e porta infine a Colònia de Sant Jordi, porticciolo piuttosto tranquillo che vanta una lunga spiaggia naturale e sabbiosa, Es Trenc (Platja des Trenc). Procedendo verso nord, dopo una rapida visita alle saline si arriva alla località portuale Cala Figuera. Nei dintorni si trovano le splendide baie Cala Santanyí e Cala Mondragó. La curata Cala d'Or e la vicina Portopetro sono consigliabili più per un buon pasto che per fare il bagno. Le maggiori attrazioni turistiche della costa orientale sono le grotte Coves del Drac e Coves de Campanet (grotte di Porto Cristo: Coves del Drac, Coves dels Hams), con i loro spettacoli di musica e luce. Punto di arrivo di questo tour per la costa orientale è la località balneare di Cala Rajada, con il suo grazioso porto e il vicino faro. Passando per Artà e Manacor, sede di una fabbrica di perle, si torna verso Palma.

Nell'entroterra

Da Palma si può prendere l'autostrada Ma-13 come riferimento e da lì fare delle scappate alle località e valli che si trovano lungo la via. Per esempio si può iniziare dall'enorme centro commerciale Festival Park di Marratxí (Santa Maria del Camí), per fare un po' di shopping. Binissalem, invece, si presta bene per una degustazione di vini, mentre Inca non è solo la capitale dell'industria delle scarpe bensì può vantare anche alcune taverne caratteristiche. Chi non teme di avventurarsi per vie estremamente strette può andare avanti ancora un po' fino a raggiungere il Castell d'Alaró, e da lì continuare a piedi fino alla fortezza per godersi il meraviglioso panorama. A questo punto rimarrà poco tempo per il resto del tragitto verso nord. Per questo si consiglia di tornare indietro attraversando la valle orientale, cogliendo l'occasione per passeggiare nei giardini arabi di Alfàbia (Jardins d'Alfàbia), prima di ritornare a Palma. Da non perdere è anche una visita alla pit-

toresca cittadina medievale Alcúdia. Da qui percorrendo strade poco affollate è possibile fare sosta a Sa Pobla, Muro e Sineu e arrivare infine a Petra, dove si può visitare il bel santuario Ermita de Nostra Senyora de Bonany. Per tornare indietro a Palma si prende la superstrada Manacor–Palma.

Per chi ha ancora tempo vale la pena prendersi un giorno per visitare il monastero sul Puig de Randa nei pressi di Llucmayor.

Arrivo e mezzi di trasporto

Ingresso

Per i cittadini degli Stati appartenenti alla zona Schengen, di cui fanno parte anche Spagna e Italia, non esistono controlli doganali, e dal 2007 questo vale anche per la Svizzera.

I cittadini dell'UE possono trattenersi in Spagna senza limiti di tempo, i turisti svizzeri senza visto possono invece rimanere fino a tre mesi. Tuttavia il passaporto o i documenti sono necessari per un possibile controllo o per affittare una macchina, e devono essere validi per un periodo di almeno altri tre mesi. Inoltre in Spagna è obbligatorio possedere un documento d'identità. In caso di perdita dei documenti è meglio fare una copia prima del viaggio.

Disposizioni doganali

All'interno dell'UE valgono i seguenti limiti: 800 sigarette, 400 sigaretti, 200 sigari o 1 kg di tabacco, 60 l di vino, 10 l di liquori. Quando si vola occorre ricordarsi di fare attenzione alle norme per il trasporto di materiali liquidi nel bagaglio a mano (massimo 100 ml per ogni contenitore, tutti i flaconi devono essere contenuti in una busta di plastica trasparente e apribile dalla capacità massima di 1 l).

Trasporto di animali

Per introdurre cani e gatti è necessario possedere il passaporto europeo e una certificazione di vaccinazione contro la rabbia. Inoltre l'animale deve essere identificabile mediante un tatuaggio o un microchip. Tuttavia è bene tenere presente che a Maiorca nella maggior parte degli alberghi, nei taxi, sugli autobus e sui treni gli animali domestici non vengono accettati e perciò è meglio, se possibile, lasciarli a casa.

Arrivo e alloggio

... in aereo

L'isola di Maiorca è facilmente raggiungibile in aereo e molte agenzie di viaggio propongono voli charter diretti, che rappresentano sicuramente una soluzione interessante sia per la convenienza sia per la comodità di organizzazione della vacanza. A differenza dei voli di linea, infatti, in genere i charter non vengono venduti direttamente dalle compagnie aeree ma dai tour operator stessi, all'interno di economici pacchetti che includono anche il pernottamento in albergo. In ogni caso, è possibile prenotare anche il solo volo, che costa comunque meno di un volo di linea. I prezzi variano sensibilmente a seconda della compagnia e della stagione che si sceglie per il proprio soggiorno. Interessanti sono i voli low cost, che possono essere prenotati soprattutto via internet. Chi prenota per tempo un viaggio in bassa stagione può fare veri affari. Questo tipo di offerta è la più gettonata dai turisti che viaggiano da soli e scelgono di noleg-

giare un'auto per organizzare il proprio itinerario personalizzato pernottando in alberghi e pensioni diversi di volta in volta.

L'aeroporto di Palma (Aeroport de son San Juan, www.aena.es, sito solo in spagnolo) si trova 8 km a est del centro ed è collegato alla città da un'autostrada. Nella sala degli arrivi dell'aeroporto, che si raggiunge dopo una lunga camminata dai gate, si trovano le agenzie di tutte le più importanti compagnie di noleggio auto e un ufficio del turismo (tel. 971 78 95 56). Se non avete noleggiato un'auto potete proseguire in autobus oppure in taxi. Le fermate dei pullman si trovano di fronte al terminal principale. Il **bus n. 1** conduce a Portopì passando per Plaça de Espanya (6–1.30); il **bus n. 21** porta ad Arenal (7–0.30, www.emt palma.es). Dal 2017 si effettuano anche corse per Cala Bona/Cala Millor (A 42), Cala d'Or passando per Llucmayor (A 51), Alcúdia/Can Picafort (A 32) e Paguera (A 11) (vedi "Aerotib" in www.tib.org).

Le corse in **taxi** si possono pagare anche con la carta di credito. Meglio informarsi prima di partire, in particolare se si deve raggiungere una località distante. Di solito è più economico noleggiare un'auto (v. pag. 18).

... via terra e via mare

Un viaggio con la propria auto, considerati gli alti costi della benzina, i pedaggi autostradali e i traghetti, è conveniente solamente se si prevede un soggiorno molto lungo. Ci sono collegamenti regolari con Barcellona, Valencia, Eivissa (Ibiza) e Minorca. Le principali compagnie che collegano l'isola con la terraferma sono le seguenti:

Acciona-Trasmediterranea, www.tras mediterranea.es (possibilità di prenotare sul sito).

Balearia: Muelle Comercial s/n, 07410 Alcúdia, tel. 902 160 180, www.balearia.com. La compagnia serve il tratto Alcúdia–Ciutadella a Minorca.

Mezzi di trasporto sull'isola

Automobili a noleggio

Per affittare un'automobile o una motocicletta oltre 125 cc occorre possedere una patente valida per almeno un anno e avere un'età minima rispettivamente di 21 e 23 anni. Inoltre bisogna avere una carta di credito, anche se la prenotazione del mezzo è avvenuta in anticipo. Le grandi società internazionali richiedono una cauzione (da versare con carta di credito), mentre le piccole agenzie locali prevedono solitamente il pagamento anticipato. Il prezzo del servizio aumenta se si prenota attraverso un'agenzia prima dell'inizio del viaggio. Poiché in Spagna le somme coperte dalle assicurazioni sono piuttosto basse, si consiglia di stipulare prima della partenza una "polizza Maiorca", che copre la differenza fino alle coperture massime garantite in Italia. Prenotando via internet bisogna fare attenzione perché ci sono alcuni operatori poco seri che imperversano sul mercato, e dato che con questo tipo di prenotazione viene richiesto il pagamento anticipato dell'intera somma potrebbero presentarsi problemi molto seri.

Prenotando in anticipo si può ritirare un'auto già in aeroporto, ma bisogna considerare che molti voli charter atterrano la sera tardi e di solito si paga comunque l'intera giornata. In questi casi è opportuno approfittare del transfer gratuito all'hotel che solitamente è compreso nel pacchetto viaggio e farsi portare l'auto noleg-giata all'hotel (questo servizio è gratis per i periodi di noleggio più lunghi). I prezzi variano notevolmente a seconda della stagione.

Vista la forte concorrenza, molte agenzie cercano di carpire ai clienti qualche euro in più. Un metodo molto diffuso è lo storno di un pieno completo, anche se il serbatoio è ancora pieno a metà. L'agenzia lo annota nel contratto, ma poi viene addebitato il pieno. Successivi reclami da casa hanno scarsa probabilità di successo.

In caso di guasto ci si rivolge per prima cosa all'agenzia noleggio.

Regole del traffico

A Maiorca si guida molto velocemente, perciò è consigliabile uno stile di guida prudente. Fate ad esempio molta attenzione alle strette strade laterali fiancheggiate da muri, perché possono spuntare improvvisamente da dietro una curva trattori o biciclette che procedono in formazione l'una accanto all'altra. Nelle ore di punta le autostrade attorno a Palma sono intasate senza speranza. Sui tabelloni luminosi viene segnato il tempo in minuti che manca all'uscita successiva. Le autostrade sono gratuite; il pedaggio per il tunnel di 2 km che porta a Sóller è stato recentemente abolito (in precedenza ammontava a 5,05 €).

Il limite di velocità è 50 km/h nei centri abitati, 90 km/h sulle strade statali, 100 km/h sulle superstrade e 120 km/h in autostrada. Bisogna avere sempre con sé un giubbotto di segnalazione giallo.

All'interno delle linee gialle è vietato parcheggiare e ci si può fermare per un massimo di due minuti, ma il guidatore non può scendere. Nelle linee blu si può parcheggiare. Nelle città più grandi ci sono parcometri automatici (ma nelle ore della siesta fra le 13.30 e le 16.30 spesso non serve esibire il biglietto!). Le multe devono essere pagate anche dagli stranieri. L'importo viene addebitato dall'agenzia di noleggio per mezzo della carta di credito del conducente.

Ferrovia

A Maiorca esistono due linee ferroviarie. Dal 1919 Sóller è collegata a Palma più volte al giorno dallo storico treno "Freccia Rossa" (v. pag. 158), che possiede una sua stazione dedicata sulla Plaça d'Espanya. Al contrario Inca, Manacor e Petra sono raggiungibili con un treno veloce, che tra le 6 e le 22 circa ogni mezz'ora parte dalla stazione sotterranea di Plaça d'Espanya (www.tib.org).

Pullman

La stazione principale si trova anch'essa in Plaça d'Espanya, a circa 200 m dall'ingresso della stazione sotterranea. Pullman di diverse linee partono regolarmente da questa stazione, diretti a tutte le maggiori località dell'isola. Gli orari e gli itinerari sono reperibili sul sito www.tib.org oppure www.emtpalma.es. Inoltre ci sono linee regionali, i cui orari sono reperibili presso gli uffici del turismo. Anche gli alberghi spesso distribuiscono questi orari.

Taxi

Tutti i taxi sono forniti di un tassametro. Presso le stazioni dei taxi sono esposte le attuali tariffe in vigore. La tariffa base è di circa 3 €, cui vanno aggiunti circa 0,80 € al chilometro. Diversi supplementi vengono poi aggiunti per le corse da e per l'aeroporto, le corse notturne e durante il fine settimana (v. anche pag. 20, www.taxi-mallorca.com). Si può chiamare un radiotaxi su tutta l'isola componendo il numero 971 75 54 40 (Taxi Radio) e se si è Palma il numero 971 40 14 14 (Taxi Palma Radio). Per i tratti più lunghi spesso è più conveniente un'automobile a noleggio.

Nave

Durante l'estate vengono effettuati collegamenti regolari per le isole Sa Dragonera (v. pag. 136) e Cabrera (v. pag. 239). Nella stagione estiva si effettuano collegamenti anche lungo la costa orientale (tra Cala Rajada, Porto Cristo e Cala Millor, http://starfish boat.com/) e la costa nord-occidentale (tra Port Alcúdia e Cap Formentor, www.tmbrisa.com).

La vecchia tramvía fa ancora servizio tra Sóller e Port de Sóller

Pernottamento

I grandi hotel sulla spiaggia

I grandi hotel a più piani sono riusciti finora a soddisfare la maggior parte delle richieste di soggiorno, ma con il loro impatto sull'ambiente sono anche da considerarsi la piaga di Maiorca, la cui cattiva fama di "fabbrica di villeggiatura" è dovuta proprio a questi infelici palazzoni. È il caso ad esempio di S'Arenal, di Santa Ponça, Cala Millor e Can Picafort. Chi sceglie questo tipo di vacanza è attratto dalla vita mondana e all'aria aperta, dalle giornate trascorse sulla spiaggia, sul lungomare, nelle discoteche e nei locali.

Questi alberghi non sono tutti uguali. Esistono infatti "hotel sulla spiaggia" che non si affacciano sul mare. Quelli più economici sono sistemati uno attaccato all'altro sulla via principale, oppure danno su cortili interni bui e le finestre si aprono sulla piazza della stazione. Quelli più costosi, invece, dovrebbero garantire una camera confortevole, una splendida vista e un giardino ombreggiato. Solitamente un lato è tranquillo, esposto al sole e con vista sul mare, l'altro si affaccia sulla strada. Al momento della prenotazione è sempre meglio controllare la posizione della camera e assicurarsi che la categoria sia effettivamente quella scelta.

Tutti i grandi alberghi sono accomunati da un'atmosfera poco intima e da un viavai continuo che trasforma la hall in una stazione. Ovviamente anche la cucina si conforma ai gusti dei più: trionfano i buffet e i self-service. Il valore aggiunto che questi hotel pensano di offrire è dato dall'organizzazione di attività sportive come il tennis e il windsurf, e di altri divertimenti più o meno di buon gusto.

A Maiorca le strutture alberghiere di tipo all-inclusive sono 200: una tipologia di servizio che è tuttavia in contrasto con la ricca offerta di gastronomia locale. Da parte degli ospiti non è infatti necessaria alcuna forma di iniziativa: ottimo per coloro che vogliono trascorrere una vacanza spensierata e senza pretese, sconsigliato a chi preferisce andare a caccia di specialità locali.

Piccoli alberghi sul mare

I piccoli alberghi presentati sui depliant sono solitamente più economici dei grossi centri alberghieri, ma riescono a compensare il lusso che a loro manca con un fascino speciale. La maggior parte possiede oltretutto una piscina privata e un piccolo giardino. A questo proposito si consigliano l'Hostal Bahia sulla passeggiata di Port de Pollença (v. pag. 190) oppure l'Hostal Los Pinos a Cala San Vincenç (v. pag. 186).

Alberghi nell'entroterra

Gli alberghi più belli non sono certo quelli costruiti sulle spiagge, bensì quelli nella Serra de Tramuntana. Dispongono sempre di un grande giardino, di una piscina e di un ristorante raffinato. I divertimenti notturni pas-

Ferie degli alberghi
Solitamente le vacanze al mare si fanno nella stagione calda. Per questo la maggior parte degli alberghi nelle località turistiche di Maiorca è chiusa in inverno e fino a poco prima di Pasqua, quando iniziano a tornare i turisti.

Prezzi delle camere
Dato che in genere nella maggior parte degli alberghi si prenota la camera con colazione, nei prezzi delle stanze doppie indicati su questa guida, se non diversamente specificato, è compresa anche la colazione.

sano in secondo piano; chi sceglie queste mete vuole rilassarsi e riposarsi in un ambiente accogliente. Molto noti sono La Residencia a Deià (v. pag. 153), l'Hermitage a Orient (v. pag. 174) ed Es Reco de Randa a Randa (v. pag. 221). Questi alberghi possono essere prenotati anche se si sceglie un viaggio organizzato.

Appartamenti

L'isola offre un'ampia scelta di appartamenti con vitto escluso. Queste strutture assomigliano spesso agli alberghi, ai quali sono talvolta collegati. Si passa dagli edifici in cemento a piccole ville. Nei complessi più grandi si può trovare una piscina oppure avere libero accesso a quella di un hotel vicino.

Fincas e granjas

La **finca** costituisce la variante maiorchina dell'agriturismo; talvolta però il confronto non regge, poiché l'ospite viene sistemato in una casa colonica antica e solo raramente vive sotto lo stesso tetto dei contadini. Le poche *fincas* esistenti sono ancora legate all'agricoltura. Solitamente sono lontane dalle spiagge, per lo più nell'entroterra e talvolta abbastanza distanti anche dal centro abitato più vicino. Queste strutture possono accogliere da 2 a 8 persone. Se si calcola anche il vitto, le vacanze trascorse in una *finca* non sono tra le più economiche, ma sicuramente questa è una delle opzioni più affascinanti.

Con il termine **granja** (casa padronale) si intende una soluzione intermedia tra una *finca* e un albergo. Si tratta infatti di una casa di campagna con tutti i comfort di un albergo, come il cambio giornaliero della biancheria e un'offerta gastronomica di alto livello. Questo lusso unico nel suo stile ha però il suo prezzo, che corrisponde a quello di un albergo a quattro stelle sul mare.

Hostales

La definizione di *hostal* si riferisce ad alloggi privati di categorie differenti, che variano da semplici residenze su una strada chiassosa di Palma a tenute lussuose in montagna. Di solito nei centri balneari e nelle città più frequentate, come Pollença, Felanitx e Palma, queste strutture rimangono al di fuori dell'area occupata dai grandi centri alberghieri. Per esigenze più raffinate esistono anche *hostal* in campagna; questo tipo di alloggio, però, rientra in una categoria più elevata, quella delle *granjas* (v. sopra).

Alloggi presso privati

Il numero dei posti letto messi a disposizione da privati perlopiù tramite internet è destinato a superare quello degli hotel. Per il governo ciò equivale a una spina nel fianco. Nel 2017 sono infatti iniziati i controlli sui contratti di affitto ritenuti illegali, e non solo ai locatori, ma anche ai portali di prenotazione come Airbnb sono state inflitte multe consistenti.

Anche i locatari devono stare all'erta. Se c'è solo un indirizzo e-mail o solo un numero di cellulare come contatto per il versamento anticipato di una somma consistente per il soggiorno, si raccomanda di fare attenzione.

Camping

Nonostante i costi elevati dei traghetti si trovano sempre più spesso camper che percorrono l'isola. Sebbene al momento non ci siano piazzole attrezzate per camper e roulotte (fatta eccezione per un campeggio vicino al monastero di Lluc), un posticino per fermarsi non lontano dalla spiaggia (dove è consentito) si trova senza problemi. Un punto di approvvigionamento e smaltimento d'acqua per le toilette chimiche dei camper è disponibile in un parcheggio a nord di Inca.

Monasteri ed eremi

I monasteri e gli eremi elencati di seguito offrono anche la possibilità di alloggio e rappresentano la sistemazione preferita di tanti escursionisti. I prezzi oscillano dai 20 ai 35 €, la proposta decisamente più economica di tutta l'isola. Naturalmente le camere sono molto semplici, la maggior parte non dispone di un bagno privato, raramente c'è il riscaldamento e non sempre il vitto è compreso. È consigliabile portare con sé un sacco a pelo.

Castillo de Alaró: semplice ristorante, tel. 971 18 21 12.

Ermita de Nostra Senyora de Bonany: senza riscaldamento e senza ristorante, tel. 971 82 65 68, urantia@airtel.net.

Puig de Maria: senza riscaldamento ma con un semplice ristorante, tel. 971 18 41 32.

Santuari de Lluc: più di 100 camere con riscaldamento, bar e ristorante, molto frequentato, tel. 971 87 15 25, www.lluc.net.

Santuari de Monti-sion: con ristorante, tel. 971 64 71 65.

Santuari de Nostra Senyora de Cura: con ristorante, tel. 971 12 02 60, www.santuariodecura.com.

Monastero delle Francescane, Pina: molto semplice, informazioni e prenotazioni all'indirizzo e-mail sege@hijasdelamisericordia.com, stanza 30 €.

Indirizzi utili in internet

www.rusticbooking.com: portale delle *fincas* e degli alberghi rurali riuniti nella Associació Agroturisme Balear.

www.toprural.com: sito scritto in spagnolo ma di facile comprensione, dove si trovano annunci su diverse *fincas* e case private di campagna, con prezzi, foto, recensioni degli utenti e mappa con la posizione geografica. Anche i privati possono mettere un annuncio per pubblicizzare la loro casa in affitto.

www.holidaycheck.it, **www.tripadvisor.it:** su questo sito i turisti condividono le loro esperienze e le loro valutazioni sugli alberghi dove hanno soggiornato. Tuttavia bisogna prendere i giudizi un po' con le pinze, soprattutto quando compaiono solo una o due segnalazioni.

www.mallorca-world.com: informazioni e link ad alcuni alberghi e *fincas* di lusso.

www.hrs.it e **www.hotels.it**, **www.booking.com**, **www.trivago.com:** siti internazionali di enorme diffusione in cui è possibile prenotare alberghi.

www.airbnb.it, **www.wimdu.it** e **www.9flats.com:** per pernottare presso privati. Prima di prenotare è sempre consigliabile leggere le recensioni già presenti. Inoltre si raccomanda di non fornire mai i dati della carta di credito in anticipo via e-mail.

Mangiare e bere

Nella cucina delle località turistiche, che si definisce "cucina internazionale", solo la paella e la sangría conferiscono un gusto vagamente locale al panorama dominato da cotolette e patate fritte. Ma a Maiorca c'è di molto meglio: vale la pena dare un'occhiata al sito http://mallorcarestaurants.net e, per vegani e vegetariani, http://vegipedia-mallorca.com.

Mangiare da re

La tendenza abbastanza diffusa di non approfondire le tradizioni culinarie non implica che gli amanti della buona cucina non possano trovare a Maiorca una cultura gastronomica locale di tutto rispetto. Molti ristoranti di un certo livello sono nascosti nell'entroterra, talvolta annessi a un albergo altrettanto elegante. Ma anche alcuni piccoli ristoranti, la cui qualità culinaria non è contraddistinta dalle comuni stelle, da cucchiai o cappelli da cuoco, sorprendono spesso positivamente proponendo prezzi ragionevoli, anche per quanto riguarda la carta dei vini. Per esempio

Sopes mallorquines

Con il termine *sopes mallorquines* non si indica assolutamente una zuppa in senso classico. Cavolo, aglio, cipolle, pomodori, carne di pollo e di montone vengono cucinati assieme e serviti con sottili fette di pane strofinate di aglio chiamate *sopa*. Un piatto rustico i cui ingredienti vengono riuniti in una casseruola di terracotta, le fette di pane come ultima cosa, e poi cotti tutti assieme nel forno.

è possibile trovare un menù da tre portate a soli 12 €.

È riconosciuto che alla cucina locale manchi la raffinatezza di quella francese o la creatività italiana, ma in compenso la proposta è ricca di sostanziose pietanze a base di pesce e della tradizione contadina. Non bisogna inoltre dimenticare l'atmosfera incomparabile di locali che, oltre a proporre dell'ottimo pesce, offrono agli ospiti il piacere di pranzare o cenare sulla terrazza di un edificio rustico con il tetto di paglia e l'affaccio sul mare, oppure un pasto immersi nell'atmosfera di un'antica cantina sotterranea.

Come per gli abitanti della maggior parte dei Paesi del sud, anche per i maiorchini mangiare non significa solo soddisfare un bisogno primario. Se la colazione può anche essere piuttosto spartana, a pranzo, e ancor di più a cena, ci si concede tutto il tempo necessario per trascorrere del tempo in piacevole compagnia di amici, parenti e conoscenti. Di sera può per questo capitare di non trovare tavoli liberi, a meno che non di decida di mangiare presto, dal momento che gli spagnoli sono soliti cenare non prima delle 21. È sempre consigliabile la prenotazione.

La cucina locale: fresca e sostanziosa

Carne di maiale, verdura, cipolle e aglio e olio d'oliva sono gli ingredienti base della cucina maiorchina. Il piatto nazionale non è, come molti potrebbero pensare, la *paella,* in realtà tipica di Valencia, bensì il piatto unico. La variante più semplice, che ricorda la vita contadina, è rappresentata dalle *sopes mallorqui-*

La gustosa cucina maiorchina si accompagna volentieri con una bottiglia di vino

nes (v. box a sinistra). Totalmente differente è la famosa *caldereta de llagosta*, una prelibatezza di carne d'aragosta e molluschi, il cui costo corrisponde a una notte in un albergo di media categoria. Decisamente diverso è l'*arròs brut*, "riso sporco", sempre presente in tutti i menù e realizzato con pezzi di carne di maiale, agnello e pollo, uniti a verdure e serviti come piatto unico.

La carne di maiale è sempre presente nella cucina maiorchina. Molto popolare ad esempio è il porcellino da latte (*lechone asada*). Inoltre viene utilizzata come ingrediente della *sobrassada*, un salame piccante con aggiunta di peperoncino.

Non è invece per tutti il *frito mallorquino*, prevalentemente a base di interiora, servito con patate e verdure.

Chi preferisce la cucina vegetariana può optare per il *tumbet*, uno sformato di verdure preparate singolarmente e poi disposte a strati l'una sopra l'altra.

Non sono da disdegnare nemmeno le zuppe, le cosiddette *sopes*, come ad esempio la *sopa de verdures*, che uni-sce insieme tutte le verdure di Maiorca, oppure la *sopa de peix* (*sopa de pescado*) con i pesci del Mediterraneo. A tal proposito è bene sottolineare che il pesce servito nei ristoranti di Maiorca viene importato dal continente, se non addirittura dai lontani fondali pescosi dell'Atlantico. Lo stesso discorso vale anche per le seppie (*calamars*) e i molluschi (*musclos/mejillones*) talvolta trasportati a Maiorca per via aerea.

Da non dimenticare sono le appetitose *tapes* (*tapas*) che tutti adorano e che si possono gustare in un bar insieme a un bicchiere di vino o uno sherry. Olive ripiene, sardine mari-

Pa amb oli

Una ricetta simile alla nostra bruschetta: una fetta di pane abbrustolito viene strofinata con aglio e poi condita con olio di oliva. Sopra vengono disposti pomodori a pezzetti con un po' di sale e per completare un po' di *jamón serrano* (prosciutto affumicato).

Caffè: variazioni sul tema
Café con leche: caffè con latte caldo
Cortado: espresso corto con latte
Café solo: espresso corto nero, senza aggiunte
Café carajillo: espresso con uno spruzzo di acquavite
Café americano: caffè nero
Descafeinado: caffè decaffeinato

---

nate, acciughe, alici, molluschi, granchi, gamberetti, anelli di calamari e polpettine di carne sono solo un esempio di questi squisiti bocconcini che hanno reso famosi parecchi ristoranti.

Tra i dolci tipici dell'isola ottima è l'*ensaimada*, il dolce nazionale. Si tratta di una pasta lievitata morbida, poi fritta nel burro e infine cosparsa di zucchero a velo. In questa forma originale, viene solitamente mangiata a colazione. Esistono però altre varianti, con farcitura di budino, zucca o cioccolato. Le *ensaimadas* possono anche essere grandi quanto una torta di normali dimensioni, e in questo caso vengono confezionate in una scatola di cartone per offrirle come dolce da regalare a una cena.

Alcolici

Il **vino** è la prima bevanda nazionale di Maiorca e a tavola non può mai mancare. Purtroppo però sono passati i tempi in cui Banyalbufar era detta a buona ragione la "piccola vigna sul mare", perché la viticoltura non è più tra le attività principali dell'isola da 100 anni, ossia da quando una grave malattia delle piante distrusse quasi tutti i vigneti. Per questo motivo nelle liste dei vini si trova difficilmente un vino isolano, anche se alcuni mettono

persino in ombra qualche vino continentale (v. pag. 72). La maggior parte dei ristoranti invece propone un vino della casa a buon prezzo (*vi de la casa*, vino de la casa).

I turisti difficilmente rinunciano alla **sangría**, apprezzata da molti. Il classico recipiente di vino rosso contiene, oltre al vino, un po' di acquavite, zucchero, limonata, arance e pesche.

Ovviamente anche la **birra** viene consumata in grandi quantità , poiché nei locali turistici nessuno riesce a rinunciare a questa bevanda ormai internazionale. La birra locale (*cervesa*) non teme confronti con le più famose birre di importazione.

Per digerire i pasti a volte un po' pesanti è consigliabile un liquore alle erbe, chiamato **hierba**, che esiste nelle varianti *dolç* (dolce), *seca* (secco) o *mezclades* (semi-secco). Oppure si può provare un **palo de Mallorca**, un liquore preparato dai monaci il cui colore bruno e il sapore dipendono dallo zucchero di canna caramellato. Il nome invece deriva dalla corteccia di china (*palo quina*), che, mischiata con la genziana, era il rimedio contro la malaria, malattia che in passato imperversava sull'isola.

Per evitare gaffe

L'usanza di sedersi a un tavolo solo libero per metà, con qualcuno che non si conosce, non è praticata in Spagna, perciò è meglio aspettare che il cameriere al ristorante assegni un altro tavolo privato. La mancia non va consegnata all'atto del pagamento ma si lascia sul tavolo. Se il conto è più alto di quanto ci si aspettasse meglio non inalberarsi subito: i prezzi sul menù spesso non includono l'IVA. Solitamente gli animali domestici non sono ammessi nei locali.

Sport e benessere

Golf

Grazie all'arrivo di molti turisti stranieri danarosi, Maiorca si è trasformata in un paradiso per gli appassionati di golf. Alcuni hotel si sono orientati specificamente su questa clientela. Un panorama dettagliato di questi alberghi si trova in internet, ad esempio sui siti www.golf-mallorca.com e www.golfmotion.com. Il sito www.vivamallorca.com offre una lista degli alberghi dedicati.

A Maiorca si trovano per ora i seguenti campi:

Alcanada: Port d'Alcúdia, www.golf-alcanada.com. 18 buche.

Andratx: Camp de Mar, www.golfdeandratx.com. 18 buche.

Bendinat: Bendinat, Calvià, www.realgolfbendinat.com. 18 buche.

Canyamel: Canyamel, www.canyamelgolf.com. 18 buche.

Capdepera: Artà–Capdepera, www.golfcapdepera.com. 18 buche.

Pollença: Pollença, www.golfpollensa.com. 9 buche.

Poniente: Cala Figuera (Calvià–Magaluf), www.ponientegolf.com. 18 buche.

Pula: Son Servera–Capdepera, www.pulagolf.com. 18 buche.

Rotana Greens: La Reserva Rotana, Manacor, www.reservarotana.com. 9 buche.

Santa Ponça I–III: www.habitatgolf.es. Santa Ponça I e II 18 buche ciascuno. I campi Santa Ponça II e III sono riservati ai membri del club.

Son Antem Ost und West: Llucmajor, www.marriot.com/PMIGS. 18 buche.

Son Gual: presso Manacor, www.son-gual.com. 18 buche.

Son Muntaner: Palma, www.sonmuntanergolf.com. 18 buche.

Son Quint: Palma, www.sonquintgolf.com. 18 buche.

Son Servera: www.golfsonservera.com. 18 buche.

Son Termens: Bunyola, www.golfsontermens.com. 18 buche.

Son Vida: Palma, www.sonvidagolf.com. 18 buche.

Vall d'Or: Cala d'Or/S'Horta, www.valldorgolf.com. 18 buche.

Trekking

Da molti anni ormai l'isola è considerata un vero e proprio paradiso degli escursionisti, sebbene il suo paesaggio spesso non faciliti la vita di chi si cimenta con le passeggiate. Con cartelli di divieto e recinzioni, infatti, i proprietari terrieri, per prima la potente famiglia March ma anche alcune personalità forestiere, cercano spesso di impedire ai turisti di percorrere i loro infiniti possedimenti e vorrebbero derogare la legge sulla transitabilità.

I turisti hanno effettivamente le proprie colpe: spesso lasciano aperte le recinzioni e considerano il sentiero una discarica dove poter abbandonare scatole di biscotti e pacchetti di sigarette vuoti. Dall'altra parte, però, l'attività di escursionismo ha stimolato la sistemazione di sentieri da tempo dimenticati. Per iniziativa di FODESMA è stata installata la segnaletica in due percorsi: l'antico sentiero della processione da Artà al Monastero di Lluc (**GR 222**) e il tracciato di 120 km che attraversa la Tramuntana, da Andratx a Pollença (**GR 221**).

Molte escursioni possono essere concluse nel giro di una sola giornata, mentre altre più lunghe e impegnative richiedono più giorni.

Cartine e guide per il trekking
Mappe Alpina:
1:25 000, mappe aggiornate della casa editrice spagnola Alpina, soprattutto per la Serra de Tramuntana, reperibili sul posto.

Mapa de Camins de Muntanya:
1:25 000, mappa specializzata sui sentieri della Serra de Tramuntana. Difficilmente reperibile fuori dalla Spagna.

GR 221 – Sierra de Tramuntana:
Triangle Postals, www.triangle.cat. Guida completa ed esaustiva sui sentieri della Tramuntana (GR 221), in catalano e inglese.

www.kompass-italia.it
Sito della più grande casa editrice di cartine geografiche d'Europa. Sul sito si trovano informazioni su come acquistare una mappa; sono in vendita una carta completa delle Baleari e una monografica dedicata a Maiorca.

Consigli per il trekking
www.zainoinspalla.it
Blog di una guida escursionistica milanese che racconta le sue avventure di trekking in giro per il mondo. Descrive anche un itinerario a Maiorca, con consigli pratici sull'orientamento e tecnici.

www.senderosdemallorca.com
Sito in spagnolo dell'associazione "Mallorca Rural", descrive 15 itinerari da fare a piedi sull'isola.

www.conselldemallorca.net
Sito in spagnolo, catalano e inglese. Nella sezione "Environment>Dry stone work and hiking" si trovano alcuni itinerari lungo il percorso dei muretti a secco che attraversa l'isola.

www.gpsies.com
Sito web in italiano (disponibile anche come app da installare su dispositivo mobile) dove gli utenti possono registrare e condividere i loro itinerari a piedi e in bicicletta con coordinate GPS.

L'attrezzatura necessaria include scarponi, borraccia, qualcosa da mangiare e una protezione sia per il sole sia per la pioggia. Con l'aiuto di alcune guide specifiche è possibile organizzare gite individuali, oppure unirsi a un gruppo guidato. Itinerari guidati vengono offerti, tra l'altro, da **Mar y Roc** (Av. del Bulevar de Peguera 66, L10 E 070160 Peguera, tel. 971 235 853).

Delle poche carte dei sentieri disponibili si consiglia in particolare quella in scala 1:75 000 della casa editrice tedesca Kompass. In numerose località di partenza dei sentieri le autorità locali hanno provveduto a installare pannelli segnaletici con la mappa dei percorsi. È possibile prenotare tour guidati anche presso alcuni alberghi.

Un elenco dei rifugi si trova infine a questa pagina web: www.caib.es/sites/espaisnaturalsprotegits/es/informacio_general_i_reserves-22820 (solo in spagnolo).

Trekking a piedi e in bicicletta
Prima ancora che i professionisti del ciclismo scegliessero Maiorca come luogo ideale per l'allenamento fuori stagione, i turisti partivano per l'isola con la loro amata bicicletta tra i bagagli, oppure ne noleggiavano una sul posto. Data la densità del traffico in continuo aumento e la confusione che si crea spesso nelle vie più strette, questo tipo di sport, che richiede al corpo un certo sforzo, non può essere considerato del tutto privo di pericoli. Gli esperti della bicicletta sono perlopiù attratti dalla regione montuosa della Tramuntana, dove i percorsi riescono a mettere a dura prova la condizione fisica del ciclista. Ai dilettanti, invece, l'isola offre un'ampia scelta di itinerari più praticabili lungo le zone pianeggianti di Maiorca.

Alcune strade, come quelle intorno a Can Picafort, tra S'Arenal e Palma, oppure lungo la costa tra Arenal e Colònia de Sant Jordi, sono provviste di piste ciclabili meno impegnative, che garantiscono una passeggiata in bicicletta senza pericoli. Inoltre è in fase di costruzione una rete di percorsi ciclabili attrezzata con segnaletica (per informazioni: www.illesbalears.es, chiave di ricerca: sport e turismo; per negozi che noleggiano bici www.seemallorca.com/shop/cycling).

Molti hotel sono organizzati per offrire assistenza al ciclista, un locale dove poter tenere custodita la bicicletta, un'officina e gite guidate. In quasi tutte le località turistiche è possibile affittare biciclette di tutte le categorie, ma si può anche portare la propria imbarcandola sull'aereo come bagaglio speciale (prenotando in anticipo). Poiché sull'isola esistono solo due campeggi e il camping libero è autorizzato in poche località, per i ciclisti con un budget ristretto non è affatto semplice trovare un alloggio economico sull'isola, tanto più che la prenotazione sul posto è quasi sempre più cara rispetto al viaggio organizzato. Per itinerari e altre proposte per una vacanza in bicicletta v. il sito http://cycling-friendly.com/.

Nell'attrezzatura non devono mai mancare un casco, un kit per le riparazioni, una borraccia e un lucchetto. Inoltre è consigliata la carta Kompass 1:75000.

Sport acquatici

Ovviamente gli sport d'acqua sono al primo posto in una vacanza all'insegna dello sport. Ai più coraggiosi si consiglia di lanciarsi con un paracadute sulla spiaggia. La baia di Port de Pollença è invece il paradiso per chi vuole imparare a fare vela, mentre agli skipper professionisti si suggerisce di circumnavigare l'isola a bordo di una barca da noleggiare in uno dei tanti porti.

Tra i centri nautici che offrono la possibilità di praticare sport acquatici c'è **Sail & Surf Pollença**, a Port de Pollença.

La costa rocciosa ai piedi della Tramuntana è una delle mete preferite per le immersioni, grazie alla sua straordinaria ricchezza di grotte e insenature. Molto nota è la scuola di immersioni **Scuba Activa** di Sant Elm, tel. 971 23 91 02, www.scuba-activa.com. Molto popolare soprattutto nella baia di Pollença è il kite-surf. Esiste una scuola chiamata **KiteMallorca** che ha la sua sede a Palma (www.kitemallorca.com). Inoltre, da Cala San Vincenç si può partire per un tour in kajak lungo la costa (www.mondaventura.com, spagnolo e inglese).

Wellness

La moda delle vacanze all'insegna del benessere non ha tardato a diffondersi anche a Maiorca. Persino le strutture ricettive più sobrie o di piccole dimensioni non rinunciano a munirsi di qualche "elemento benessere", che non di rado fa la differenza in termini di guadagno. Ci sono poi hotel esclusivi specializzati in spa & trattamenti benessere, come ad esempio quelli indicati qui di seguito:

Hotel Lindner a Bendinat: www.lindner.de (sito disponibile anche in inglese). Albergo di lusso 5 stelle con camere affacciate sullo splendido campo da golf di Bendinat.

Font Santa: www.fontsantahotel.com. Albergo a 5 stelle fondato sui resti di uno storico stabilimento termale nei pressi di Campos (v. pag. 240).

Feste ed eventi

Feste e tradizioni

In occasione delle molte feste, quasi sempre religiose, i maiorchini si abbandonano a una autentica vivacità e gioia vitale. Maiorca celebra, infatti, moltissime festività tradizionali. Oltre alle processioni tipiche dei giorni di festa cattolici, si organizzano numerosi pellegrinaggi (*romerias*) in onore di un santo. Sono diffuse anche le manifestazioni laiche, a sfondo storico e folcloristico (*festes, fires*). Il tutto è accompagnato da musica e spettacoli teatrali. Qui di seguito sono descritte solo le feste più importanti:

Festa del Corpus (Corpus Domini)

Come in altri luoghi la festa in onore del sacramento dell'Ultima Cena viene celebrata la terza domenica dopo la Pentecoste con una processione. A Palma viene suonata la campana della cattedrale, la N'Eloi, che pesa 4517 kg. A Pollença due ragazze in costume da aquila accompagnano il corteo eseguendo passi di danza simmetrici, perché nel 1615 un'aquila avrebbe sorvolato la città durante la festa. Se siete a Palma date un'occhiata nei vecchi cortili delle case, perché a volte vengono organizzati dei concerti (informazioni presso l'ufficio del turismo).

Festa de Moros i Cristians

La Festa dei Mori e dei Cristiani ricorda l'epoca dei pirati che attaccavano le coste. A Port de Sóller a metà maggio con la festa Ses Valentes Dones si ricordano le sei donne valorose che resistettero a un attacco (v. pag. 162), a Pollença il 2 agosto con la Festa de Moros i Cristians si celebra un evento simile avvenuto nel 1561. Le città diventano "campi di battaglia": i pirati coperti di stracci arrivano

dal mare e si gettano nella battaglia contro i difensori vestiti con costumi colorati e fantasiosi. Lo spettacolo viene organizzato anche a Valldemossa (primo sabato di ottobre) e, come detto, a Pollença (inizio agosto).

Pasqua

La *Semana Santa* è la festa religiosa più significativa dell'anno. In numerose località si organizzano processioni per celebrare il calvario di Cristo: la più importante è quella di Palma, il **Processó de Sant Christ de la Sant**. I penitenti incappucciati delle *confraries* (confraternite cristiane) sfilano davanti a migliaia di curiosi portando sulle spalle la statua del Cristo insanguinato (conservata nella Capella de la Santíssima Sang). Lo spettacolo dura fino alle prime ore del mattino del Venerdì Santo.

Revetla de Sant Antoni

Il 16/17 gennaio in molte località si accende un falò in onore di S. Antonio, attorno al quale la gente balla mascherata. Alla fine un fantoccio che rappresenta il *dimoni* viene dato alle fiamme. Il rituale simboleggia la lotta alla sregolatezza e alla tentazione, ma ricorda anche l'eremita cristiano che visse in Egitto nel III secolo e che allontanò con il fuoco le tentazioni indotte dal diavolo.

Processioni in barca

Dalla fine di giugno alla fine di luglio in molte località portuali si organizzano processioni sull'acqua in onore della Santissima Vergine e di San Pietro. Le feste più sontuose si celebrano a Port d'Andratx (metà luglio) e a Port d'Alcúdia (fine giugno). Una barca fastosamente adornata esce dal porto trasportando la statua del santo e, seguita da una flotta di pescherecci, prende il largo per officiare la S. Messa. Al termine della celebrazione, le barche e le reti ricevono la benedizione.

Eventi

Informazioni su feste e manifestazioni si trovano nel mensile Guía del Ocio (in spagnolo e inglese), reperibile nelle edicole. Un elenco completo di tutti gli eventi è fornito anche dai siti www.conselldemallorca.net (spagnolo e inglese) e www.artescenic.es (manifestazioni culturali).

Vita notturna

La capitale della vita notturna dell'isola è sicuramente Palma, ricchissima di bar e discoteche, che si concentrano nella zona della cattedrale e nel quartiere Terreno. Anche a Magaluf si trovano una famosa discoteca, dinner-show e un casinò. Un'altra località molto conosciuta per la vivace vita notturna è la Platja de Palma, frequentata in gran parte da turisti tedeschi e ricca di birrerie e locali dove si può ballare.

Una lista delle località dove si può vivere anche e soprattutto di notte di trova sul sito www.vivamallorca.com.

Calendario festività

Gennaio
Revetla de Sant Antoni: 16/17-1, ad Artà, Sa Pobla, Manacor, ecc. v. pag. 32.
Sant Sebastià: 19/20-1, festa in onore del patrono di Palma con musica dal vivo in molte piazze.

Febbraio
Festa dels Ametllers florits: 12 feb, festa della fioritura dei mandorli a Petra.

Aprile
Setmana Santa: Settimana santa, da vedere a Palma, Artà, Sineu, Pollença.

Maggio
Ses Valentes Dones: v. pag. 32, 162.

Giugno
Festa del Corpus: v. pag 32
Sant Pere: 29-6, processione di barche e fuochi artificiali nei porti di Palma, Alcúdia, Andratx, Sóller e Cala Rajada.

Luglio
Nit Mallorqí: inizio lug, notte di musica

e danze popolari in onore del patrono locale, a Binissalem, Alcúdia, Santanyí, Muro e non solo.
Mare de Déu del Carme: giu/lug, processione di barche in onore del patrono dei pescatori nelle città di mare.

Agosto
Marxa des Güell a Lluc a Peu: primo fine settimana di agosto, v. pag. 169.

Settembre
Festa del Meló: seconda do di set, festa dei meloni a Vilafranca de Bonany.
Festa des Veremar: ultima domenica di set, festa del vino a Binissalem.

Ottobre
Festa des Botifarró: prima do di ott, festa del sanguinaccio a Sant Joan.
Festa des Bunyol: ultima do di ott, festa della frittella a Petra.

Dicembre
Cant de sa Sibilla: 24 dic, misteri al Santuari de Lluc.

Informazioni utili dalla A alla Z

Assistenza medica

In caso di necessità si consiglia di rivolgersi alla reception del proprio albergo o al responsabile del tour operator. Secondo la convenzione dell'Unione Europea, i turisti italiani possono ricevere cure mediche gratuite presso il servizio sanitario nazionale presentando la tessera TEAM (Tessera Europea di Assicurazione Malattia) del servizio sanitario nazionale, che sostituisce il vecchio modulo E 111. Se invece si preferisce consultare specialisti privati conviene stipulare un'assicurazione sanitaria valida per l'estero (ad esempio presso un'agenzia viaggi).

Ospedali statali
Hospital Son Llatzer: Ctra. Manacor, km 4, Palma, tel. 871 20 20 00, 871 20 20 70 (24 ore), www.hsll.es.
Son Espaces: Carretera de Valldemossa, Palma, tel. 871 20 50 00, www.hospitalsonespases.es.
Juaneda: oltre 50 centri, tel. 900 22 10 22 (numero verde), 971 22 22 22, 971 73 16 47, www.juaneda.es.

Bambini

La maggior parte delle località di villeggiatura di Maiorca è attrezzata per accogliere le famiglie: i principali hotel dispongono di piscine per i più piccoli e alcuni organizzano programmi di intrattenimento mirati. Non tutte le spiagge sono invece adatte ai bambini. Le più indicate per le famiglie con bambini sono le ampie distese di sabbia di Can Picafort e Cala Millor, da evitare sono invece le insenature come Sant Elm o Cala Sant Vincenç.

Comportamento

Contrattazioni: nei mercati di strada contrattare sul prezzo è una specie di rituale, invece nei negozi e nei supermercati valgono i prezzi indicati.
Abbigliamento: gli spagnoli, se non si tratta del tempo libero, danno una certa importanza all'abbigliamento che deve essere sempre "decente".
Siesta: la pausa pomeridiana, dalle 13 alle 16, soprattutto nel periodo estivo è sacra e intoccabile.

Farmacie

Nelle farmacie dell'isola, *farmàcias*, si trovano medicinali uguali o comunque simili a quelli che sono normalmente venduti e utilizzati in Italia e nell'UE.

Fumatori

Vale anche a Maiorca la legislazione spagnola riguardo al fumo, che vieta di fumare nei luoghi pubblici. Nelle Baleari è possibile fumare negli spazi comuni di alberghi e ristoranti solo in spazi separati, al contrario di quanto avviene in Spagna, dove il divieto si applica solamente ai locali con oltre 100 m^2 di superficie. Esclusi da questa legislazione sono le discoteche, i night-club e i cocktail-bar. Le sigarette si trovano solo ai distributori automatici e dai tabaccai.

Mance

Quasi tutto il personale di servizio in alberghi e ristoranti si aspetta una mancia. Solitamente al ristorante si la-

Un giorno come un altro al mercato settimanale di Santanyí

scia il 10 % della somma pagata. In albergo bisognerebbe lasciare una mancia per la donna delle pulizie e al ristorante dell'albergo alla fine del soggiorno.

Mercati

Lunedì: Calvià, Manacor, Montuïri, Cala Figuera.
Martedì: Artà, Alcúdia, Campanet, El Arenal, Portocolom, Porreres, Santa Margalida.
Mercoledì: Andratx, Bunyola, Capdepera, Llucmayor, Petra, Port de Pollença, Santanyí, Selva, Sineu, Vilafranca.
Giovedì: Campos, El Arenal, Inca, Sant Llorenç, Ses Salines, Sóller.
Venerdì: Algaida, Binissalem, Can Picafort, El Arenal, Llucmajor, Inca, Maria de la Salut, Son Servera.
Sabato: Alaró, Bunyola, Cala Rajada, Campos, Costitx, Esporles, Lloseta,

Palma, Portocolom, Santa Margalida, Magaluf, Santanyí, Sóller.
Domenica: Alcúdia, Santa Maria, Felanitx, Inca , Llucmajor, Muto, Pollença, Porto Cristo, Sa Pobla, Santa Maria, Valldemossa.

Mezzi di comunicazione

Radio e televisione
I principali hotel sono attrezzati con antenne satellitari.

Giornali e riviste
In tutti i centri turistici più frequentati si possono reperire con un giorno di ritardo le riviste e i quotidiani italiani più importanti.

Se sapete lo spagnolo potete consultare il periodico digitale *Diario de Mallorca* (www.diariodemallorca.es), che riporta notizie e approfondimenti su tutti i principali avvenimenti dell'isola.

35

Nudismo e topless

Il topless è accettato sulle spiagge pubbliche e nelle piscine degli hotel. A Maiorca non esistono spiagge ufficialmente per i nudisti, ma alcune sono diventate una sorta di ritrovo.

Numeri di emergenza

Emergenza: 112
Polizia: 091 (Policía Nacional), 092 (Policía Local), 062 (Guardia Civil)
Vigili del fuoco: 062
Ambulanza: 061; 24 85 57
Soccorso stradale: 20 59 12 (8–21)

Orari di apertura

Banche: lu–ve 8.30/9–14, sa solo fino alle 13/13.30.
Uffici pubblici: lu–ve 9–12, 15–17.
Negozi: non esistono orari di apertura regolari, in genere 9–13, 17–20 o più tardi. Di domenica in genere i negozi sono chiusi, eccetto il Festival Park, un grande centro commerciale e di intrattenimento (v. pag. 212). Nelle località turistiche i negozi si adeguano agli orari dei turisti e spesso sono aperti anche fino alle 23.
Musei: solitamente chiusi il lunedì, per informazioni dettagliate v. orari dei singoli musei nella guida.
Uffici postali: lu–sa 9–13.

Prezzi

I prezzi degli **alloggi** variano sensibilmente a seconda della stagione e della categoria. Il costo di una camera doppia negli hotel più economici è di circa 30 €, mentre in quelli a quattro stelle si parte da circa 100 €. In genere con un viaggio organizzato all-inclusive si spende meno che non prenotando sul posto.

I prezzi dei **ristoranti** di solito sono più convenienti di quelli italiani. A pranzo si trovano menù fissi a partire da 7–8 € (senza vino). Nei locali di media categoria per una portata si spendono circa 12–18 €, nei ristoranti gourmet 25–40 €. Con 3–5 € si possono gustare vari tipi di tapas, mentre una birra o un calice di vino partono da 2 €.

Nei supermercati i **generi alimentari** hanno più o meno lo stesso costo che in Italia.

I **mezzi di trasporto pubblici** e quelli a noleggio sono abbastanza convenienti (da circa 20 € al giorno, inclusa l'assicurazione).

Rappresentanze diplomatiche

Vice consolato onorario italiano
Avda. Alemania, 3, 3ºB
07003 Palma, tel. 807 300 747 (call center a pagamento)
maiorca.onorario@esteri.it
Apertura al pubblico solo su appuntamento ma, me e gi 11–13.

Consolato svizzero
Antonia Martinez Fiol, 6, 3°A
07010 Palma, tel. 971 76 88 36
palmamallorca@honrep.ch.

Sicurezza

Ogni anno si verificano molti incidenti mortali **in mare**. Si raccomanda pertanto di prestare la massima attenzione ai segnali di allerta presenti sulle spiagge.

Si consiglia estrema prudenza **alla guida** di veicoli o **in bicicletta**. Gli spagnoli amano l'alta velocità e non sempre rispettano i divieti di sorpasso.

Furti e truffe: a Palma è bene fare attenzione alla cosiddette "**fioraie**", abili borseggiatrici che fingono di vendere rose ai turisti con l'intento di derubarli. Negli ultimi tempi si stanno anche moltiplicando i raggiri presso gli **sportelli bancomat**, dove i truffatori applicano il nastro adesivo sull'interno della fessura di inserimento delle tessere, che vi rimangono incastrate. A questo punto offrono il loro aiuto, chiedendo ai turisti il PIN della carta per comunicarlo telefonicamente alla centrale che si occuperà di bloccare ogni successivo movimento di denaro. Si raccomanda di non riferire mai a nessuno il codice segreto del proprio bancomat o della carta di credito! Attenzione anche a non farsi convincere per strada a partecipare a **gite** a poco prezzo: spesso si rivelano trucchi per portare i turisti in fabbriche e negozi fuori dai centri balneari.

Soldi

L'euro è la moneta ufficiale. Esistono moltissimi **sportelli bancomat** dove si può prelevare con la carta di debito, ma bisogna fare attenzione alle commissioni.

Nella maggior parte degli alberghi e dei ristoranti è possibile pagare anche con la **carta di debito** o la **carta di credito**; quest'ultima è necessaria anche se si vuole noleggiare un'auto.

Souvenir

L'offerta di souvenir è molto ampia. Molto ricercati gli articoli in cuoio, le ceramiche, gli oggetti in vetro, le perle artificiali e il liquore alle erbe chiamato *hierba*. Una particolarità dell'isola sono inoltre i *siurell* (v. pag. 211), ceramiche che riproducono statue antiche.

Tassa di soggiorno (Ecotasa)

Dal 2016 al turista si applica una tassa di soggiorno in base alla categoria dell'hotel prenotato: per le pensioni e i rifugi di montagna si paga 1 €; per le *fincas* e gli hotel fino a 3 stelle, 2€; per gli hotel superior di 4 e 5 stelle, 4 €. La tariffa si intende al giorno e a persona. Fra novembre e aprile e dal nono giorno di permanenza nella stessa struttura si paga la metà.

Telefono/internet

Prefisso per l'Italia: 00 39
Prefisso per la Svizzera: 00 41
Prefisso per la Spagna: 00 34
Per quanto riguarda le **telefonate internazionali** la Spagna è uno dei Paesi più cari in Europa. È possibile chiamare in Italia o in Svizzera da qualunque cabina telefonica, facendo il prefisso internazionale. Per queste chiamate conviene utilizzare le **carte telefoniche** (*trajetas teléfonicas*), reperibili presso tabaccai e edicole.

Anche la **rete di telefonia mobile** è buona. Nel mese di giugno 2017 è entrata in vigore una nuova normativa europea in base alla quale i costi del roaming internazionale nei Paesi della UE sono azzerati.

Internet: a Palma e in molte altre località esistono hotspot per accedere gratuitamente a internet, localizzabili con applicazioni gratuite WiFinder.

Viaggiatori disabili

Il Consell de Mallorca ha prodotto una brochure chiamata *Cap a una Mallorca per a tothom* (scritta in più lingue, anche in inglese, scaricabile in internet), che offre informazioni su come viaggiare senza barriere sull'isola.

Per saperne di più: dati e retroscena

La torre di Ses Animes lungo il vecchio sentiero della posta tra Esporles e Banyalbufar

Scheda informativa

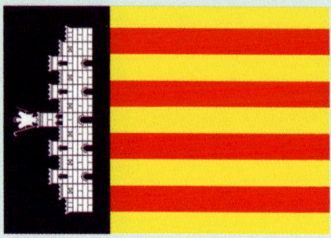

Posizione e superficie: Maiorca è la maggiore delle isole Baleari e si trova nel Mar Mediterraneo occidentale. Occupa una superficie di 3680 km², si estende per 100 km in lunghezza e 77 km in larghezza
Capitale: Palma
Lingue ufficiali: castigliano e catalano
Abitanti: quasi 800.000, dei quali la metà vive nella capitale
Stranieri/residenti: circa 100.000
Valuta: euro
Fuso orario: CET, in estate CEST

Geografia e natura

L'isola si divide in tre grandi aree: la Cordillera del Norte (Serra del Norte/Serra de Tramuntana, v. pag. 138) sulla costa nord-occidentale, che supera i 1400 m di altitudine, la zona pianeggiante chiamata Es Pla (Llanura del Centro, v. pag. 208), posta a sud-est della Tramuntana, e la costa meridionale, caratterizzata da un'altra catena montuosa, la Serra de Llevant (v. pag. 244). Le coste di Maiorca si estendono per una lunghezza di 500 km, e alternano spiagge di sabbia e diverse formazioni rocciose.

Questi ambienti naturali offrono ancora riparo a specie animali (soprattutto uccelli) e vegetali rare. Tuttavia l'isola presenta anche paesaggi creati o modificati dall'intervento umano, dalla macchia alla gariga, fino alle piantagioni di mandorli (v. pag. 49).

Storia

I primi insediamenti sull'isola sono stati datati dagli studiosi al V millennio a.C. Tuttavia le più antiche testimonianze a noi pervenute sono antichi monumenti in pietra che ci sono stati tramandati dalla cosiddetta cultura dei talaiot, le cui origini risalgono al XIV secolo a.C.

La potenza commerciale dei Fenici (detti anche Puni) aveva creato qui una serie di appoggi per i suoi commerci nel Mediterraneo. A loro successero i Romani, e dalla conquista della Spagna da parte dei musulmani avvenuta nell'anno 902 anche il sangue arabo è entrato nelle vene della popolazione isolana. Fino al 1229 l'immagine economica e culturale dell'isola è stata dominata dai Mori, che poi furono scacciati dal re d'Aragona Giacomo I, e da allora Maiorca è tornata ad essere cristiana. Tra il 1279 e il 1349 l'isola ha goduto di un breve periodo di regno indipendente e poi è tornata sotto il dominio della Spagna, alla quale ancora oggi appartiene.

Stato e amministrazione

Dal 1939 le Baleari, come tutte le 17 regioni spagnole, godono di completa autonomia, disponendo di un proprio potere legislativo ed esecutivo. La difesa, la politica estera e la giustizia sono gestite dal governo centrale di Madrid. L'amministrazione delle isole è nelle mani del *Govern Balear*, il parlamento delle Baleari, costituito per circa metà da deputati maiorchini. L'amministrazione dei 53 comuni è invece affidata al *Consell Insular* (consiglio insulare), dove si discute su quali competenza spettino al governo centrale di Madrid, al parlamento delle Baleari e ai comuni.

Sinora il culmine è stato raggiunto con il confronto nell'autunno del 2017, quando il governo regionale catalano ha indetto un referendum contro la volontà di Madrid da cui è risultato che la maggior parte degli elettori è a favore dell'indipendenza. Se si dovesse passare ai fatti, le conseguenze per la Spagna e l'Unione Europea sarebbero imprevedibili.

Economia e turismo

Circa il 63 % del prodotto interno lordo (PIL) deriva dal turismo (circa 10 milioni di turisti l'anno, 1500 alberghi con un totale di 280.000 posti letto). Il reddito di tre quarti della popolazione proviene direttamente o indirettamente dal turismo. Il reddito pro capite (circa 19.000 € lordo) è più o meno di un terzo superiore alla media della Spagna. L'agricoltura svolge, come in passato, un ruolo significativo: le mandorle le primizie e i frutti esotici, infatti, sono prodotti importanti e necessari per i mercati dell'Europa centrale. Anche gli ulivi sono da sempre una significativa fonte di guadagno.

Sempre maggiore importanza sta assumendo l'industria della pelle, soprattutto la produzione di scarpe di lusso, che si concentra nella zona di Inca e produce articoli destinati anche al mercato internazionale.

Popolazione

L'isola conta circa 800.000 abitanti, dei quali circa il 20 % sono immigrati dalla terraferma. La densità della popolazione è di 200 abitanti/km². Poiché circa la metà della popolazione si concentra nella zona urbana di Palma, la densità non è molto alta se confrontata con quella della Spagna. I tedeschi costituiscono una grossa fetta dei residenti stranieri, si stima che siano circa 40.000: infatti più del 10 % dei territori dell'isola è di loro proprietà.

Lingua

Soprattutto dopo l'autonomia la lingua catalana sta assumendo un'importanza sempre maggiore. Molte strade hanno cambiato nome e anche le dichiarazioni stilate dagli uffici pubblici sono scritte prevalentemente in catalano.

Religione

Circa il 98 % degli abitanti è di religione cattolica romana. Molto diffuso è il culto dei santi, che trova espressione nelle feste popolari e nei pellegrinaggi, tra i quali la processione notturna chiamata "Marxa del Güell a Lluc a Peu", che va da Palma al monastero di Lluc.

Maiorca

41

Preistoria

Ca. 6000–5000	Primi insediamenti in epoca neolitica di popolazioni preistoriche di origine sconosciuta.
1400 a.C. ca.	Sbarco dei "Popoli del mare" appartenenti al Mediterraneo orientale. Inizio della cultura talaiotica.
654 a.C.	Fondazione di una colonia cartaginese a Ibiza.
264–241	Prima guerra punica. Roma, in fase di ampliamento, contende ai Cartaginesi la supremazia sul Mediterraneo occidentale. Le Baleari rimangono sotto il comando di Cartagine. I maiorchini partecipano alla guerra come soldati.
219–201	Seconda guerra punica. Cartagine perde la sua flotta e i suoi possedimenti, eccetto quelli africani. I maiorchini approfittano dell'assenza di un reggente per trasformarsi in pirati.
123 a.C.	I Romani occupano le Baleari. Costruiscono infrastrutture, fondano Palma e Pollentia; l'economia conosce un periodo di forte prosperità grazie alla coltivazione degli ulivi.
III sec. d.C.	Crisi dell'Impero Romano, cristianizzazione delle Baleari.
455–534	I Vandali occupano Maiorca e la distruggono.
534	Le Baleari passano sotto la dominazione bizantina.
798	Trattato di protettorato con Carlo Magno per difendere le isole dagli attacchi arabi.
859	Assalto dei Normanni.

La dominazione araba

902	Isman al Jaulani conquista le Baleari.
902–1012	Le Baleari, come parte del califfato di Cordoba, vengono amministrate dal governatore.
1014–1076	Maiorca diventa provincia degli emiri di Denia, staccatisi da Cordoba nel 1009.
1076–1115	Gli emiri arabi indipendenti regnano su Maiorca e la pirateria si risveglia.

1113–1115 Spedizione punitiva di una flotta navale cristiana su Maiorca: assedio e conquista di Palma, poi ritirata.

1115–1203 Gli Almoravidi marocchini passano al potere.

1203–1229 Governatori nordafricani della dinastia degli Almoadi regnano sulle Baleari e sopprimono la religione cristiana. Sviluppo di commercio e agricoltura.

L'indipendenza di Maiorca

Set 1229 Attracco di una flotta catalana a Maiorca, guidata dal re Giacomo I. Inizio della Reconquista e della dominazione di Giacomo I (1229–1276).

La cessione di Mallorca a Giacomo I, immagine proveniente dalla chiesa di Artà

1235	A Palma nasce Ramon Llull, missionario e fondatore della letteratura prosastica in lingua catalana.
1276	Giacomo II succede a Giacomo I e assume anche il controllo dei territori della Francia del sud (Perpignan e Montpellier). A suo fratello Pere, Pietro III, tocca la dominazione della Spagna (Aragona, Valencia, Barcellona).
1279	Pietro III accampa pretese sulle Baleari, ma senza successo.
1311–1324	Regno del re Sancio I.
1324–1349	Dominio di re Giacomo III e prosperità del commercio marittimo.

La Maiorca spagnola

1349	Battaglia di Llucmajor, re Giacomo III muore e Maiorca passa al re di Aragona.
1391	Rivolta contadina e distruzione del quartiere ebraico di Palma di Maiorca.
1479	Unificazione spagnola con il matrimonio tra Isabella I di Castiglia e Ferdinando II d'Aragona (1469).
1484	L'inizio dell'Inquisizione e la cacciata degli ebrei determinano il tramonto dell'economia.
1502	Primo attacco dei pirati a Pollença, seguito da molti altri.
1521	Rivolta degli artigiani.
1541	Gli Spagnoli falliscono nell'attacco alla fortezza di Tunisi. Le città maiorchine vengono fortificate e si costruiscono nuove torri di vedetta (atalayas) per difendersi dagli attacchi dei pirati.
1571	Vittoria sui Turchi nella battaglia di Lepanto.
1701–1713	Guerra di successione spagnola. I pirati maiorchini attaccano le navi nemiche sia inglesi che francesi.
1713	Nasce, a Petra, Josep Miquel Ferrer (Juníper Serra), il missionario più importante della costa ovest americana.
1780	Arrivo di emigranti francesi.

| 1838 | Secolarizzazione dei monasteri in seguito all'ascesa al trono di Isabella di Spagna. George Sand e Frédéric Chopin trascorrono l'inverno nel monastero di Valldemossa. |
| 1869–1874 | Rivoluzione: Amedeo viene proclamato re (1871); si annuncia la nascita della repubblica (1873); riconquista della supremazia spagnola con Alfonso XII (1874). |

XX secolo e ultimi sviluppi

1936–1938	Guerra civile spagnola. Le Baleari diventano la base militare per le truppe del generale Francisco Franco e i suoi alleati (italiani e tedeschi).
1939–1975	Regime totalitario del generale Franco.
1956	Inizio del turismo con l'apertura del primo aeroporto.
1962	Il numero dei turisti supera il milione.
1975	Muore Franco. Nasce la monarchia costituzionale sotto il re Juan Carlos I; inizia il processo di democratizzazione.
1983	Le Baleari ottengono lo stato di autonomia.
1993	Vittoria del partito catalano PP alle elezioni parlamentari.
1999	Per la prima volta, dopo 16 anni, al governo passa una coalizione formata da socialisti, comunisti e verdi.
2007	Energica protesta contro la speculazione edilizia. La coalizione di centro-sinistra vince di nuovo alle elezioni parlamentari.
2011	Vittoria del conservatore Partido Popular con José Ramón Bauzá.
2014	Si inaspriscono le norme comportamentali per Playa de Palma.
2015	Vittoria alle elezioni del Partido Socialista Obrero Español (PSOE) sotto la guida di Francina Armengol. Coalizione con i populisti di sinistra di Podemos.
2016	Introduzione della tassa di soggiorno per i turisti (Ecotasa).
2017	Protesta della popolazione dell'isola contro l'eccessivo turismo di massa.

Una varietà nascosta: flora e fauna a Maiorca

Specie rare e a volte in via di estinzione, come l'avvoltoio monaco, il nibbio reale, la capinera e diverse orchidee, hanno trovato rifugio a Maiorca, grazie al lavoro di ecologisti impegnati nella protezione dell'isola.

Con una superficie di 3680km^2, Maiorca è l'isola più grande delle Baleari, e la più varia dal punto di vista paesaggistico. Da est a ovest l'isola si estende per almeno 100 km, unendo Capdepera (vicino a Cala Rajada) a Punta Negra (nei pressi di Sant Elm). La distanza che invece divide Cap de For-

mentor (a nord-est) e Cap de Salines (a sud) è di circa 77 km.

I Greci chiamavano le Baleari *Gymnesias* ("paese dove la gente nuda cammina per strada"), dal termine *gymnasion*, ossia il luogo riservato all'educazione fisica in tempi antichi. Il motivo non era certo la presenza di persone che praticavano attività fisica senza vestiti, quanto piuttosto il fatto che allora non esistevano grandi insediamenti sulle isole e la natura era ancora preponderante.

Con l'avvento del turismo di massa è iniziata la battaglia, che dura ancora

Una Maiorca sconosciuta e inaspettata

46

oggi, tra l'imprenditore, che punta al denaro facile e vede ogni superficie libera come potenziale base per costruire hotel, campi da golf e appartamenti, e l'ambientalista, che vorrebbe proteggere la flora e la fauna nella loro integrità (v. anche pag. 50).

Maiorca ospita ancora oggi una grandissima varietà di specie animali e vegetali, che si spiega anche con la diversificazione degli ambienti naturali che caratterizzano l'isola.

Un mosaico di paesaggi

A Maiorca si distinguono chiaramente tre paesaggi dominanti. Paragonabile alla colonna vertebrale di un fossile antichissimo, la Cordillera del Norte, molto frastagliata e nota come **Serra de Tramuntana**, delimita la costa nord-occidentale, attraversando tutta l'isola da Sant'Elm a Cap de Formentor. Questa catena montuosa, compatta ma in sé articolata, raggiunge altitudini superiori ai 1400 m. ed è costituita principalmente da pietra calcarea e attraversata solo da alcune strade tortuose. La pietra tenera ha comportato la formazione di molte grotte, che sono diventate oggi una vera e propria attrazione turistica, e di stretti canyon che portano le piogge dell'inverno al mare. Nel 2011 il paesaggio della Serra de Tramuntana è stato dichiarato dall'UNESCO Patrimonio mondiale dell'umanità.

A sud-est, di fronte alle montagne, si estende il bassopiano collinoso e caratterizzato da sedimenti superficiali, **Es Pla**, il cuore della Maiorca contadina. Esattamente sul lato opposto delle montagne settentrionali, la Serra del Llevant incontra la costa sud-orientale, ma non raggiunge mai le altitudini e la compattezza della Serra del Norte.

Un avvoltoio monaco

Le coste sono straordinariamente
varie. Le spiagge ampie e arcuate definiscono la forma della costa sud-occidentale e nord-orientale. La costa est
è invece caratterizzata da strette insenature simili a fiordi; minuscole calette, racchiuse quasi completamente
tra le rocce, delimitano invece la Serra
de Tramuntana a picco sul mare. Alcune si possono raggiungere con pericolose strade scoscese, altre sono raggiungibili solo a piedi e per questo
sono al sicuro da un afflusso turistico
di massa.

Un rifugio per specie in pericolo

Nel paesaggio di Maiorca si possono distinguere alcuni habitat specifici, ad
esempio la saline a sud-est, dove si verificano le precipitazioni più scarse dell'isola. Qui trovano rifugio piante e
animali adattati all'alta salinità del
suolo. L'esatto contrario di questo paesaggio si trova invece sulla costa nord-occidentale, nelle paludi di S'Albufera,
che costituiscono l'habitat ideale per
molti anfibi e sono la zona di svernamento preferita degli uccelli migratori.
Sui pendii occidentali della Serra de
Tramuntana, estremamente piovosi,
crescono foreste che vanno dal livello
del mare fino a oltre 1000 m di altezza,
un habitat perfetto per le orchidee. A
Maiorca infatti crescono oltre 20 specie di orchidee. Qui, lontano dalle
grandi rotte turistiche, il raro avvoltoio
monaco può ancora nidificare e allevare i suoi piccoli indisturbato. All'inizio degli anni '80 i più grandi uccelli
d'Europa con la loro apertura alare di
2,70 m erano ormai ridotti a pochissimi
esemplari. Poi ha preso il via una campagna di protezione sostenuta dal governo e da diverse organizzazioni, e

oggi più di 100 grandi avvoltoi monaci descrivono di nuovo i loro circoli nelle correnti ascensionali sopra la magnifica Serra de Tramuntana.

Tra gli animali più rari si può annoverare anche il nibbio reale. Poiché questi uccelli vivono prevalentemente vicino alle zone abitate dall'uomo, sono particolarmente esposti ai rischi connessi alla civilizzazione, in particolare alle esche avvelenate che vengono sparse in giro per i gatti randagi. Le poche coppie di nibbi reali che ancora sopravvivono sono state dotate di trasmettitori in modo che sia possibile essere sempre informati sui loro spostamenti ed evitare che vengano in contatto con i veleni mortali.

Non altrettanto spettacolari ma unici per la loro varietà sono gli uccelli più piccoli che vivono stabilmente sull'isola o vi arrivano per svernare. La capinera delle Baleari e la berta delle Baleari vivono esclusivamente a Maiorca.

Da non dimenticare sono anche le acque che circondano l'isola. Lontano dalle spiagge turistiche le foche monache prendono il sole e i delfini giocano nell'acqua.

Se tenete gli occhi bene aperti e abbandonate le zone più frequentate, Maiorca vi rivelerà un lato nascosto di paradiso naturale. Un merito non indifferente va al GOB (Grup Balear d'Ornitologia i Defensa de la Naturalesca): solo grazie all'iniziativa di questa associazione alcune zone sono state poste sotto tutela e si sono trasformate nel rifugio di specie animali e vegetali minacciate dall'uomo.

Macchia, uliveti e aranceti

Dato il costante ampliamento dei centri abitati e la sempre maggiore pressione che la popolazione esercita sulla natura, il paesaggio è sottoposto a un ininterrotto processo di trasformazione, che ha un impatto non sempre o non solo negativo sulla natura locale. Alla flora originale, infatti, si sono aggiunti frutteti e piantagioni di mandorli e ulivi che, soprattutto durante la fioritura, conferiscono a Maiorca un'atmosfera magica e arricchiscono di colori e sfumature il paesaggio.

Lontano dagli alberghi e dai centri abitati, i tratti di costa rocciosa sono ricoperti di pini di Aleppo (*Pinus halepensis*); le spiagge delle baie sono invece contornate da ammofile (*Ammophilia renaria*) e da calcatreppole marittime pungenti (*Erynigium maritimum*).

Gli ulivi selvatici (*Olea europaea v. oleaster*), i carrubi (*Ceratonia siliqua*), il rosmarino (*Rosmarinus officinalis*) e il brugo (*Erica multiflora*) che trovavano il loro habitat naturale nell'entroterra, soprattutto nella parte sud-occidentale, sono stati completamente rimpiazzati da piantagioni di mandorli.

Sui pendii delle montagne sono ancora ben diffusi i pini di Aleppo, mentre ad altitudini maggiori continuano a crescere i lecci (*Quericon ilicis*). Nelle zone più basse il paesaggio è dominato dalla macchia, riconoscibile in tutte le regioni del Mediterraneo. Si tratta di una vegetazione cespugliosa, oggi divenuta rada per l'intervento dell'uomo e per l'impatto dell'allevamento delle capre. A circa 1200 m di altitudine i boschi lasciano il posto ai pascoli, con arbusti nani e pulvini. Anche quest'insieme di piante, detto gariga, si è formato di conseguenza a una zootecnia incontrollata, ed è da ricondursi soprattutto all'allevamento intensivo delle capre.

Da quando sempre più europei si possono permettere una finca, una villa o un appartamento a Maiorca, non ci sono più limiti al boom edilizio e alla distruzione dell'ambiente naturale dell'isola.

Gli abitanti e i rappresentanti politici di Maiorca sono riusciti a stento a opporsi all'invasione del turismo di massa. Quando atterrò il primo charter nessuno avrebbe potuto prevedere quale ondata turistica si sarebbe rovesciata sull'isola: oggi arrivano a Palma ogni mese più passeggeri che in tutto il 1961! Per poter soddisfare una crescente domanda ebbe inizio un'intensa attività edilizia, il cui scopo era semplicemente incrementare la capacità di accoglienza e ricezione, senza considerare le conseguenze e l'impatto sulla natura. A poco a poco l'isola perse il suo fascino primitivo, tanto che si parla già di "altra Maiorca".

economico in ordine di importanza per Maiorca, non da ultimo sorretta da una corruzione quasi senza precedenti. Nel 2006 è emersa la punta dell'iceberg quando sono state rese pubbliche le malefatte di Eugenio Hidalgo, che nel paese di Andratx aveva amicizie strette con il sindaco, i consiglieri comunali e gli imprenditori edili. Hidalgo aveva fatto costruire senza scrupoli ville e appartamenti per turisti in una zona protetta. Agli abitanti del posto importava poco, e i proprietari stranieri delle altre case sono stati disturbati solo quando le nuove ville hanno impedito loro la vista sul mare, che avevano pagato cara.

Alberi al posto del cemento!

Guadagno a ogni costo

Da questo sviluppo esponenziale, che venne ben presto denominato "balearizzazione", sono derivati repellenti edifici a più piani in netto contrasto con il paesaggio. L'industria edilizia è cresciuta al seguito del turismo diventando il secondo settore

Nel 2012 l'allora governo di conservatori aveva individuato un'altra fonte di reddito: l'importazione di spazzatura da smaltire nell'enorme inceneritore Son Reus nei pressi di Palma. Non da ultimo a causa delle grandi proteste della popolazione e delle associazioni ambientaliste, il governo eletto nel 2015 ha deciso di chiudere parte dell'impianto, di vendere il resto a un investitore cinese e di cessare l'importazione di spazzatura. I resti della spazzatura bruciata sono stati riversati nel porto per la costruzione di un nuovo terminal per navi da crociera previsto per il 2018, il

Invasione edilizia a Port d'Andratx

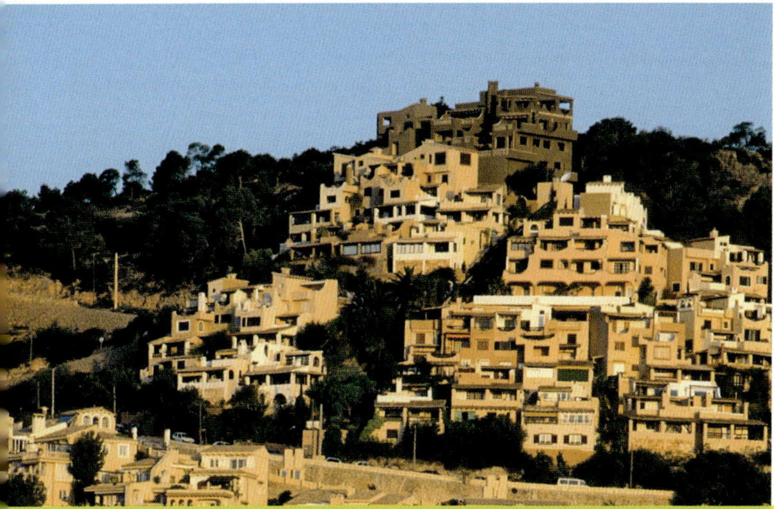

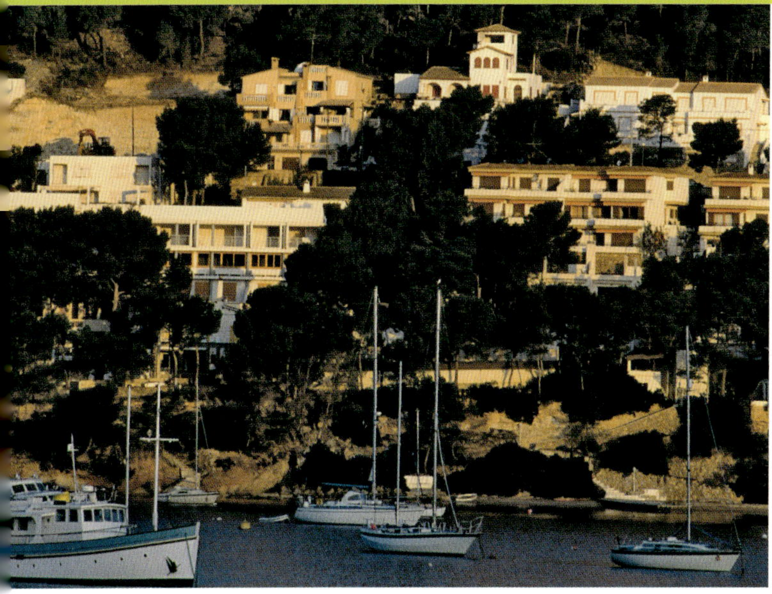

che va a tutto vantaggio dei gestori di Son Reus, visto che la portata massima della discarica era già stata raggiunta. Ma la reazione della popolazione e delle associazioni ambientaliste non si è fatta attendere e nel luglio 2017 la responsabile delle politiche ambientali ha disposto la cessazione dei trasporti.

Il problema della spazzatura di Maiorca è dovuto in parte anche alla popolazione locale, che da sempre non si cura di un corretto smaltimento dei rifiuti e resta sorda alla pressione della UE in fatto di raccolta differenziata.

Una giustizia troppo lenta

Dall'inizio degli anni '90 lo Stato cerca di porre un freno alla smisurata edificazione lungo le coste al fine di arginare l'immagine di Maiorca come "vasca da bagno economica". Tuttavia solo le normative edilizie inasprite dalla coalizione al governo dal 2015 hanno messo fine (per il momento) allo strapiante boom edilizio. Ora prima di edificare un hotel nuovo è necessario demolirne uno vecchio, e per ogni nuovo letto in hotel bisogna dimostrare l'esistenza di un'area verde di 60 m². Per le *fincas* in campagna è necessario un terreno di almeno 5000 m² sul quale si può costruire un solo edificio abitabile con una sola cucina.

Acqua in pericolo

La posizione demografica di Maiorca, ossia una zona semiarida delle fascia mediterranea, genera non solo il flusso di turisti bramosi di sole, ma anche seri problemi legati all'approvvigionamento idrico, aggravato da precipitazioni relativamente scarse e irregolari durante l'anno. Le piogge annue oscillano tra i 1400 mm nella catena montuosa della Tramuntana (che funziona da serbatoio idrico) e i 400 mm nelle pianure al di là delle montagne. L'intensa irrigazione degli appezzamenti, la costante costruzione di campi da golf, le gigantesche piscine d'acqua dolce nelle strutture alberghiere e l'eccessivo consumo d'acqua da parte dei turisti (tre volte superiore alla media) sono le cause di un'emergenza drammatica. Nei mesi estivi, pertanto, l'acqua deve essere importata dalla Spagna su navi cisterna, con un considerevole aumento di prezzo.

Cinquant'anni fa l'acqua veniva spillata dalle falde utilizzando le pompe azionate dai mulini a vento. Oggi solamente potenti impianti elettrici possono estrarre acqua a profondità sempre maggiori, e nel frattempo continua ad aumentare il contenuto salino. Nonostante la situazione precaria, sinora si è investito poco nel rinnovamento delle reti fatiscenti e in nuovi impianti di depurazione.

Le iniziative per l'ambiente

Tuttavia c'è anche qualche notizia positiva, come la legge sulla tutela dell'ambiente che ha protetto più di un terzo della superficie isolana, portando ad esempio alla demolizione di appartamenti illegali sulla Platja des Trenc. Inoltre alcuni anni fa lo Stato ha acquisito la zona della Finca Son Real, evitando la costruzione di un nuovo campo da golf con annessi appartamenti e alberghi. Inoltre ha prescritto a molti centri turistici una "cura di bellezza". A tal proposito vanno ricordati i lungomare rimessi a nuovo di Platja de Palma e Palma Nova e le nuove zone pedonali. Si parla anche di una linea tramviaria che dovrebbe collegare Palma a S'Arenal.

Come si è visto dal problema della spazzatura, il governo di conservatori aveva messo in primo piano il profitto. Per fare un altro esempio, aveva disposto che sulla spiaggia allo stato naturale di Es Trenc fosse costruito un grande complesso alberghiero accanto al campo da golf, accettando solo parzialmente o respingendo le prime misure di risanamento sostenibile. Nell'estate 2013 il progetto è andato a monte grazie a un decreto giudiziario. Come dimostrano la reintroduzione della tassa di soggiorno sul turismo e l'inasprimento delle normative edilizie, c'è stata un'inversione di rotta: l'attuale governo ha a cuore il turismo sostenibile e la tutela dell'ambiente.

Garzette

Impegno per la natura

Preziosissima in questo campo è stata l'attività del Grup Balear d'Ornitologia i Defensa de la Naturalesa (GOB, v. pag. 48), fondato nel 1973.

L'associazione non si è accontentata di studiare la natura e osservare i volatili, ma è intervenuta attivamente nella politica nazionale. Con il sostegno della Royal Society for the Protection of Birds, il World Wildlife Fund e la Zoologische Gesellschaft di Francoforte l'organizzazione, che conta 7000 membri, ha accettato la sfida, registrando da allora considerevoli successi. Al suo impegno si devono molti interventi come ad esempio il fatto che la baia di Mondragó sia rimasta allo stato selvaggio, che le isole Dragonera e Cabrera e la Serra de Llevant siano state poste sotto tutela e che siano stati creati sentieri escursionistici. Ogni anno l'associazione denuncia circa 100 reati ambientali.

I rappresentanti del mondo politico non erano certamente all'oscuro delle conseguenze derivate dal turismo di massa e dallo sfruttamento indiscriminato del territorio, ma visto il coinvolgimento di interessi privati e politici non erano nemmeno intenzionati a adottare le contromisure necessarie.

Turismo:
un problema o una risorsa?

Il turismo per Maiorca è come una pioggia tiepida, che assicura benessere e un introito costante. Ma il prezzo da pagare è alto. Il rovescio della medaglia sono le strade intasate dal traffico, gli orribili alberghi e i campi da golf che consumano l'acqua già scarsa.

Turismo, una fonte di benessere

In passato arrivarono a Maiorca alcuni personaggi famosi, tra cui George Sand, che nel 1838/1839 trascorse un inverno sull'isola in compagnia del compositore Chopin e non ne conservò un buon ricordo, e l'arciduca austriaco Ludwig Salvator, che mezzo secolo più tardi si innamorò dell'isola e comprò quasi metà delle coste. Tuttavia si può dire che il turismo incominciò, pian piano, solo all'inizio del XX secolo, quando gli intellettuali britannici, giunti con il loro navi da crociera, gettarono l'ancora nella baia di Palma, il Gran Hotel della città aprì i battenti e artisti squattrinati si trasferirono a Deià. Nel 1919 arrivò lo scrittore argentino Jorge Luis Borges perché qui era "bello ed economico e oltre a noi non ci sono turisti".

Ma solo l'ondata di turismo iniziata nel dopoguerra, facilitata dalla costruzione di un aeroporto (1960) e dalla diffusione del turismo organizzato, liberò Maiorca dalla povertà e definì per l'isola una monocoltura improntata sul turismo, un settore che prevale ancora oggi e che è supportato principalmente dai tedeschi (circa un terzo dei turisti). Grazie all'arrivo costante di visitatori, regolari come gli uccelli mi-

gratori, Maiorca può vantare oggi il primato di provincia più ricca della Spagna e ha tutti i motivi per ostentare apertamente e con orgoglio, a scapito dell'onore di Madrid, la sua identità catalana.

La danza attorno al vitello d'oro

Purtroppo i responsabili di questo sviluppo si sono lasciati vincere dall'allettante possibilità di arricchirsi velocemente, e hanno costruito sulle bellissime spiagge grandi hotel, con l'intento primario di aumentare il numero di posti letto e di conseguenza i propri guadagni.

Nel 1970 l'"isola del sole" fu visitata da più di 2 milioni di turisti, oggi si superano i 10 milioni. All'aeroporto, ri-

costruito nel 1997, atterrano ogni giorno fino a 300.000 visitatori.

Il fatto che l'isola riesca a sostenere questo vero e proprio assalto si deve non solo alle ottime infrastrutture, ma anche alla presenza di tantissimo personale di servizio, che arriva dalla terraferma a seguito dei turisti e contribuisce a fare aumentare notevolmente la popolazione nei mesi estivi.

Il governo isolano non si preoccupa di poter essere viziato da questa pioggia di euro, e offre ai turisti meravigliosi lungomare sulle coste e aree pedonali chiuse al traffico per favorire lo shopping. Fare acquisti in effetti è diventata l'attività preferita dei vacanzieri sull'isola. Vini e oli di oliva pregiati sono sulla lista dei desideri almeno quanto le scarpe eleganti e gli accessori di vario genere. Grazie ai voli low-cost Palma ha acquisito la fama di paradiso dello shopping, come è dimostrato da un enorme centro commerciale dall'eloquente nome di Festival Park.

Il sogno del turismo di lusso

Più internazionali delle cittadelle del "tutto compreso", dove si concentrano soprattutto inglesi e tedeschi, sono le zone dove il motto è "classe anziché massa". Negli alloggi d'élite, ben lontani dalle spiagge affollate, prevale il poliglottismo, e non mancano mai le discussioni inerenti la borsa, la vela e il golf. Oltre alle *fincas* in splendide posizioni, ai deliziosi alberghi in città e alle ville romantiche, l'isola offre ristoranti di prima categoria dove acquistare prelibatezze indimenticabili. Si deve soprattutto a questo tipo di clientela se si è potuta evitare la decadenza economica del centro dell'isola.

Alcuni dei migliori alberghi, come L'Hermitage o La Reserva Rotana, hanno costruito qui le loro sedi, e anche molte *fincas*, abbandonate dai contadini, sarebbero andate perdute senza il turismo. Lo stesso vale per i palazzi storici nelle città, che sono stati trasformati in alberghi stupendi e oggi risplendono di nuova vita. Palma in particolare ha tratto vantaggio da questa situazione.

Ragionando in termini di "classe anziché massa" il governo permetterebbe volentieri l'accesso all'isola solo alla clientela benestante, ma non può farlo, poiché oggi quasi un posto di lavoro su due a Maiorca è legato al turismo. Nel 2002 è stata introdotta una tassa sull'ambiente di 1 € al giorno a persona, poi abolita non appena si è ridotta la massa di "turisti all-inclusive" e ripristinata nel 2016 con il nome di Ecotasa (v. pag. 37) senza però avere (sinora) effetti negativi sull'affluenza di turisti.

Il turismo come problema ambientale

A questo punto è interessante notare come la convinzione che dal punto di vista ambientale il turismo di lusso sia più sostenibile del turismo di massa si riveli in fin dei conti ingannevole. Uno studio dell'Università di Bochum è giunto infatti alla conclusione che il "consumo di territorio" causato dal turismo di massa è molto inferiore a quello causato dal turismo di lusso, poiché insieme al reddito aumentano sempre anche le aspettative del turi-

Le barche fanno parte dell'immagine turistica di Maiorca

sta. Invece che in alberghi-alveare, si vuole risiedere in un piccolo hotel, ancora meglio in un resort, su una superficie che altrimenti sarebbe stata sufficiente per tre alberghi turistici. Inoltre in una *finca* si deve trovare una piscina, anche se vi risiedono al massimo quattro persone. Non ci si accontenta di stare sdraiati su una spiaggia o di fare un'escursione a piedi, ci deve essere nelle vicinanze un campo da golf. E ce ne sono già più di 20 sull'isola! Inoltre in cambio della green fee (la tassa sul campo da golf) ci si aspetta un prato impeccabile e verdissimo, è naturale. Questo implica che

durante la stagione estiva siano in funzione notte e giorno gli impianti di irrigazione, mentre i campi nei dintorni si seccano e la preziosissima acqua potabile da bere deve essere trasportata a Maiorca con le barche dalla terraferma.

Un altro grave problema ecologico sono anche i ricchi residenti, spesso immigrati dall'estero, che hanno a cuore solo la protezione e la salvaguardia della loro proprietà personale, spesso costruita abusivamente. A questi benestanti proprietari interessa soprattutto che venga preservato il panorama che si vede dalle loro finestre.

L'invasione straniera
e la ricerca dell'autodeterminazione

Da decenni Maiorca è l'isola più amata dai tedeschi, che di solito ritornano regolarmente sull'isola per una bella vacanza di mare e di relax, tanto che non pochi di loro hanno deciso di risiedervi stabilmente. Questo avviene non sempre con la gioia degli abitanti dell'isola, che vedono questa colonizzazione con un certo scetticismo, tanto più che devono anche difendersi dall'influenza di Madrid.

Alcuni definiscono scherzosamente Maiorca come il diciassettesimo Land della Germania, e in effetti camminando in estate per le vie di S'Arenal o prendendo il sole sulle spiagge di Peguera o Cala Millor si può ben capire il perché. Il turista non deve rinunciare a nulla: birra tedesca, würstel tedeschi, quotidiani tedeschi, cartelli in tedesco e perfino una vera e propria Oktoberfest con bande musicali (a Peguera). Tutto come a casa, solo che qui fa più caldo.

Ma i tedeschi non sono gli unici che vorrebbero integrare Maiorca nel loro Stato. Se andate ad esempio a Magaluf, dovete conoscere bene l'inglese, scegliere i fish and chips come vostro cibo preferito e bere litri di birra scura Guinness Stout.

Prima di condannare l'auto-ghettizzazione e la mancanza di integrazione dei popoli stranieri che vengono a vivere nelle nostre città, dovremmo riuscire a vedere da fuori il nostro comportamento quando andiamo in vacanza all'estero. Non è cosa da tutti riuscire a esporsi incondizionatamente di fronte a una cultura diversa dalla nostra. I goffi tentativi, quando ci sono, almeno di ordinare al ristorante in spagnolo non possono essere considerati tentativi di integrazione. È sorprendente che turisti che vengono sull'isola da anni non abbiano ancora imparato a dire nient'altro che *gracias* o *buenos dias*.

Turisti o residenti?

Gli abitanti dell'isola soprattutto d'estate devono sentirsi un po' come stranieri a casa loro. Perciò non è infondato il sospetto che in inverno molti alberghi e ristoranti chiudano perché i maiorchini hanno bisogno di ritrovarsi.

Fino a poco tempo fa il flusso dei turisti passava sopra le loro teste e loro non se ne lamentavano, anzi perfino lo desideravano, dato che l'ondata dei vacanzieri lascia dietro di sé montagne di euro, che hanno reso Maiorca la provincia più ricca della Spagna. Ma dal 2016 regna il malcontento. L'isola rischia di soffocare sotto la calca dei turisti e ci sono state le prime proteste. Dunque è comprensibile che la gente del posto abbia delle riserve nei confronti dei residenti stranieri che hanno eletto Maiorca a loro seconda patria. Certo questi residenti non pesano sulle tasche del contribuente perché non percepiscono contributi, ma i maiorchini li vedono come una minaccia per la loro autodeterminazione. Circa il 10 % dei territori dell'isola è di proprietà di tedeschi, che con una popolazione di 40.000 persone costituiscono il 5 % degli abitanti di Maiorca. Alla base di questo fenomeno non c'è solo la ricerca di una casa economica in un posto caldo, ma anche il desiderio di fare parte di un gruppo di celebrità come Boris Becker o Claudia Schiffer, che sono già sbarcati sull'isola. Non c'è da sorprendersi che gli abitanti del luogo vedano questa sorta di colonizzazione con un certo scetticismo, anche se con la presenza di questi stranieri danarosi guadagnano piuttosto bene.

Che ci sia un giornale tedesco, un'emittente radiofonica tedesca, una libreria tedesca, che esistano anche case di riposo per anziani tedesche, un maiorchino lo può ancora tollerare. Ma quando l'ex salumiere tedesco Horst Abel, residente a Maiorca ormai da più di 30 anni, si è candidato alle elezioni comunali del 1999 con il suo partito Amigos Alemanes in España (Amici tedeschi in Spagna) è apparso piuttosto chiaro che la colonizzazione dell'isola era andata un po' troppo avanti.

Il sogno dell'autodeterminazione

Maiorca tuttavia non combatte solo contro l'invasione dei turisti stranieri, ma anche contro il governo centrale spagnolo, un vero corpo a corpo.

Persino quei turisti che non sono interessati solo alla vita da spiaggia e alle imperdibili località culturali difficilmente sanno che dietro allo Stato spagnolo si nascondono quattro culture differenti e altrettante lingue ancora vive. Tale situazione venne ancora presa in considerazione nel 1479, data della prima unificazione tra Castiglia e Aragona ma poi, nel corso dei secoli, l'autonomia culturale dalle varie province diminuì gradualmente e venne spesso osteggiata. Solo dopo la morte del dittatore Franco fu definito, nella costituzione del 1978, lo storico statuto di autonomia per tutte le province.

Gli uomini di potere castigliani avevano saputo conservare l'unità politica spagnola, ma non erano riusciti a creare un'identità nazionale. La lotta accanita dei baschi per rendersi autonomi dalla Spagna è stata la conseguenza brutale di un'integrazione mai completata. Nell'autunno del 2017 si è ribellata anche la ricca Catalogna: nonostante la resistenza del governo centrale ha indetto un referendum da cui è risultato che la maggior parte dei suoi elettori è a favore dell'indipendenza. Ci sono state manifestazioni contrarie anche a Barcellona. I due fronti di favorevoli e contrari sono esasperati, gli esiti incerti. La separazione sarebbe una catastrofe per tutte le parti coinvolte. Anche le Baleari ne risentirebbero: pur avendo l'autonomia regionale, si sentono strettamente legate alla Catalogna, non da ultimo per la lingua comune. Le isole, inoltre, hanno spesso pareri divergenti e difficoltà a far valere i diritti acquisiti di fronte al governo di Madrid. Un sostanziale segno di autonomia è evidente soprattutto nell'ambito della cultura e dell'istruzione. La lingua possiede inoltre un'importanza considerevole nella lotta per l'autorealizzazione culturale: a Maiorca la lingua originaria non è infatti il castigliano, bensì il catalano.

Il catalano, un simbolo di autonomia

A partire dagli anni '90 il catalano, la lingua originale delle Baleari, ha riacquistato importanza e, con il castigliano, si è imposto come lingua ufficiale insieme al dialetto maiorchino. La maggior parte dei cartelli delle località e delle strade tiene infatti conto delle radici storiche e delle crescente autoconsapevolezza dei maiorchini. Non a caso il termine *plaza* viene da *plaça*, *puerto* diventa *port* e *calle* viene sostituito da *carrer*, mentre alcuni comuni utilizzano per i loro siti esclusivamente il catalano. Questo non significa che ci si possa dimenticare di essere in Spagna, e ad esempio la pubblicità sui cartelloni e nei negozi oppure nei ristoranti si parla sia castigliano sia catalano. Si tratta di una buona opportunità per i turisti più attenti di venire a contatto con gli abitanti del posto e con la loro cultura anche attraverso la loro lingua.

Corsi di lingue a Maiorca
Ottimi corsi di **spagnolo** sono offerti ad es. da Dialog (www.dialog-palma.com), che è anche una grande libreria con molti testi stranieri (a Palma, v. pag. 114). Si può anche studiare il **catalano** con il sostegno delle comunità locali (http://llengua.gencat.cat/en/inici/index.html), ma bisogna avere una conoscenza anche basilare dello spagnolo.

Finca e palau,
l'architettura storica a Maiorca

Da molto tempo ormai a Maiorca si può pernottare non solo negli alberghi o negli appartamenti, ma anche tra mura storiche, dove si celano ambienti di grande fascino che aiutano gli ospiti a entrare in contatto con l'architettura tradizionale dell'isola.

La finca, una fattoria rurale

Il termine *finca* oggi fa subito venire in mente un alloggio molto curato per turisti che amano gli ambienti poco affollati, lontano dal turismo di massa, immerso in un paesaggio rurale.

In origine tuttavia la *finca* era niente di più che una fattoria, con vaste estensioni di terreno dedicate all'agricoltura e all'allevamento di animali, un po'

come una masseria nelle campagne del Sud Italia. Nella sua forma più semplice porta il nome di *finca rustica*, e sulla terraferma in Spagna è anche conosciuta come *casa de campo*.

L'architettura era funzionale alle esigenze degli agricoltori, che vivevano dei prodotti della loro fattoria. Oltre agli edifici di abitazione, la *finca* disponeva di stalle e magazzini e aveva solitamente anche una cisterna per immagazzinare l'acqua piovana o, se il territorio lo consentiva, c'era un vero e proprio pozzo.

I muri erano di pietra, a volte in più strati. Particolare attenzione era riservata alla costruzione del tetto, che poggiava su travi di legno e veniva poi ricoperto con argilla e carbone.

La stanza principale della parte abitativa era la cucina, che serviva anche come luogo di aggregazione, ed era

61

Fincas e palaus da vedere
Jardins d'Alfàbia: splendidi giardini con casa padronale barocca (v. pag. 175).
Sa Raixa: tenuta al momento sottoposta a restauro (v. pag. 176).
Els Calderers: anche questa tenuta nei pressi di Sant Joan oggi è diventata un museo, www.elscalderers.com (v. pag. 226).
Sa Granja: tenuta trasformata in museo etnografico nella Serra de Tramuntana, www.lagranja.net (v. pag. 172).

dominata da un grande focolare. Le finestre erano piccole, per tenere lontano il caldo in estate e il freddo in inverno.

Con la decadenza dell'agricoltura e il fiorire del turismo dopo la Seconda guerra mondiale la *finca rustica* ha acquisito una nuova importanza e si è trasformata da Cenerentola in principessa, diventando la meta principale dei ricchi turisti europei stufi degli agi della civilizzazione.

Oggi a Maiorca esistono innumerevoli *fincas*: tutte sono state ristrutturate con un tocco individuale, senza però perdere il loro charme mediterraneo. Un'occhiata su internet o su un catalogo di viaggi rende chiaramente l'idea della loro crescente popolarità.

Le residenze rurali dei proprietari terrieri

Già nel XVIII secolo iniziò a diffondersi tra i ricchi cittadini europei la nostalgia per una idilliaca vita di campagna, ovviamente non in una semplice fattoria rurale. Si trasferirono i comfort di un palazzo di città nella casa di campagna di rappresentanza, che diventava così una residenza prestigiosa. Oltre alla cantina per i vini, ambienti immancabili erano bagni, spogliatoi, una sala da pranzo e una sala per la musica. A differenza di quanto accadeva nelle fattorie, gli edifici riservati all'agricoltura erano sempre separati dalla zona di abitazione.

Oltre ai campi in queste residenze signorili non poteva mancare anche un giardino ben curato. Oggi ci sono ancora pochi *palaus* conservati nella loro forma originaria, ad esempio nella tenuta Sa Raixa del XVIII secolo, in passato di proprietà del cardinale Despuigs, o nella vicina Alfàbia, che nel XIII secolo apparteneva al governatore arabo di Pollença e con il suo splendido giardino (Jardins d'Alfàbia) fa pensare a una rappresentazione del paradiso islamico.

Altre grandi proprietà sono state trasformate in musei a cielo aperto: le più conosciute sono Sa Granja, che disponeva perfino di una sala per le torture, e Son Marroig, dove risiedette l'arciduca austriaco Salvator.

Il palau

Anche le città avevano il loro stile architettonico tradizionale, determinato dal clima ma anche dal costante pericolo di essere attaccati dai pirati. Se si fa un'attenta ricognizione del centro storico di Palma, si potrà notare che anche i palazzi cittadini (*palaus*) non si rendevano appariscenti dall'esterno, né con ricche decorazioni sulle facciate né con grandi finestre. Viene in mente un parallelismo con l'architettura nordafricana tipica della medina, segno ancora visibile dell'epoca della dominazione islamica. Solo nei cortili interni, nei balconi e nelle scale l'architetto poteva dimostrare le sue capacità e il proprietario ostentare la sua ricchezza.

I palazzi dei proprietari meno ricchi consistevano solitamente in edifici a due piani con un cortile di ingresso che poteva essere chiuso, sul quale si aprivano le piccole finestre.

La stanza principale, come in campagna, era la cucina, chiamata significativamente anche casa. Lungo le pareti c'erano panchine in muratura, sotto una cappa c'era il focolare. Le stanze ai piani superiori servivano per dormire, e poiché erano relativamente al riparo dai roditori, anche come magazzino per i generi alimentari, mais, fagioli e carrube.

Oggi i grandi palazzi di città, in passato residenze del clero e della nobiltà, sono, come le *fincas*, oggetto dell'interesse degli immobiliaristi, che vogliono trasformarli in appartamenti di lusso o hotel dall'atmosfera nostalgica. A Palma ci sono già molti di questi piccoli boutique-hotel, molto richiesti dai turisti con una maggiore disponibilità economica. Per sceglierne uno si possono consultare siti internet come www.myboutiquehotel.com/it/bouti que-hotels-palma-de-mallorca e www. greatsmallhotels.com.

Tipico cortile interno di un palazzo storico: Casal Solleric in Passeig del Born

L'arte a Maiorca: dalle origini ai tempi moderni

Per quanto riguarda l'arte e la cultura, Maiorca ha molto da offrire. Può perfino vantare una della più belle cattedrali in Europa. Ma anche nell'ambito dell'arte moderna l'isola combatte in serie A, e non senza successo.

Come anche in altre parti del mondo, a Maiorca l'arte ha avuto soprattutto una funzione rappresentativa, come espressione della propria autoconsapevolezza, e lo si vede già nelle tracce lasciate dalla civiltà talaiotica. Questa civiltà ha lasciato dietro di sé non solo le monumentali costruzioni in pietra di Capocorb Vell e Ses Paises, ma anche i *caps de bou* di Costitx, teste di toro in bronzo a grandezza naturale, autentici capolavori dell'arte primitiva del V secolo a.C.

Eredità araba e romana

I Romani, famosi per i loro edifici monumentali, non si sono espressi del tutto a Maiorca: l'isola non era che un'insignificante tessera nel mosaico del loro gigantesco impero. Solo pochi edifici e resti di mura ad Alcúdia sono sopravvissuti alle tempeste della storia.

A prima vista la testimonianza di più di tre secoli di dominazione islamica non è particolarmente evidente. Non si possono infatti visitare né moschee, né tanto meno i minareti o i bazar. Solo attraverso il paesaggio, ad esempio nei campi terrazzati di Banyalbufar o nei giardini di Raixa Alfàbia, si riesce a intravedere la mano dei conquistatori arabi. Lo stesso vale anche per i cortili interni alberati di alcuni edifici. Infine anche nel Palazzo dell'Almudaina di Palma e in alcune fortezze si può riconoscere il tipico stile moresco.

Testimonianze gotiche

Quando Giacomo I riconquistò Maiorca nel XII secolo e avviò la fase di ricostruzione, lo stile romanico legato alla terra era già stato soppiantato dal gotico, le cui opere sembrano voler toccare il cielo. Pertanto sull'isola sono rimaste solo poche piccole cappelle che ricordano il sistema di costruzione del primo Medioevo, caratterizzato da edifici larghi e bassi.

Grazie alla posizione ideale per il trasbordo delle merci nel Mediterraneo occidentale, il XIV secolo e l'inizio del XV secolo regalarono a Maiorca un periodo di prosperità economica. A quel tempo, infatti, la rotta della costa atlantica intorno a Capo di Buona Speranza era sconosciuta, e l'isola non era ancora diventata un punto di appoggio privilegiato per i commerci con l'Oriente. Gli anni d'oro dell'abbondanza trovarono espressione in costruzioni rappresentative erette dai commercianti per celebrare le loro conquiste. L'esempio più incantevole è Llotja, che un tempo rappresentava la borsa merci e che nel 1451 fu ultimata in stile gotico catalano. Anche altre chiese risalgono a questo periodo, come Santa Creu e Sant Nicolau, e pure il chiostro del monastero di Sant Francesc. La cattedrale, la cui costruzione cominciò già nel 1269, testimonia il periodo di progresso che l'isola stava sperimentando. Nel 1389 fu inserito il portale sud, la Porta Mirador, un gioiello dell'arte dello scalpello tipica del tardo Medioevo. Il fatto che la chiesa sia considerata ancora oggi tra le più grandi cattedrali del mondo non fa che confermare l'eccezionalità di Maiorca, anche in campo artistico.

Il Rinascimento

Nel XVI secolo i Mori, provenienti dall'Africa del nord, interruppero gli anni felici con attacchi pirateschi. Solo la battaglia di Lepanto (1571) permise a Maiorca di riprendersi e di riavviare i lavori di costruzione all'insegna del Rinascimento. I commercianti iniziarono a comprovare la loro ricchezza costruendo grandi *palaus*, palazzi cittadini dalle facciate perlopiù disadorne che fungevano da fortezza e che sfoggiavano tutta la loro magia quando dal grande portone si riusciva a guardare verso i *patios*, la sfarzosa zona di passaggio dalla sfera pubblica a quella privata.

Nel XVII secolo, quando i commercianti di Palma ricominciarono a vivere nel benessere grazie a un'attività florida intrapresa con l'Italia, i proprietari dei palazzi cercavano di farsi concorrenza a vicenda allestendo, in uno stile il più pomposo possibile, i loro cortili interni, in passato sempre

aperti. Le corti cominciarono così ad arricchirsi con colonne, archi, scalinate a chiocciola a regola d'arte con corrimano in ferro battuto. Oggi non capita spesso di riuscire a sbirciare dai portoni aperti, a meno che si stia visitando la città durante la settimana dei *patios* di maggio. In questa occasione, infatti, i proprietari concedono con generosità di visitare le meraviglie che si nascondono dietro le mura dei loro palazzi.

Modernismo, l'Art Nouveau in Spagna

La variante spagnola dell'Art Nouveau, il Modernismo, si sviluppò a Maiorca molto presto. Nel 1897 Pedro Aguiló Forteza riportò in vita la tradizione moresca delle piastrelle e, alle porte di Palma, fondò la fabbrica di ceramica *La Roqueta*. In breve tempo iniziarono a lavorare qui molti artisti dell'Art Nouveau. Ben presto diventò una moda abbellire la propria casa con piastrelle di produzione *La Roqueta*. Non meraviglia quindi che all'inizio del XX secolo i consiglieri comunali scelsero *La Roqueta* come fornitore delle piastrelle per progettare il nuovo Gran Hotel che doveva essere realizzato da un allievo di Antoni Gaudí. E non stupisce il fatto che questo avvenimento scandì l'inizio del turismo sull'isola. Ne risultò un capolavoro di nuova tendenza, tanto che oggi non funge più da albergo, bensì costituisce, con le sue facciate restaurate, uno splendido esempio di Belle Époque. Dal Gran Hotel trassero ispirazione per nuovi edifici i numerosi benestanti, e lo stesso Gaudí si recò sull'isola (1904) per ultimare la cattedrale e aggiungere al Modernismo di Maiorca un nuovo tocco.

La facciata modernista del Can Fortezza Rei a Palma

Arte moderna

Dopo la Seconda guerra mondiale la creazione artistica si è trasferita dall'architettura alle arti figurative. Joan Miró divenne il simbolo di questa tendenza, in un certo senso l'ambasciatore del buon gusto all'opposto della massificazione rappresentata da Ballermann & Co. Nella sua ombra lavorarono a Maiorca molti altri artisti, che sono conosciuti soprattutto dagli appassionati di arte e dai collezionisti. Da citare sono ad esempio Miquel Barceló, che ha fatto discutere con la sua monumentale opera "Il miracolo della moltiplicazione dei pani" nella cattedrale di Palma, o la star dell'avanguardia Amparo Sard, una maiorchina diventata famosa nel mondo con le sue tele perforate.

Anche per quanto riguarda la presentazione dell'arte Maiorca non ha da temere confronti con altre sedi europee. I quasi 40 musei possono già considerarsi un record, e inoltre la Fundación March possiede una collezione di livello internazionale. Eppure questo non è ancora abbastanza. Dato che grazie al turismo i soldi a Maiorca

come tema il mercato di Inca o le danze tradizionali. Ad Alcúdia i turisti vengono accolti dal "Cavallo rosso" di Aligi Sassu, nella vicina Port d'Alcúdia Jakober e la moglie sono rappresentati dai "Nodi di Leonardo", presso l'uscita dell'autostrada di Sa Pobla risplende la "Vela" bianca dell'artista americana Betty Gold: Maiorca è sulla buona strada per trasformarsi in un museo di arte moderna a cielo aperto. Il fatto che a volte si creino delle controversie fra gli artisti e i politici che devono finanziare le opere, e non sempre comprendono l'arte, fa parte del gioco. Perciò spesso si combatte anche violentemente sul valore artistico di questa o quell'opera: di nuovo è un conflitto tra classe e massa.

Nonostante l'intensa attività artistica, alla quale contribuiscono anche le molte gallerie presenti nelle Baleari, Maiorca deve ancora combattere per avere un riconoscimento internazionale e cancellare il marchio della sua presunta provincialità, dato che qui non si sono svolti in passato e non si svolgono ancora oggi eventi culturali internazionali come festival musicali, di cinema o di teatro. Proprio per questo, in un tentativo di apertura e innovazione, nel 2007 Palma ha ospitato per la prima volta la rinomata fiera Art Cologne. In questa occasione le opere sono state presentate nella poco stimolante cornice dell'ex terminal dell'aeroporto, ma tutto sommato è stato un successo di prestigio. Tuttavia il sogno di creare i presupposti per la nascita di un centro artistico nel Mediterraneo non si è compiuto: non ci sarà più un'altra Art Cologne a Maiorca. L'isola deve trovare un altro modo per conservare il proprio orgoglio nazionale catalano e al contempo imitare Madrid nel suo ruolo di metropoli culturale della Spagna.

non mancano, in questi anni si sta cercando, forse anche per via del senso di colpa per gli scempi edilizi degli anni passati, di abbellire strade e piazze con sculture monumentali. Appena si lascia l'aeroporto si incontra la scultura "Anfora", alta 15 m, opera di Ben Jakober e di sua moglie Yannik Vu.

Alcune delle sculture che si trovano lungo le strade sono pura arte astratta, altre invece hanno una relazione con la storia dell'isola, come quella di Consell alla rotonda dell'autostrada per Inca o quella di Algaida sulla strada per Manacor, che hanno

I pirati hanno sempre giocato un ruolo importante nella storia di Maiorca. Juan March è considerato uno degli ultimi pirati delle Baleari, tuttavia ha investito gran parte delle sue ricchezze in fondazioni e collezioni artistiche di cui oggi la collettività può ancora beneficiare.

March: sinonimo di banche e arte

Nessun turista a Maiorca può evitare di venire in contatto con il nome March, perché è il nome della più importante banca dell'isola. Chi si interessa almeno un po' di arte e cultura lo

L'asceta Ramon Llull, la veneratissima Catalina Tomás, il missionario Juníper Serra sono alcuni personaggi ai quali Maiorca rende grande onore con statue e monumenti commemorativi ovunque. Sulla vita di quell'insolito individuo che fu Joan (Juan) March si preferisce, invece, stendere un velo pietoso, sebbene ben più di uno guardi con ammirazione alla sua carriera.

Nato per gli affari

Nasce nel 1880 a Santa Margalida vicino ad Alcúdia. Già da bambino il piccolo Juan sviluppa un senso degli af-

"Pirata", banchiere, mecenate: la carriera di Juan March

ritroverà anche più spesso. Non solo a Palma, infatti, ma anche nella Spagna continentale il nome è connesso alla Fundación Juan March e gode di grande notorietà. La sua straordinaria collezione di arte moderna è esposta nei musei della fondazione a Palma, Cuenca e Madrid, e molti giovani artisti vengono finanziati dalla stessa fondazione.

Probabilmente è meno conosciuta l'avventurosa biografia che si nasconde dietro il nome di Juan March, e nessuno scrittore avrebbe potuto inventare di meglio.

Un esempio della ricchezza della famiglia: Casa March a Cala Rajada

fari incontenibile e senza scrupoli. Consapevole delle proprie azioni, sembra abbia indotto gli amici al vizio del fumo, per poter poi vendere loro sigarette. Presta addirittura i suoi risparmi ai compagni di scuola chiedendo poi interessi da usuraio.

Quando è ancora minorenne amplia, con buoni risultati, l'azienda dedita all'allevamento dei maiali del padre e instaura rapporti con i produttori del continente. Tutelato dal nonno, si inserisce nel mondo del contrabbando delle Baleari a Palma, nell'ambito del quale il guadagno è dato principalmente dall'importazione di tabacco algerino. In questo modo annienta il monopolio madrileno. Ben presto, tutto questo giro d'affari passa nelle sue mani. Juan March inizia così a controllare l'intero mondo del tabacco, dalla produzione al trasporto, fino alla distribuzione. Nel frattempo riesce abilmente a corrompere le autorità locali e a farle schierare dalla sua parte.

La trasformazione in proprietario terriero

Juan March sfrutta, inoltre, la situazione di povertà in cui vive la gente contadina. Decide infatti di acquistare dai proprietari i loro appezzamenti per poi suddividerli in piccoli lotti che cede ai contadini senza terra dietro concessione di un credito. L'enorme guadagno che ne deriva gli permette di aprire una banca a suo nome. In pochi anni l'ex allevatore riesce, spinto da un'avidità morbosa, a creare un im-

Informazioni su Juan March
www.march.es
Museo di Palma: Fundación Juan March, Museu d'Art Espanyol Contemporani, Carrer de Sant Miquel, 11, Palma (v. pag. 98).
Museo di Madrid: Fundación Juan March, Castelló, 77, Madrid.
Museo di Cuenca: Museo de Arte Abstracto Español Fundación Juan March Casas Colgadas, Cuenca.

pero mafioso che non lo frena dal buttarsi anche nella politica internazionale, purché si tratti di guadagni. Senza scrupoli vende agli abitanti del Rif fucili per la lotta di liberazione e fornisce, a spese dello Stato, abbigliamento e tabacco all'esercito coloniale spagnolo.

La Grande Guerra

Lo scoppio della Prima Guerra mondiale apre nuove porte a quest'uomo che sa fare di ogni evento un'opportunità. Si accaparra immediatamente tutte le compagnie armatrici spagnole e affitta a usura le navi agli alleati, le cui flotte vengono decimate dai sommergibili tedeschi. Migliaia di marinai di March si rivelano anche una soluzione, a caro prezzo, per gli inglesi, che in questo modo possono ampliare i loro servizi segreti.

Juan March, comunque, non sarebbe stato un uomo d'affari scaltro se non avesse concesso dei favori anche alla marina tedesca. Segretamente, infatti, crea tra le baie dell'isola di Cabrera alcuni luoghi di rifornimento per i sommergibili tedeschi e, spregiudicatamente, svela ai capitani germanici la posizione delle proprie navi, così da poter incassare un premio dopo l'affondamento.

L'ingresso in politica

Al termine della guerra March torna a dedicarsi alla sua attività preferita, il contrabbando di tabacco, creando una rete di distribuzione perfetta e distruggendo il monopolio nazionale. La goccia che fa traboccare il vaso è infine l'ingresso in politica. Un caso di omicidio ai danni di un rivale e la sua crescente potenza a scapito dei poveri amareggiano i maiorchini che votano i partiti di sinistra. Attraverso i propri politici non ancora corrotti, questi ultimi ottengono finalmente l'arresto di March. La soddisfazione ha però vita breve perché March, dopo un solo anno di prigionia, fugge insieme alla guardie carcerarie e si dirige a Gibilterra.

Palau March, nel segno dell'arte

Durante la Guerra civile spagnola, March, come in passato molti prima di lui, ritorna il finanziere di sempre, e si adegua al regime di Franco. Secondo il principio *do ut des*, amplia le sue ricchezze protetto dal governo e acquista gli angoli più belli dell'isola di Maiorca. Il promontorio di Cala Rjada e il Castell del Rei a Pollença sono ancora di sua proprietà.

Collezionista e mecenate

Con la creazione della fondazione "Juan March Fundación" March si trasforma in un generoso mecenate, una forma di auto-indulgenza tipica dei ricchissimi che ritengono di essersi serviti, certo solo a volte, di mezzi ben poco legali per guadagnare tutto il possibile. Il giardino delle sculture di Casa March a Cala Rajada, che era pos-sibile visitare solo su preavviso, è stato a lungo la sua meravigliosa eredità. In questa straordinaria cornice si trovano le opere di Auguste Rodin, Henry Moor e Max Bill. Dopo il nubifragio del novembre 2001 il giardino è rima-sto chiuso per alcuni anni, ma da poco è di nuovo aperto al pubblico nell'ambito di visite guidate (v. pag. 273).

Sembra che anche la morte si sia sentita obbligata nei confronti di quest'insolito maiorchino, tanto che per lui ha organizzato un'uscita di scena degna di un film. A 82 anni il re del contrabbando e ultimo pirata delle Baleari muore brutalmente: nel 1962 rimane infatti vittima di un incidente stradale che lui stesso ha in qualche modo provocato con la sua lussuosa Rolls Royce. Viene seppellito nel cimitero di Palma, in un pantheon che ha fatto costruire quando era ancora in vita.

La viticoltura fu introdotta a Maiorca dai Romani, che dominarono il Mediterraneo non solo con la forza delle armi ma anche introducendo il loro raffinato stile di vita e lasciando segni che sono sopravvissuti fino ai nostri giorni. Oggi a Maiorca c'è un gruppo di ambiziosi viticultori, uomini e donne, i cui prodotti sono in grado di soddisfare anche i palati più raffinati.

Da secoli la vite è considerata la pianta mediterranea per eccellenza. Le severe regole in fatto di consumo di alcolici imposte dai dominatori arabi segna-

oltre 30.000 ettari si coltivavano le viti da cui venivano prodotti 750.000 ettolitri di vino. Le zone di coltivazione principali erano Binissalem e Felanitx. In questa località e nel suo porto Portocolom sono ancora oggi visibili i segni della passata ricchezza.

Nel 1901 la filossera era riuscita a trovare la strada delle Baleari distruggendo anche qui la viticoltura. Furono gli ulivi e i mandorli a prendere il posto delle viti spazzate via dall'epidemia. Quando poi arrivarono sul mercato i vitigni americani resistenti alla filossera la viticoltura riprese vigore nell'Europa continentale ma Maiorca non prese

La rinascita della viticoltura e il ruolo delle donne

rono la fine dell'antica viticoltura anche a Maiorca, anche se nel termine islamico Banyalbufar, la "piccola vigna sul mare", è sopravvissuta la memoria della coltivazione della vite. Con la riconquista di Maiorca da parte di Giacomo I nel 1229 anche la viticoltura ricevette nuovo impulso e si sviluppò splendidamente.

Tempi duri

Quando alla fine del XIX secolo arrivò dall'America in Europa occidentale la filossera (*Phylloxera vastatrix*) che decimò i vigneti in Francia, Maiorca approfittò della crisi di astinenza dei consumatori francesi e ne divenne il principale fornitore. Su una superficie di

parte a questa rinascita. Molti contadini vendettero le loro terre agli stranieri che con l'acquisto di una *finca* realizzarono il sogno di una vita o riuscirono a innalzare il loro status sociale.

Solo nella piccola Binissalem alcuni viticoltori portarono avanti la tradizione con i nuovi vitigni americani e si tennero a galla per un certo tempo.

La riscoperta dei vini locali

Solo negli anni '80 Maiorca si è risvegliata dal suo sonno di Bella Addormentata, quando in aggiunta ai turisti

La cantina della tenuta
Ànima Negra

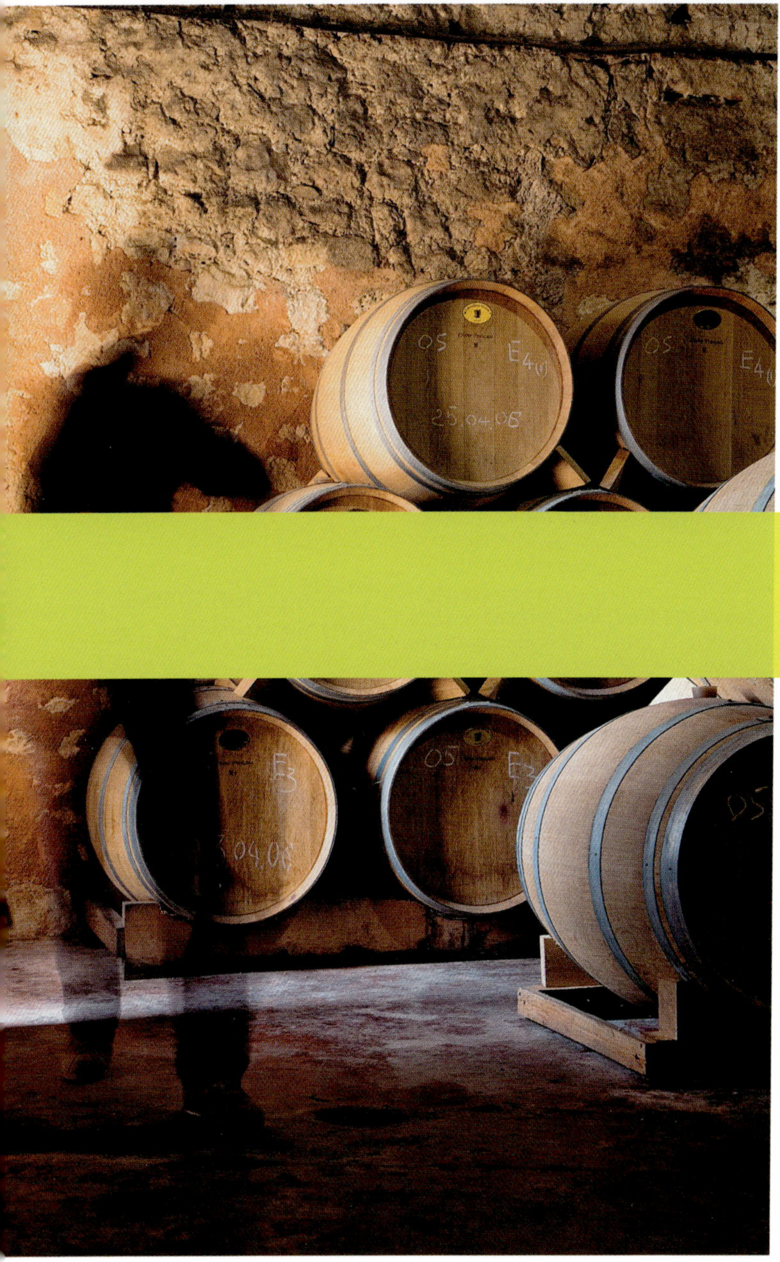

Consiglio

I migliori vini di Maiorca

Anche se gli italiani sono abituati bene in fatto di vino, durante una vacanza a Maiorca vale comunque la pena di provare i vini prodotti dai vitigni autoctoni dell'isola. Ecco qualche consiglio su che cosa ordinare durante una cena al ristorante:

Ànima Negra: il vino di culto degli ultimi tempi, prodotto con uve Callet e Manto Negro (Ànima Negra, Felanitx, www.annegra.com).

Muskat: eccellente moscato secco (Miquel Oliver, Petra, www.miqueloliver.com).

Ribas de Cabrera: vino forte di Manto Negro con Cabernet Sauvignon, Merlot e Syrah (Bodegues Ribas, Consell, www.bodeguesribas.com).

Mossèn Alcover: vino rosso da vitigni Callet e Cabernet Sauvignon (Pere Seda Bodegas, Manacor, www.pereseda.com).

di massa, che consumavano prevalentemente birra, iniziarono ad arrivare sull'isola visitatori dai gusti più raffinati, spingendo i ristoranti più eleganti a proporre e arricchire la loro carta dei vini.

Le vigne di lunga tradizione come Ferrer, Nadal, Mesquida, Herreus da Ribas e Oliver si sono rimesse in gioco e hanno iniziato a sperimentare con nuovi tipi di uva oppure ne hanno riportati alla luce altri ormai dimenticati, ad esempio Manto Negro, Gargolassa, Callet e Prensal Blanc.

Nel giro di poco tempo gli stranieri più ricchi, che non si accontentavano più della "mia villa, la mia barca a vela, la mia macchina sportiva", hanno scelto Maiorca come patria elettiva per le loro imprese vinicole private, portando in questo modo nuove idee e una tecnica moderna nelle Baleari, che non sono rimaste inosservate anche da parte dei coltivatori locali pronti a investire in questa nuova attività.

Classe e non massa: il ruolo delle donne

Tradizionalmente sono sempre stati gli uomini a dominare il panorama della viticoltura a Maiorca, ma questo oggi non è più così vero. Infatti sull'isola lavorano viticoltrici abili e innovatrici, che hanno appreso la loro arte studiando in Francia e in Spagna e costituiscono il fronte più avanzato della rinascita della viticoltura maiorchina. Esse sono capaci di creare prodotti che mescolano in modo creativo le particolarità del clima, del suolo e dei vitigni autoctoni di Maiorca, e finora hanno riscosso un successo internazionale. Il motto è "classe e non massa", ed è necessario per vincere la concorrenza dei competitori stranieri e per far fronte alle dimensioni ridotte della superficie coltivabile, solo 2500 ettari.

Per esempio Bàrbara Mesquida Mora a soli 24 anni ha rilevato l'azienda vinicola di suo padre Jaume Mesquida

Oliver a Porreres e la gestisce con grande capacità. L'imprenditrice prosegue la tradizione innovativa di suo padre, che ha prodotto il primo spumante e il primo vino dolce dell'isola. Bàrbara Mesquida Mora è stata la prima a produrre il Cabernet Sauvignon a Maiorca, a coltivare un vitigno rosé e a scrivere il nome sulle etichette in braille.

Un'altra viticoltrice di successo è Maria Antònia Oliver, direttrice delle Bodegues Ribas di Consell, la vigna più antica di Maiorca ancora oggi esistente (fu fondata nel 1711). Maria non si lascia trascinare facilmente e ha rinunciato all'ambìto marchio Origin de Binissalem, che prescrive di utilizzare una certa quantità di vitigni locali. Al contrario, coltiva una qualità di uva ormai dimenticata, chiamata Gargolassa, non ancora ammessa tra i vitigni autoctoni. L'imprenditrice ha trasmesso il suo entusiasmo al figlio, che oggi collabora con lei in qualità di enologo.

Solo nel 2004 la vigna di Son Puig presso Puigpunyent, che ricorda un castello francese situato in una posizione da sogno, ha prodotto le sue prime bottiglie di vino. Anche qui a dirigere è una giovane donna, Isabel Alabern. Il capitale deriva dalla sua ricca famiglia, l'allestimento è stato curato da suo fratello che è architetto.

Anche i colleghi uomini registrano notevoli successi, come avviene per il trio Miquel Àngel Cerda, Pere Obrador e Francesc Grimald, che nel 1994 hanno prodotto il loro primo vino in un ex serbatoio per il latte e hanno fatto furore con il loro Ànima Negra. Il loro segreto è il vitigno locale Callet, che secondo le direttive UE dovrebbe sparire.

Nonostante la scarsezza di superfici coltivabili i giovani e innovativi viticoltori di Maiorca si sono conquistati in poco tempo una posizione di rilievo nel mercato internazionale, costruendo un piccolo mondo che resiste al predominio della sangria e della birra.

Oggi a Maiorca molte donne gestiscono le tenute vinicole dei padri

I matador del mestolo

In fatto di gastronomia Maiorca è da considerarsi una roccaforte del gusto. Chef geniali si confrontano con sempre nuove creazioni, ma anche la cucina locale con le sue radici contadine offre cibi di alto livello.

La cucina maiorchina è fondamentalmente gustosa e rustica, così come ci si aspetta da un popolo prevalentemente campagnolo.

Solo con l'arrivo degli stranieri, ai quali non bastavano le ricche *sobrassas* 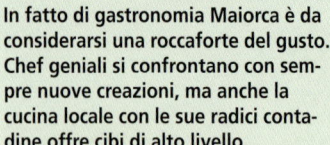 e le gustose zuppe, è approdata sull'isola l'*haute cuisine* che si è sviluppata in un grande numero di varianti.

Naturalmente questi ristoranti raffinati non si trovano nei grandi centri turistici di massa, dove i cibi prevalenti sono cotolette, patate fritte, pizza e paella, e le bevande ufficiali sono la birra, la coca cola e la sangría.

Le oasi dell'alta cucina

Palma è una città cosmopolita ed è il centro più importante dell'isola, perciò è anche il regno della cucina di alto livello. Altri centri di attrazione per la gastronomia raffinata sono Port Portals, dove approdano le barche a vela dei turisti milionari, e il piccolo villaggio di montagna di Deià, situato nel cuore della Serra de Tramuntana e scelto come residenza dagli artisti. Anche lontano dalla costa, in alcuni centri dell'entroterra, i migliori chef incrociano i mestoli per prodursi in creazioni raffinate e uniche.

Internazionali come gli ospiti sono anche le star dei fornelli e i loro premiati ristoranti.

I cuochi non hanno bisogno di importare gli ingredienti per le loro creazioni. I mercati di Maiorca, primo fra tutti il Mercat Olivar nel cuore di Palma (v. pag. 103), offrono prodotti freschi di prima qualità. Il mercato è un regalo anche per gli occhi, colorato e pieno di fiori. Inoltre è un ottimo posto per gustare una tortilla o tapas di pesce fresco, seduti ai tavolini mentre si osserva la vita del mercato. Tra i vini le produzioni locali si sono conquistate ormai da tempo un posto di primo piano.

Una battaglia di stelle

Come nello sport anche fra i cuochi si svolge una vera e propria battaglia per conquistarsi il maggior numero di cucchiai, cappelli o stelle assegnati dai temutissimi critici. Il maggior prestigio spetta alle stelle Michelin. Fino al 2012 sull'isola c'erano sei cuochi fregiati dell'ambìto riconoscimento. Poi Gerhard Schwaiger, l'unico a Maiorca che può vantare ben due stelle Michelin, le ha restituite e ha chiuso il Tristàn a Port Portals (nel 1989 aveva preso in gestione il ristorante, ottenendo la prima stella un anno dopo e la seconda nel 1991). Un altro tedesco, Joseph Sauerschell, detiene orgogliosamente la sua stella da dieci anni nel suo ristorante Es Raco de Teix.

Anche altri chef si sono ritirati da questa specie di lotta invasata, che porta i prezzi a livelli insostenibili giustificandoli con aspettative sempre più alte. Nel 2005 Gérard Tétard del ristorante Ses Rotges di Cala Rajada ha restituito la sua stella conquistata nel 1977 e si è ritirato dalla gara. La qualità del suo ristorante non ne ha risentito affatto. Quanto sia pericolosa questa ricerca della fama a tutti i costi è dimostrato anche dall'esempio di Marc Fosh, che ha perso non solo la sua rinomata scuola di cucina a Palma ma anche il suo lavoro all'Hotel Read's. Senza perdersi d'animo ha poi aperto a Palma il Marc Fosh e il più economico Simply Fosh, riottenendo subito una stella. Dal 2016 c'è solo il Marc Fosh nella sede che prima era stata del Simply Fosh.

Sempre più spagnoli e maiorchini si lanciano nella competizione, ad esempio Tomeu Caldentey de Soler con il suo ristorante Es Moli d'en Bou. Il locale si trova in un mulino restaurato presso Sa Coma, circondato da opere di famosi artisti come Miquel Barceló. Una stella è stata assegnata anche al ristorante Macarena de Castro, situato nell'azienda a gestione familiare Jardins di Puerto d'Alcúdia.

Ricordiamo inoltre le due stelle di Fernando P. Arellano, che vizia i suoi

I miei ristoranti preferiti

Perché sempre ristoranti con le stelle? Una serata in un locale tipico di Inca con vino della casa, tapas e maialino da latte arrosto può lasciare un ricordo anche più bello di una cena in un ristorante gourmet. I seguenti consigli si basano solo sulle preferenze e le esperienze dirette dell'autore e non sono in alcun modo rappresentativi del panorama gastronomico dell'isola.

Bar Nautilus: Port de Sóller. La vista serale sulla baia è una gioia per gli occhi, inoltre ci sono vino e tapas. Il ricordo vi accompagnerà fino a casa, v. pag. 160.

Béns d'Avall: vicino a Sóller. Vale la lunga strada e il conto un po' salato, v. pag. 153.

Es Pinaret: Ctra. Ses Salines, Colònia de Sant Jordi. In un giardino meraviglioso, il tempo trascorso tra ottimi cibi passa senza accorgersene, v. pag. 238.

Celler Sa Premsa: Palma. Bella enoteca con ottimo cibo locale, v. pag. 112.

Plaça: Plaça Ramon Llull, Petra. Un vero gioiello, con cibo tradizionale e pochi tavoli, v. pag. 228.

Sa Botiga: C. del Roser 2, Santanyí. Ristorante con atmosfera intima a gestione tedesca, offre ricette preparate con amore, v. pag. 248.

Stay: Moll Vell, Port de Pollença. Pesce fresco servito sul molo, ambiente moderno, v. pag. 190.

ospiti allo Zaranda nell'hotel di lusso Son Clarert (http://castellsonclaret.com) a Es Capdellà, e il suo collega Rata Sánchez, che dirige il ristorante Es Fum (www.restaurant-esfum.com) a Costa d'en Blanes.

Nel 2014 Andreu Genestra ha ottenuto l'ambizioso riconoscimento stellato per le sue creazioni al ristorante Predi (http://andreugenestra.com) a Son Capdepera; di sua proprietà è anche il più economico Aromata (www.aromatarestaurant.com, v. pag. 111) a Palma.

Chiudiamo la nostra carrellata con i due chef premiati Alvaro Salazar del ristorante Argos a Pollença (http://argosrestaurant.com) e Adrian Quetglas dell'omonimo ristorante a Palma (http://adrianquetglas.es).

Aromi e sapori di Maiorca

Un bel ricordo della cucina maiorchina è sicuramente offerto dalle specialità tipiche dell'isola, che si possono acquistare e portare a casa. Ad esempio a Maiorca con il marchio Oli de Mallorca si produce un olio di oliva di qualità eccellente. Il migliore poi può anche fregiarsi della Denominación de Origen Oli de Mallorca (www.olidemallorca.es). Da consigliare è anche il Flor de Sal, un sale aromatico e finissimo proveniente dalle saline di Es Trenc. Anche gli amanti dei dolci non rimarranno insoddisfatti: i benedettini del Monestir de Santa Família di Manacor si sono specializzati nella produzione di marmellate. Inoltre alcune di queste specialità possono essere acquistate anche online, ad esempio sul sito www.viaggioinspagna.it/baleari/maiorca-shopping-prodotti-tipici.html.

Maiorca nella letteratura

Biblioteca nella certosa di Valldemossa

"La bocca parla di ciò di cui ha pieno il cuore": questa bella citazione della Bibbia vale anche per i letterati, che dai tempi del Romanticismo si sono lasciati stregare e ispirare spesso e volentieri dai paesaggi dell'isola e hanno perpetrato un ricordo del loro passaggio a Maiorca.

"Un inverno a Maiorca", ancora oggi un cult

È davvero strano che Maiorca esca piuttosto male dal primo libro a lei dedicato, "Un inverno a Maiorca", e che ciononostante il libro sia ancora oggi oggetto di culto. L'eccentrica baronessa George Sand lo scrisse nel 1839 per raccontare la sua esperienza dell'inverno trascorso con il suo amato, il musicista Frédéric Chopin, nel monastero di Valldemossa. Consapevolezza di sé, audacia e uno spirito brillante, associati alla sua melanconica bellezza, l'hanno fatta emergere tra le donne della sua epoca e l'hanno avvolta in una sorta di magia che ha soggiogato molti famosi artisti, ma non i maiorchini, che sono rimasti piuttosto freddi verso la coppia di amanti.

Se si esclude il primo resoconto scientifico dell'esplorazione dell'isola, scritto dall'arciduca austriaco Salvator, intitolato "Le Baleari", Maiorca è entrata nell'interesse degli autori di libri di viaggi e romanzi solo nel XX secolo. Dapprima furono soprattutto scrittori di lingua inglese, per i quali la riviera francese era diventata troppo cara, a sbarcare sull'isola. Presto però arrivarono anche altri europei, soprattutto tedeschi, che volevano svernare al caldo. Già negli anni '20 a Maiorca si pubblicavano due riviste settimanali in lingua tedesca.

I protagonisti

All'inizio del XX secolo si trasferì sull'isola il catalano Santiago Rusiñol (1861–1931), un ricco bohémien, che poteva permettersi di dedicarsi completamente all'arte. Rusiñol è diventato famoso soprattutto come pittore impressionista e precursore dell'Art Nouveau catalana, ma ha goduto di una certa fama anche come scrittore e autore di testi teatrali. Con il suo libro "La isla de la calma" del 1922 ha celebrato Maiorca lasciandoci una descrizione poetica e partecipata del paesaggio e delle persone. "La vita tranquilla ha due vantaggi: si vive meglio e si vive più a lungo", scrisse. Così dicendo non parlava certo di se stesso, dato che personalmente era molto inquieto, incredibilmente produttivo e per di più tossicodipendente.

Mentre Rusiñol è stato quasi dimenticato, l'inglese Robert Graves (1895–1985) è circondato ancora oggi da una specie di mito. L'autore dei romanzi "Io, Claudio" e "La dea bianca", si stabilì a Deià nel 1929 su consiglio della scrittrice Gertrude Stein ("Quando sei pronto a sopportare il paradiso, vieni a Maiorca"). I diritti d'autore dei suoi bestseller "Good bye to all that" ("Addio a tutto questo", la sua autobiografia) e "Lawrence d'Arabia" gli permisero di avere una casa sempre piena di ospiti e di trasformare Deià in uno dei ritrovi preferiti dagli artisti, come è rimasta ancora oggi (per lo meno nella pubblicità). Durante la Guerra civile spagnola Graves emigrò negli Stati Uniti, ma nel 1946 ritornò a Maiorca e descrisse la sua vita e le sue esperienze sull'isola nel libro "Majorca Observed" (non tradotto in italiano, ma disponibile in inglese).

Vista dalle donne

Negli anni '30 anche Agatha Christie passò da Maiorca e ricordò questa sua esperienza in un racconto breve ("Problem at Pollensa Bay"). Durante il suo soggiorno la scrittrice abitò nell'albergo, ancora oggi esistente, Hotel Illa d'Or.

Un'altra famosa *femme fatale*, che fece ottenere a Maiorca un posto nella letteratura europea, fu Anaïs Nin (1903–1977), che era l'amante di Henry Miller e si guadagnava da vivere scrivendo romanzi erotici su commissione. Nel 1941 trascorse circa metà dell'anno a Deià e vi scrisse parti della raccolta di racconti brevi "Il delta di Venere", tra cui il racconto "Maria", che parlava di una ragazza del posto che si diverte sulla spiaggia del paese con una coppia di turisti.

Emigranti tedeschi

Molto meno piacevoli furono le esperienze degli autori tedeschi, che dopo la presa di potere di Hitler nel 1933 fuggirono a Maiorca e dovettero cavarsela in qualche modo, fino a quando furono raggiunti anche dall'ombra della dittatura franchista, che nel 1936 li esiliò di nuovo. È perciò comprensibile che il fascismo e il nazionalsocialismo abbiano un ruolo di rilievo nelle loro opere, anche se il loro contenuto riguarda Maiorca. Tra i primi esuli ci fu Albert V. Thelen (1903–1989), un poeta e traduttore che si dedicò alla mistica e che nel 1950 documentò con grande autenticità le sue esperienze vissute tra il 1933 e il 1936 nel romanzo "Die Insel des Zweiten Gesichts" (disponibile in inglese con il titolo "The island of second sight"). Il libro restituisce un'immagine sfaccettata della Maiorca degli anni '30. L'autore si guadagnava da vivere come segretario di Robert Graves e fino alla fine della guerra rimase nascosto nella vigna portoghese del suo amico Teixeira de Pascoaes, mistico e poeta.

Un altro famoso esule tedesco fu Karl Otten (1889–1963), scrittore e comunista. Nelle sue opere Otten analizza gi effetti della Guerra civile spagnola sulla società maiorchina. Significativamente a quell'epoca si verificò una frattura nella comunità tedesca di circa 3000 persone che viveva sull'isola, che si divise tra sostenitori del nazionalsocialismo e del fascismo da un lato e repubblicani dall'altro lato, dei quali facevano parte senza eccezione tutti gli artisti esiliati dalla Germania.

Anche Harry Graf Kessler (1868–1937), diplomatico, direttore d'orchestra, saggista e mecenate, visse tra il 1933 e il 1935 sull'isola e la celebrò nelle annotazioni quotidiane che scriveva sul suo diario.

Resoconti di viaggio e romanzi gialli

Dopo la Seconda guerra mondiale Maiorca ha ricoperto un ruolo secondario nella scena letteraria europea. Un'eccezione tuttavia è rappresentata da un'esponente della letteratura locale catalana, la scrittrice Carme Riera, nata a Palma nel 1948. Nel suo romanzo più importante "Dins el darrer blau" ("Dove finisce il blu", edito in Italia da Fazi) tratta della persecuzione degli ebrei a Maiorca nel XVII secolo.

Negli anni '80 anche Paul Theroux, il più famoso scrittore americano di viaggi (autore di "L'ultimo treno della Patagonia"), ha visitato Maiorca nell'ambito della sua ricerca per un libro sul Mar Mediterraneo. Theroux non ha peli sulla lingua e non fa certo mistero della sua profonda avversione nei confronti del turismo di massa che ormai da molti anni ha invaso l'isola deturpandola della sua autenticità.

Il genere del romanzo giallo non si è fermato nemmeno di fronte a Maiorca. Un romanzo particolarmente legato alla realtà isolana è sicuramente quello scritto da George Scott, la cui storia è ambientata nel suo stesso hotel. L'autore è infatti il proprietario del raffinato albergo Scott situato a Binissalem.

Ancora su Maiorca

Oltre ai consigli di lettura a pag. 15 si segnalano altri libri che trattano di Maiorca o sono ambientati sull'isola.

Giovanni Ludica, *Chopin a Palma di Maiorca e altre storie*, La Vita felice, 2009. L'autore, professore dell'Università Bocconi di Milano, racconta un aspetto poco conosciuto della vita o del carattere di grandi musicisti o filosofi, tra cui il malinconico Chopin.

Roderic Jeffries, *In Search of Murder*, Severn House, 2014. Questo è l'ultimo di una lunga serie di gialli (non tradotta in italiano) ambientati a Maiorca e aventi come protagonista l'ispettore Enrique Alvarez.

In giro per Maiorca

Porreres si trova nel mezzo delle pianure centrali dell'isola

Palma e dintorni

Highlight!

Palma: Palma attrae migliaia di visitatori con la bellezza della sua città vecchia, gli innumerevoli monumenti da visitare e la sconfinata offerta culturale e gastronomica. La cattedrale domina dall'alto la città e la foresta di alberi maestri delle barche a vela attraccate nel porto. P. 86

Approfondimento

La cattedrale di Palma: si tratta di una delle più belle e più grandi chiese gotiche d'Europa, e presenta stupende decorazioni eseguite da Gaudí e Barceló. Vero gioiello dell'architettura gotica, domina i tetti della città vecchia e rappresenta la ricchezza del patrimonio culturale dell'isola. P. 94

Da non perdere

Cortili interni: nel cuore della città vecchia di Palma si trovano più di 50 edifici con splendidi cortili interni, soprattutto rinascimentali. In alcuni si può entrare e dare un'occhiata. **18** P. 93, **28** P. 99

Museo Es Baluard: l'arte moderna si mette in mostra in una vecchia fortezza con una meravigliosa vista sulla città e sul porto. **42** P. 106

Sport e tempo libero

Sul lungomare: la bicicletta è il mezzo ideale per un percorso sul lungomare di parecchi chilometri, dotato di ottime piste ciclabili. P. 105, 107

Yoga e wellness sul mare: il Puro Beach Club è al momento il posto più trendy per dedicare un pomeriggio al benessere e alla cura del corpo. **3** P. 114

Vivere Maiorca

Banys Àrabs: gli unici resti dell'epoca araba (902–1229), due minuscoli edifici pieni di atmosfera immersi in un giardino paradisiaco. **12** P. 91

Xocolateria: alla Xocolateria Ca'n Joan de S'Aígo, in stile Art Nouveau **10**, si trovano cioccolato e cacao di produzione propria in un ambiente pieno di charme. P. 100

Mercat Olivar: la "pancia" di Maiorca vi farà venire l'acquolina in bocca: pesce fresco, limoni profumati, prosciutto invitante e molto altro. **25** P. 103

Di sera e di notte

Jazz Voyeur Club: musica raffinata (latino, blues, flamenco e jazz) e ambiente a luci soffuse. **2** P. 115

Tito's: questa discoteca ricavata da un palazzo degli anni '30 è ancora oggi come in passato la stella della vita notturna di Maiorca. **5** P. 115

Palma! ▶ C/D 5

La capitale di Maiorca riunisce in sé tutti gli aspetti di una città mediterranea in maniera singolare: resti storici di tante epoche diverse, vicoli tortuosi della città vecchia e ampi boulevard, taverne rustiche e ristoranti eleganti, shopping e una vivace vita notturna. La

Infobox

Internet
www.mobipalma.mobi: tutto sui mezzi di trasporto pubblici, i taxi, i parcheggi e il noleggio biciclette in città (solo in catalano e in spagnolo).
www.mallorcarutes.com: vasta offerta di tour con guida (in gran parte solo in spagnolo e catalano).

Informazioni turistiche
Gli uffici del turismo sono al **Parc de les Estacións** (Plaça d'Espanya), nel **Palau Solleric** (Passeig des Born, 27) e al **Parc de la Mar**, lu–ve 9–20, sa fino alle 13.

Mallorca Pass
Vale la pena acquistare il Mallorca Pass solo se si intende sfruttarlo al massimo. Il pass di 7 giorni per 2 adulti costa 219,80 € (www.turbopass.com).

Arrivo e mezzi di trasporto
Meglio non andare in centro in macchina per evitare il problema del posteggio.
Se arrivate in pullman per tornare nella vostra località di residenza dovere salire alla stazione finale di Plaça d'Espanya e non al Parc de la Mar, perché i pullman in alta stagione sono invariabilmente sovraffollati e non trovereste posto per sedervi.

sola posizione geografica rende Palma una città privilegiata. Gli edifici si distribuiscono lungo l'ampia baia e lasciano spaziare la vista sulla cattedrale, situata in posizione sopraelevata, con la quale la città si è riconfermata nel 1229 un faro del cristianesimo al centro del Mediterraneo occidentale, dopo la riconquista cristiana seguita al periodo della dominazione araba.

All'epoca la città aveva oltre un millennio di storia alle sue spalle. Nel 124 a.C. i Romani avevano posto fine alle scorrerie dei pirati maiorchini occupando l'isola e fondando l'insediamento di Palmeria. Non è tuttavia provato se Palmeria occupasse già una posizione di rilievo. Oggi a Palma è difficile, quasi impossibile, trovare resti romani. La responsabilità potrebbe essere dei Vandali, che nel V secolo avevano raso al suolo la città. Perciò molti abitanti dell'isola considerarono le truppe arabe, che nel 711 arrivarono nel Mediterraneo e che nel 902 occuparono anche Maiorca, come un esercito di liberazione. E in effetti Medina Mayurca, come gli Arabi chiamavano la loro capitale, deve molto ai conquistatori islamici. In associazione con la provincia araba al-Andalus sulla costa spagnola e i regni islamici del Nordafrica, Palma visse un periodo di fioritura come centro di commercio, nel quale gli ebrei, che occupavano un loro quartiere chiamato *mela*, ebbero una parte non trascurabile.

La riconquista cristiana e di conseguenza il saccheggio e la devastazione perpetrati ad opera di Giacomo I nel 1229 privarono ancora una volta la città delle ricchezze culturali accumulate in secoli di storia. Tuttavia la città rinacque velocemente dalle sue ceneri per trasformarsi in un centro marittimo, in grado di attirare commercianti, cartografi e artigiani da tutta Europa. Palma poteva confrontarsi senza timori perfino con Barcellona. Lo stile gotico penetrò rapidamente anche a Palma, lasciando in città due autentici capolavori: la cattedrale (Sa Seu) e la borsa (Sa Llotja).

All'inizio del XVI secolo l'ascesa della città subì un arresto, quando i pirati nordafricani iniziarono a dominare il Mediterraneo occidentale. Tuttavia quando i pirati furono sconfitti nella battaglia di Lepanto nel 1571, Palma si risollevò in fretta. Da allora il destino ha sempre sorriso alla capitale di Maiorca, che si è arricchita enormemente con il commercio marittimo internazionale nel XIX secolo. Quando le nuove rotte del XX secolo hanno lasciato Maiorca da parte è arrivato il turismo ad aprire nuovi orizzonti.

Oggi Palma si presenta come un miscuglio unico di tradizione e modernità, come una città sfaccettata tipica del Mediterraneo occidentale: animata, elegante, internazionale e giovane.

La città vecchia

Il nucleo storico della città vecchia, La Portella, da cui si è sviluppata tutta Palma, si estende attorno alla cattedrale e al vicino Palazzo dell'Almudaina e include il centro dell'ex insediamento arabo. Sebbene poco di quell'epoca sia rimasto intatto fino ai giorni nostri, la pianta dell'antica Medina si può dedurre dagli intricati vicoletti della città vecchia. Quest'ultima si può percorrere a piedi senza problemi; quasi a ogni angolo c'è qualcosa di bello da vedere. Ci sono numerosi segnali e indicazioni che aiutano i turisti a orientarsi senza perdersi in questo vero e proprio labirinto.

Parc de la Mar **1**

Il punto di partenza tradizionale per visitare la città è il Parc de la Mar, un imponente bacino d'acqua ai piedi della cattedrale, che dovrebbe ricordare un tempo ormai passato, quando la cattedrale si trovava ancora direttamente sul mare. Attorno e nel laghetto si trovano bizzarre sculture moderne. Degni di nota sono una **parete ceramica di Miró** sul muro che confina con il lungomare e il **monumento a Ramon Llull 2**, il grande figlio dell'isola, sulla rotonda all'inizio del lungomare. Dalle mura ai piedi della cattedrale si arriva al centro espositivo **Ses Voltes**, dove sono esposti dipinti di artisti maiorchini del XIX e XX secolo (ott–mag, ma–sa 10–17.45, giu–set 10–13.45, 17–20.45 do e festivi 10–13.45, ingresso libero).

Palau de s'Almudaina **3**

Apr–set ma–do 10–20, in inverno fino alle 18, 7 €, pensionati 4 €, me e sa gratuito per cittadini UE

Nei giardini ai piedi del palazzo, chiamati **S'Hort del Rei**, fu immortalato in bronzo uno dei leggendari **frombolieri** che intimorivano le truppe romane durante la conquista. Gli abitanti delle Baleari sapevano maneggiare così bene le loro fionde di pelle che i Romani li arruolarono per la guerra contro Cartagine.

Sul parco domina la rigorosa facciata del **Palazzo dell'Almudaina**, che durante la dominazione araba fu ideato come sede dell'emiro, allora nelle immediate vicinanze del mare.

Passando da un grande portale, la Drassana Musulmana, un'imbarcazione poteva entrare in una darsena riparata. In seguito alle intense opere di ricostruzione, della residenza araba non è rimasto più nulla. Oggi questo complesso che occupa una superficie di oltre 20.000 m² ospita la ▷ pag. 90

Palma di Maiorca

Palma

Capitania General (comando militare) ed è visitabile solo in parte.

Da non perdere le **stanze reali**, nelle quali alloggia ancora oggi la coppia reale quando si reca in visita a Maiorca (solo con visita guidata, le fotografie sono vietate), la **Capella de Santa Aina**, in stile gotico con portale romanico, e la **Capella dels Pellaires**, costruita nello stile flamboyant del tardo gotico francese.

Museu Palau March 4

www.fundacionbmarch.es, apr–ott lu–ve 10–18.30, nov–mar 10–17, sa tutto l'anno 10–14, 4,50 €

Nell'ala occidentale dell'adiacente Parlamento è stato allestito il Museu Palau March, dove si possono vedere **sculture** di artisti come Auguste Rodin (1840–1917), Henry Moore (1898–1986) e Miguel Berrocal (nato nel 1933). Il pezzo forte del museo è senza dubbio il **presepe napoletano** del XVIII secolo. La **terrazza sul tetto**, dove sono esposte le sculture di Moore e Rodin che in precedenza si trovavano nella tenuta dei March in Cala Rajada, vale da sola il prezzo del biglietto.

Sa Seu (Cattedrale) 5

V. Approfondimento pag. 94.

Palau Episcopal [6]

Calle de Palau (senza numero civico), apr/mag, ott lu–do 10–17.15, giu–set 10–18.15, nov–mar 10–14.15, sa 10–14.15, 3 €

L'edificio in stile gotico ospita l'interessante **Museu Diocesà**. Al bel cortile si accede liberamente attraverso il portale gotico. Il museo espone testimonianze dell'**arte cristiana**, in particolare oggetti sacri provenienti dalla vicina cattedrale e da alcuni monasteri e chiese dell'isola, tra cui altari riccamente lavorati e pale d'altare. Molto bello il "Crist de Sant Sepulcre" ("Cristo del Santo Sepolcro") un'opera di incisione dell'VIII secolo che originariamente si trovava nella chiesa di Sant Jaume a Palma. Tra i dipinti è particolarmente interessante il gotico "San Giorgio" di Pere Niart, che sullo sfondo ritrae Palma nel XV secolo.

Jardí del Bisbc [7]

Lu–ve 9–15, al momento però è quasi sempre chiuso

Seguendo l'indicazione Banys Àrabs sulla via del Palau, si arriva al giardino del Palazzo Diocesano (Bisbat de Mallorca). Una tavola riporta gli habitat e i nomi di ogni pianta.

Case signorili in S'Almudaina

Carrer Anglada parte di fronte al parco e ci porta in Carrer de S'Almudaina, dove si può dare un'occhiata ai bei cortili interni delle case al n. 7 e 9, **Can Oms e Can Bordils [8]**. Entrambe sono oggi di proprietà del Comune e hanno subito numerose trasformazioni. Il palazzo Can Bordils, le cui fondamenta risalgono all'epoca araba, è considerato uno dei più antichi palazzi nobiliari di Palma.

Se all'estremità sud-orientale di S'Almudaina si svolta a destra in C. d'en Morei, si arriva alla sontuosa **Can Olesa [9]**, iniziata in stile tardo-gotico

e ingrandita in stile barocco. Nel 2014 è stata acquistata per 6,5 milioni di euro da una coppia di svizzeri. Da qui sono pochi metri per il Museu de Mallorca.

Museu de Mallorca [10]

Carrer de la Portella, 5, ma–do 10–18, sa/do 11–14, 2,40 €, ingresso gratuito per bambini e anziani

Nel Palau Ayaman (XVII secolo), la cui facciata è stata accuratamente restaurata, si possono visitare la mostra permanente, che illustra la storia dell'isola con pezzi selezionati della collezione museale, e altre mostre temporanee a tema. Le poche didascalie sono solo in maiorchino.

Arco di Almudaina [11]

Se si prosegue salendo per la via Portella e si gira poco a sinistra prima della porta ci si ritrova sotto l'arco di Almudaina, che ai tempi dei Romani faceva parte delle mura della città. In epoca islamica fungeva invece da entrata del palazzo. Più volte modificato, presenta caratteri islamici e gotici. La sovracostruzione dell'edificio risale a un periodo successivo. L'andamento obliquo si spiega probabilmente con il nuovo impianto stradale circostante realizzato in seguito all'abbattimento delle vecchie mura.

Banys Àrabs [12]

Can d'en Serra, 7, www.banysarabs. org, apr–set lu–sa 10–19, do fino alle 14, ott–mar lu–do 10–17.30, 2,50 €

Si percorre in salita Can d'en Serra fino a raggiungere i **bagni arabi**. I due bagni, ricoperti da cupole in miniatura, risalgono al X secolo e occupano un terreno di proprietà privata. Essi rappresentano uno dei pochi esempi di architettura araba presenti a Palma. La cultura dei bagni, chiamati hamam dagli Arabi, fu tramandata a questi ultimi dai Romani, che ne avevano fatto un oggetto di culto. Le loro terme erano spesso imponenti e lussuose, e la nostra moderna cultura del benessere vi si accosta solo da lontano. Un arco arabo conduce nella sala centrale, la cui cupola è sostenuta da 25 sottili colonne. La sala veniva usata come bagno turco, mentre la stanza vicina serviva come spazio di rilassamento. Il piccolo giardino, ombroso e con panchine, è l'ideale per una pausa.

Convent de Santa Clara 13
Lu–sa 9–12.30, 16.15–17.40, do 9–11.35, 16.15–18.45, ultimo ve del mese chiuso
Carrer Santa Clara porta al semplice Convent de Santa Clara, in cui vivono tuttora le clarisse, famose per i loro prodotti da forno (acquistabili in una stanzetta a destra del portone negli orari di apertura).

Dietro il grande portale d'ingresso si apre uno spazioso cortile. La chiesa, costruita nel 1256, sorgerebbe sui resti di una delle tre sinagoghe di Palma. Infatti i matronei balaustrati e i candelabri a sette bracci sono tipici elementi dei templi ebraici. Dubbia invece l'origine del campanile simile a un minareto.

Església Monti-sion 14
Carrer Fonollar attraversa l'ex ghetto ebraico e alla fine svolta a destra in Carrer Alonso. Percorrendo lo stretto Carrer Vent si raggiunge infine la chiesa, Església Monti-sion, centro religioso dell'ordine dei gesuiti, che fu edificata nel 1571 sulle fondamenta della principale sinagoga del quartiere ebraico. Il **portale** è decorato in stile barocco ed è sovrastato dalla figura della Madonna, affiancata dalla statua di Ignazio di Loyola (a sinistra), fondatore dell'ordine, e San Francesco Saverio (a destra), missionario in India e

Giappone. All'interno della chiesa domina una pala d'altare sfarzosamente rivestita d'oro che risale all'inizio del XVII secolo.

Cal Marquès de Palmer (Can Catlar) 15
Dalla piazza della chiesa lo stretto Carrer Criança porta verso nord per poi sbucare in Carrer del Sol. La casa al n. 7 è una delle più belle case padronali di Palma, Cal Marquès de Palmer. Peccato che un grosso portone di legno impedisca al turista di dare uno sguardo veloce anche al cortile interno. L'edificio risale al 1442 e in passato ha ospitato la zecca di Maiorca. Guardando in alto si scoprono finestre riccamente decorate con figure a volte scurrili.

Convent de Sant Francesc 16
Lu–ve 10–18, sa 10–17, do 10–14, 3 €; nell'ambito di Spiritual Mallorca (www.spiritualmallorca.com) il biglietto vale anche per il Monastero di Lluc e il Santuari de Cura a Randa
Sulla spaziosa Plaça de Sant Francesc si trova l'ex convento omonimo. Di fronte alla chiesa si erge il **monumento a Juníper Serra**, il missionario di Petra e fondatore della città di San Francisco (v. pag. 227). La **chiesa**, la cui costruzione è iniziata nel 1232 ma è stata terminata solo nel 1700, presenta un **portale** riccamente decorato in stile barocco con un meraviglioso rosone. Sopra il portale si vede una statua di San Giorgio che uccide il drago, affiancato da Ramon Llull e dallo scozzese Giovanni Duns Scoto (1274–1308), che sviluppò la teoria dell'immacolata concezione di Maria.

Attraverso l'adiacente scuola conventuale si accede all'**interno della chiesa** (lu–sa 10–14.30, 15–17), di carattere gotico. Qui Ramon Llull, l'eroe nazionale delle Baleari, ha trovato la sua ultima dimora (seconda cappella, nel deambulatorio del coro). Ma questa chiesa è stata anche palcoscenico di una sanguinosa faida. Nel 1490, durante la celebrazione della S. Messa scoppiò una lite tra due famiglie aristocratiche che sfociò in un massacro. Fra le panche e l'atrio della chiesa si contarono oltre 300 morti e feriti. Erano gli anni in cui i feudatari lottavano con le armi per mantenere i loro privilegi e l'isola viveva nell'anarchia. Sembra che il motivo per cui si scatenò la carneficina sia stato straordinariamente banale. Un membro delle due famiglie, passando vicino alla casa della famiglia rivale, si sarebbe leggermente bagnato con l'acqua che gocciolava da un vaso di fiori, un pretesto sufficiente per scatenare il massacro.

El Temple 🟧17

Percorrendo Carrer Ramon Llull, che sfocia in Carrer el Temple, si raggiunge l'ex sede dei Cavalieri Templari, solitamente poco visitata. La facciata dell'edificio è delimitata da due possenti torri angolari.

Attraversando il grande **arco d'ingresso**, ultimamente piuttosto trascurato, si accede all'**entrata** a forma di mezzo arco, con un'immagine dell'agnello con la croce. Nell'**atrio** si trova una tavola informativa. L'adiacente **chiesa** gotica invece è quasi sempre chiusa, perciò bisogna accontentarsi di vedere le fotografie esposte.

L'ordine dei Templari ottenne questo edificio come ringraziamento per avere sostenuto la riconquista di Maiorca e la cacciata degli Arabi. Tuttavia i diversi intrighi politici dei principi europei, che temevano l'influenza del potente ordine monastico, portarono alla fine del XIII secolo alla persecuzione dei Templari. Con l'accusa di eresia i Cavalieri furono messi al rogo e nel 1312 l'ordine fu soppresso. Solo nel 2007 un documento scoperto in Vaticano rivelò che già nel 1314 il papa aveva assolto i Cavalieri Templari dall'accusa di eresia e chiedeva perdono. A questo punto però la comunità era già smembrata. L'edificio dell'ordine andò ai Gerosolimitani, e infine nel 1811 nell'ambito della secolarizzazione dei beni ecclesiastici divenne proprietà dello Stato.

Palau de Marquès de Vivot e Can Juny

Percorrendo Carrer Morer e attraversando Plaça de Quadrado si giunge infine in Carrer Savellà (Zavellà), dove al n. 4 si può dare un'occhiata al **Palau de Marquès de Vivot** 🟧18, purtroppo non più accessibile. Il cortile interno con loggia e colonne in marmo rosso interpreta splendidamente lo stile rinascimentale. Questo bellissimo edificio fu costruito alla fine del XVII secolo sui resti di un palazzo medioevale. Le cantine hanno addirittura origini che si perdono nell'antico passato d'epoca araba. Il primo Marquès de Vivot, che era implicato nelle lotte di potere della Guerra di Successione spagnola, volle ampliare notevolmente il palazzo. Oggi la casa appartiene al Comte de Savellà (Zavellà), che ha dato il suo nome anche alla via. Al numero 13, sull'altro lato della strada, si apre un patio molto bello. Il **Can Juny** risale al XVI secolo ma fino al XIX secolo ha subìto diverse trasformazioni e ricostruzioni fino a prendere l'aspetto odierno.

Església Santa Eulàlia 🟧19

Lu–ve 9.30–12, 18.30–20.30, sa 10.30–13, 18.30–20.30, do 9.30–13.30, 18.30–19.30

Carrer Savellà prosegue fino ad arrivare al retro della Església de Santa Eulàlia, che sorge sulla bella piazza chiusa al traffico che porta lo stesso nome. Dai molti caffè si può vedere bene la facciata della chiesa. ▷ pag. 97

Approfondimento

Sa Seu, la cattedrale di Palma

La cattedrale di Maiorca Sa Seu **5** è un autentico gioiello dell'architettura gotica. La chiesa è conosciuta ben oltre i confini dell'isola, e non solo per la sua posizione davvero unica, che domina la baia di Palma e che completa inconfondibilmente il panorama della città, ma anche per il suo straordinario valore artistico.

Orari di apertura: apr–mag, ott lu–ve 10–17.15, giu–set 10–18.15, 2 nov–mar 10–15.15, sa tutto l'anno 10–14.15, do e festivi aperta solo per la messa. Attenzione: a volte gli orari possono essere modificati.

Ingresso: 7 € compreso il museo.

Non è possibile dare un'occhiata veloce a questa cattedrale, perché si tratta di un capolavoro architettonico che merita un'attenta esplorazione. Osservandola dall'esterno è difficile immaginare che sia uno degli esempi più significativi dell'architettura gotica e una delle chiese più grandi dell'Occidente: mancano infatti le guglie che tendono verso il cielo, tipiche del gotico.

Sulla piazza che ospitava la Grande Moschea, nel 1230 Giacomo I pose le prime pietre per erigere la casa del Signore, edificata in stile gotico provenzale e caratterizzata da influenze lombarde. La costruzione dell'edificio procedette molto lentamente. Nel 1338 si iniziarono a edificare le navate laterali, nel 1389 fu aggiunto il portone d'ingresso a sud, la Porta del Mirado, e nel 1490 crollò una parte del soffitto. Bisognò aspettare il 1587, a edificio non ancora ultimato, prima di poter assistere alla consacrazione della chiesa. La cattedrale assumerà l'immagine di oggi solo nel 1904, in seguito all'intervento dell'architetto catalano Antoni Gaudí.

Non stupisce perciò che diversi stili architettonici siano confluiti nella chiesa, che fu iniziata in gotico puro su modello catalano e francese. Nel Portale dell'elemosina è già riconoscibile un influsso tardo-gotico. Soprattutto all'interno lo stile rinascimentale e barocco hanno lasciato traccia nella modellazione degli altari, e anche il Modernismo ha fatto la sua parte, con i restauri eseguiti da Gaudí.

I portali, capolavori di pietra

La chiesa occupa una superficie di 6.600 m^2 e si allunga per 118,4 m. La facciata più bella è quella meridionale rivolta verso il mare, dove è incastonato il **Portal del Mirador**. Nel semiarco sono sistemati quattro profeti (Daniele, Ezechiele, Isaia, Geremia) e i tre patriarchi (Abramo, Isacco e Giacomo). Nel timpano, sopra l'ultima cena, troneggiano Dio e gli angeli, la statua della Vergine adorna il pilastro divisorio, mentre ai lati del portone principale ci sono le statue di Pietro, Paolo, Giacomo, Andrea e Giovanni.

Nonostante la bellezza del **Portal de l'Almudaina** la facciata occidentale del XVII secolo è meno interessante. Le due torri neogotiche assunsero la forma attuale solo dopo un terremoto.

La facciata nord è dominata dal **Portal del Almoina** (il portale dell'elemosina) al cui fianco di trova il **campanile** alto 48 m. La posizione inconsueta e l'orientamento non in linea con l'asse principale fanno supporre che la torre poggi sulle fondamenta del minareto della moschea.

L'interno

Ancora più straordinarie dell'esterno sono le tre navate, lunghe 109 m, e larghe 39 m. Con un'ampiezza di 19,40 m la **navata centrale** supera tutte le altre cattedrali (Milano 16,40 m, Chartres 14 m, Colonia 12,60 m). Questo inganna il visitatore riguardo all'altezza, che con 43,14 m è solo di poco inferiore a quella delle cattedrali di Milano (44 m) e Colonia (43,60 m). Anche le dimensioni delle **navate laterali** (10 m di larghezza, 29,40 m di altezza) non sono raggiunte da nessun'altra cattedrale. A dare l'impressione di un'ampiezza sconfinata contribuiscono non da ultimi i pilastri, slanciati e alti 21 m, un capolavoro di statica e di estetica.

Anche per quanto riguarda il **rosone** la cattedrale di Palma stabilisce un vero record: con un diametro di oltre 11 m è infatti il più grande del mondo. Il rosone fu eseguito nel XVI secolo e presenta una decorazione

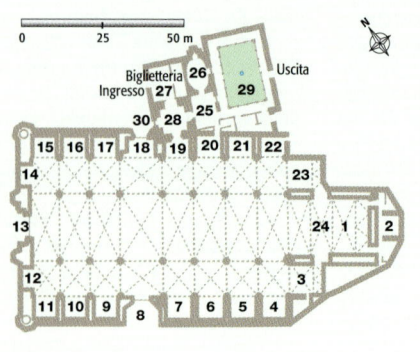

geometrica formata da ben 1236 pezzi di vetro colorato.

Sotto il rosone si apre l'enorme **abside** con l'altare di marmo, incoronato da un maestoso baldacchino aggiunto solo nel XX secolo da Antoni Gaudí che, quando viene illuminato da centinaia di lampadine, conferisce alla chiesa un'atmosfera natalizia.

Un'attenzione particolare va riservata infine alle cappelle laterali gotiche e riccamente decorate. Da non perdere sono la **Capella de Sant Pere** a destra del coro, con statue in stile neoclassico di Adriá Ferran, e la vicina **Capella de Sant Antoni de Padua**, con opere di Francisco de Herreras (1622–1685).

Arte moderna fra mura antiche

Le attrazioni più recenti sono la **finestra** realizzata nel 2006 da Nils Burwitz (nato nel 1940), situata accanto all'ingresso del museo, ma soprattutto la **Capella de San Pere**, dove si trova un'opera monumentale di Miquel Barceló (nato nel 1957). La scultura in ceramica ha come tema la parabola della moltiplicazione dei pani e dei pesci, tratta dal Nuovo Testamento e, con gli abitanti del mare che sporgono dalle pareti e si armonizzano con l'architettura antica, ricorda più una grotta sottomarina che una cappella. Come riconoscimento per questa opera l'artista maiorchino ha ricevuto il dottorato onorario all'Università delle Baleari.

La chiesa risale all'epoca della riconquista di Maiorca per mano di Giacomo I (1229). Nel corso dei secoli, però, è stata sottoposta a una serie di opere di ristrutturazione, tanto che oggi si riconoscono più stili. L'**altare** è realizzato in uno stile barocco molto sfarzoso. Degne di nota sono anche le **rappresentazioni gotiche** del XV secolo che adornano le cappelle laterali. La Església de Santa Eulàlia è, insieme alla cattedrale, l'unica chiesa gotica di Maiorca a tre navate.

Sopra il **portale principale** in stile neogotico, veglia sulla piazza una statua di Santa Eulàlia (letteralmente "colei che parla bene"), che all'età di 14 anni, all'epoca delle persecuzioni romane contro i cristiani in Spagna, avrebbe subito un martirio. Santa Eulàlia è la santa patrona di Barcellona, dove è venerata fin dal VII secolo; infatti ha trovato la sua ultima dimora proprio nella cattedrale della capitale catalana. A Maiorca si invoca la santa per chiedere di avere un viaggio per mare sicuro o per ottenere buoni raccolti.

Museu de Sa Jugueta (Museo del giocattolo) [20]

C./Capana 7, lu–sa 10–19, do 10.30–14, 4,50 €, bambini 2,50 €

Dal centro della piazza parte Carrer Capana, che dopo pochi passi conduce a questo museo, che entusiasmerà non solo i bambini. Nonostante esistesse già da tempo, solo da poco il proprietario, il popolare cantante Pau Debon, dopo lo scioglimento della band Antònia Font, ha davvero lasciato spazio al suo animo da bambino, raccogliendo oltre 3000 giocattoli da tutto il mondo. E nel suo ristorante viene viziato anche il palato (menù a pranzo 12,50 €).

Tornati alla piazza, proseguiamo per la breve Carrer Cardena e arriviamo al punto di incontro dell'antica città araba, La Portella, con la città nuova, Vila Dalt (Villa de Dalt).

Ajuntament e Plaça de Cort

Il palazzo dell'**Ajuntament** [21] (municipio), costruito su un angolo della piazza, è un edificio in stile barocco che domina la vicina **Plaça de Cort**. Da non perdere sono gli atlanti in legno che reggono gli architravi, ma vale anche la pena di dare un'occhiata all'ingresso costruito in stile medievaleggiante. Qui si trovano alcune grandi statue in legno (*gegants*): queste statue vengono portate in processione nelle strade della città di Palma in occasione della Festa de Sant Sebastià, che si tiene ogni anno in inverno, il 20 gennaio.

Meritano attenzione anche gli altri edifici di Plaça de Cort, il cui contributo è sostanziale per l'armonia dell'insieme. All'ombra del vecchio e imponente ulivo si può fare una pausa con una cioccolata calda del chiosco.

La città nuova

Vila Dalt

Mentre La Portella con i suoi piccoli quartieri e i vicoli rispecchia l'antica medina della Mayurca araba, i sobborghi sorti a nord di quest'area risalgono a epoche più recenti, soprattutto tra il XVI e il XVII secolo, quando Palma era il centro dei commerci nel Mediterraneo occidentale.

Plaça Major [22]

La piazza dall'atmosfera italiana, delimitata da edifici a più piani e portici, risale al XIX secolo ed è il centro della Vila Dalt. Nella piazza sono sorti numerosi caffè turistici, i mimi e i gruppi di musicisti intrattengono i passanti e di domenica si svolge un mercato dell'artigianato. Qui un tempo si trovava la famigerata Casa Nera, la sede del Tribunale dell'Inquisizione, ma è un passato ormai dimenticato. Si riesce ancora a immaginare invece il mercato del pesce, che si svolgeva qui fino all'apertura del grande mercato coperto. Sotto la piazza si trovano un parcheggio e il centro commerciale Plaça Major Centre. Una scalinata conduce giù fino alla Rambla.

Fundación Juan March 23

Carrer Sant Miquel, 11, www.march. es/arte/palma, lu–ve 10–18.30, sa 10.30–14, ingresso libero

Sulla via commerciale Sant Miguel, nella sede della banca March si trovano la Fundación Juan March e il **Museu d'art Espanyol Contemporani**, un must per tutti gli appassionati di arte moderna. In 19 sale disposte su tre piani trovano spazio le opere di 55 artisti, tra cui Pablo Picasso, Salvador Dalí, Juan Gris, Joan Miró e Miquel Barceló.

Attorno alla Església Sant Miquel 24

Carrer Sant Miquel, lu–sa 9–13, 17–19.30, do, festivi 10.30–12.30, 18–19.30

Pochi metri più avanti si inserisce in questo quadro cittadino il portale della Església San Miquel. La chiesa più antica della città si erge sulle fondamenta di una moschea, convertita in chiesa cristiana dopo la conquista dell'isola. Su un altare laterale decorato in maniera sfarzosa all'interno della chiesa, domina la Virgen de la Salud, una statua romanica raffigurante la Madonna che Giacomo I avrebbe portato con sé quando riconquistò l'isola e davanti alla quale celebrò la prima messa. Degni di nota sono anche gli affreschi sul soffitto del XVII secolo. Allo sfarzo dell'altare si contrappone lo stile gotico del portale del XIV secolo, che raffigura la Madonna con al suo fianco gli evangelisti Matteo (a sinistra) e Marco (a destra), il tutto sovrastato dall'arcangelo Michele.

Di fronte a Sant Miquel, nell'ex ospedale dell'adiacente monastero, si trova il complesso della **Banca BBVA**. Purtroppo il bel cortile interno non è più accessibile, ma si può comunque dare un'occhiata da fuori. Il vicino **Convent de Sant Antoni Abat** rappresenta bene con la sua facciata il semplice stile barocco maiorchino. Il 17 gennaio, per la festa di Sant'Antonio gli amanti degli animali fanno benedire i propri fedeli compagni davanti al portone principale. Oggi anche il convento è utilizzato per esposizioni artistiche.

Plaça d'Espanya

Attraversando Plaça de l'Olivar, dominata dal **mercato coperto** 25 (v. pag. 103) si raggiunge **Plaça d'Espanya** 26. Questa enorme piazza è attraversata dal grande asse viabilistico Avinguda Alexandre Rosselló/Plaça Joan March. In epoca araba qui si trovava la porta orientale della città, attraverso la quale il re vittorioso Giacomo I invase Palma. Infatti nella piazza si trova un **Monumento a Giacomo I**. Dall'altra parte della strada si trovano la **stazione sotterranea** dei treni per Manacor e la metropolitana, coperte da una **superficie verde**, dalla quale zampillano alcune fontane. Il tutto però appare piuttosto spoglio. Sul lato sinistro della piazza si trova la stazione della nostalgica **Freccia Rossa**. Anche la stazione dei pullman è sotterranea. Il complesso si chiama "Estació Intermodal": l'ingresso si trova su lato sud-ovest della piazza. Le destinazioni delle linee sono riportate sui tabelloni.

Da Plaça d'Espanya si può raggiungere il lungomare con un autobus urbano oppure andare a piedi lungo la via pedonale Carrer dels Oms fino al Boulevard Rambla.

I grandi boulevard

Dove in passato il fiume Sa Riera, un tortuoso corso d'acqua, delimitava la città vecchia, oggi attraversano il centro le vie più eleganti della città, ampi boulevard a volte con giardini centrali: Passeig des Born, prosecuzione di Avinguda Antoni Maura che inizia sul lungomare, Carrer de la Unió e Rambla dels Ducs de Palma de Mallorca. Più ci si avvicina al mare, più questi grandi boulevard si animano. Il primo snodo importante è **Plaça de la Reina** 27, dove si trova la Glorietta de la Reina con teste di leone da cui sgorga l'acqua. Questo è l'inizio del **Passeig des Born**. Nella striscia centrale, piantumata a platani, si disputavano in passato i tornei, ai quali la strada deve anche il suo nome (*born* in catalano significa infatti "punta di lancia"). Oggi qui ci sono molte panchine per riposare i piedi stanchi dopo avere camminato a lungo nella città.

Casal Solleric 28
Passeig des Born, ma–sa 11–14, 15.30–20.30, do 11–14.30, ingresso libero
Questa elegante casa padronale rappresenta un miscuglio di architettura tradizionale maiorchina e barocco europeo. Con i suoi archi digradanti e la scalinata imperiale che conduce al piano superiore è tra gli edifici più belli della città. Il complesso arriva fino alla via parallela Carrer de Sant Gaietà, dove si trova uno degli accessi. Poiché questa strada è su un livello più alto, il cortile interno è inclinato. Il palazzo è stato eretto nel 1763 da Marc Antoni Vallès d'Almadrà i de Berga. Grazie a una grande eredità il fondatore dell'edificio ha potuto unire due palazzi.

Nessuno pareva essere disturbato dal fatto che il suo patrimonio derivasse in parte dalle attività di pirateria portate avanti dai suoi parenti. Oggi l'edificio è di proprietà della città e viene utilizzato come spazio per esposizioni artistiche, ma vi trovano posto anche un ufficio turistico, una libreria artistica e un caffè.

Plaça del Rei Joan Carles I 29
La via di passeggio Passeig des Born sbocca nell'ampia Plaça del Rei Joan Carles I, uno dei nodi di traffico più importanti della metropoli insulare, dominata dalla **Fontana delle Tartarughe** costruita nel 1913. L'obelisco della fontana è sovrastato da un pipistrello, simbolo di fortuna della Reconquista. Lo spirito della modernità ha fatto molte vittime tra i piccoli bar e ristoranti. Fortunatamente però il tradizionale **Bar Bosch**, ormai una vera e propria istituzione cittadina, resiste tutt'oggi agli assalti delle grandi aziende internazionali di fast food, anche se la qualità dell'offerta è un po' peggiorata. A sinistra parte da Plaça del Rei Joan Carles I la grande via commerciale **Avinguda Jaume III**, che dalla piazza porta al Torrent de sa Riera, che in passato delimitava il confine della città di Palma.

Plaça del Mercat 30 e Plaça Weyler 31
Carrer de la Unió spezza il viale principale e tocca le due piazze confinanti, Plaça del Mercat e Plaça Weyler. La **Plaça del Mercat** è dominata dall'ampia facciata del Palazzo di Giustizia **Can Berga**. Un po' arretrate si trovano le due facciate gemelle in stile modernista degli **Edificis Cassayas**, progettati all'inizio del XX secolo da due allievi di Gaudí. Il lato sud della Plaça è chiuso dalla **Església Sant Nicolau**, risalente al XV secolo.

Tuttavia l'indiscusso gioiello architettonico della zona è rappre- ▷ pag. 102

Xocolateria
Ca'n Joan de S'Aígo 10

C. Can Sanç, 10, lu–do 8–21

Chi non la conosce non la trova.
Popolare luogo di ritrovo per gli
artisti da oltre quarant'anni, la
cioccolateria è all'interno del Ca'n
Joan de S'Aígo, un edificio del 1700
nel vicoletto Carrer de Can Sanç.
Pur essendo fuori dai soliti itinerari
turistici, non è lontano da Plaça
Cort e dalla chiesa di Sant Francesc.
L'ambiente è fantastico: un miscuglio di Art Nouveau, Biedermeier e
kitsch. Vale la pena entrare anche
solo per guardare le piastrelle del
pavimento. Una tazza di cioccolata
calda costa 2,40 €; di solito bisogna
aspettare un po', ma non fa niente:
anche Miró, un cliente abituale,
portava pazienza.

sentato dalla facciata Art Nouveau dell'ex Gran Hotel affacciato sulla **Plaça Weyler**. L'edificio fu costruito fra il 1901 e il 1903 come albergo di lusso dall'architetto catalano seguace del Modernismo Lluís Domènech i Montaner. Oggi qui ha sede il **CaixaForum**, una fondazione dell'associazione spagnola delle casse di risparmio che si occupa di questioni sociali e culturali (Plaça Weyler 3, https://caixaforum.es/palma/home, ma–sa 10–20, do, festivi 11–14, 4 €).

Molto popolare è anche il moderno El Café, con vetrine affacciate sulla passeggiata pedonale, da cui si può osservare la vita della città comodamente seduti ai tavolini.

Sotto la Plaça Major la facciata del **Teatre Principal** si inserisce nella fila degli altri edifici. La fama degli anni passati è ormai un po' sbiadita, tuttavia l'edificio costruito nel 1860 è ancora oggi un importante punto di riferimento nel panorama culturale della città.

Rambla 32

Il boulevard piega ora verso sinistra e da qui in poi porta il nome altisonante di Rambla dels Ducs de Palma de Mallorca, chiamato per brevità semplicemente Rambla. Si tratta di una vera e propria passeggiata, e tuttavia, nonostante i giardini centrali arricchiti da platani e aiuole piene di fiori, questo tratto di strada non è apprezzato dai pedoni come dovrebbe. Forse è perché manca di negozi sufficientemente eleganti e della conseguente offerta commerciale.

Vila Baixt

L'area lungo la baia a ovest dell'Avinguda Antoni Maura/Passeig des Born, ai piedi dell'antica medina, divenne un insediamento abitato solo con l'arrivo degli spagnoli. Nel XV secolo si decise di deviare verso ovest il letto del fiume Sa Riera, che oggi costeggia le vie eleganti della città, Born e Ramala, in modo da creare nuove zone su cui poter costruire negozi e magazzini. Allora Palma stava attraversando un periodo di splendore, poiché costituiva un importante punto di trasbordo merci per il Mediterraneo occidentale. Lo stesso porto, all'inizio, era a Portopí, circa 2 km a ovest della città vecchia, alla quale si avvicinò, invece, nel XV secolo, con la realizzazione del grande molo in direzione del centro storico.

La vita vivace e allegra tipica del sud palpita ancora tra le vie a ovest di Plaça de la Reina. Dati i prezzi degli immobili in continuo aumento, ci si chiede se questo idillio urbano avrà ancora lunga vita. Le opere di risanamento e di ristrutturazione sono già in corso.

Carrer Apuntadores 33

Da Plaça de la Reina parte lo stretto Carrer Apuntadores, che corre parallelo alla costa. Si tratta del primo tratto di strada completamente integrato nell'industria del turismo maiorchina, con i numerosi piccoli (spesso costosissimi) ristoranti, i tapas-bar, due alberghi dai prezzi abbordabili e il raffinato e decadente bar **Abaco** 1. Solo dopo la deviazione per Plaça Drassanes (v. pag. 105) si percepisce ancora qua e là l'atmosfera povera del quartiere originale del porto. La stessa situazione ci accoglie nel vicino Carrer del VI, che gira verso destra; ma dove la via sfocia in una piccola piazza, comincia tutto un altro mondo: ogni edificio è stato ristrutturato e ci sono tante gallerie e caffè ideali per fare una pausa.

Tra Carrer de Sant Feliu e Rambla

In Carrer de Sant Feliu n. 10 si trova la casa padronale **Can Belloto** 34. Con la sua decorazione a maschere si distingue dagli edifici circostanti. Il palazzo

Consiglio

Mercat Olivar 25

Plaça de l'Olivar, www.mercatolivar.com, lu–sa 7–14.30, ve fino alle 20
I mercati coperti sono in un certo senso la "pancia di Palma", dove si trovano prelibate bontà a non finire, ad esempio il famoso prosciutto spagnolo di maiale nero (*jamón de pata negra*). Un mondo a se stante è la zona del pesce con la sua varietà di prodotti. Tutti i vecchi tapas-bar del piano superiore (eccetto due) hanno dovuto lasciare il posto al supermercato Mercadona. Nuovi tapas-bar si sono però stabiliti da tempo nel mercato coperto, ad esempio Can Jaume e Paco: sugli sgabelli ai banconi si sta stretti, ma in compenso le tapas sono fresche di giornata. Nel mercato c'è anche uno spazioso ristorante (Mercat d'Olivar).

ha acquisito la sua forma odierna nel 1620 per volere del suo proprietario, originario di Genova, e questo spiega il chiaro sapore italiano della costruzione. Il modello delle maschere dovrebbe essere la facciata del Palazzo Zuccaro di Roma (1593). Nascosta fra edifici ristrutturati sorge la piccola **Cappella Sant Feliu**, oggi sede di una stimata galleria.

Seguendo verso nord (a sinistra) Carrer de Sant Gaietà, si raggiunge, di fronte alla chiesa di Sant Cayetano, l'ingresso posteriore di **Casal Solleric** (v. pag. 99), che si estende con il suo bel cortile interno fino al Passeig des Born.

Oltrepassato un portale ad arco ci si ritrova sotto i portici di **Avinguda Jaume III**, la principale via commerciale di Palma, che verso destra porta a Plaça del Rei Joan Carles I. Dal lato nord inizia Carrer de Sant Jaume, una strada stretta delimitata da palazzi eleganti e dall'omonima chiesa barocca. Molto belli

sono la sede del consolato svedese e l'atrio dell'**Hotel Born** `35`, che in passato portava il nome di Can Ferrandell, una casa patrizia del XVIII secolo, e la **Fundació Barceló** `36` (www.fundacionbarcelo.org, lu–ve 11–13.30, 17–19.30, sa 11–13.30, do 10.30–13.30), un centro culturale in un palazzo del XIX secolo.

Se più avanti si gira a destra all'altezza della chiesa di Sant Jaume, si arriva al **Convent de la Puríssima Concepció de Monges Caputxines** `37`. Si può visitare il monastero solo partecipando a un tour con la guida ad eccezione del periodo di Natale, in cui si può entrare liberamente per vedere il presepe. Si ritorna poi alla chiesa di Sant Jaume. La strada termina di fronte alla chiesa **Església Santa Magdalena** `38`, nella quale si venera la santa locale Catalina Tomàs (lu–do 8–13.15, 16.30–19.30, ve dalle 11.30).

La passeggiata lungomare

L'ampio viale fiancheggiato da palme che corre lungo la costa prende il nome di **Passeig Marítim** (Passeig Sagrera) e ha preso il posto delle mura cittadine abbattute alla fine del XIX secolo. Oggi è sistemato con grande cura, con una zona pedonale e una pista ciclabile separata, e proprio grazie alla sua considerevole lunghezza, più di 4 km, è particolarmente adatto per un giro in bicicletta o in segway, un piccolo mezzo elettrico che si comanda con i movimenti del corpo (noleggio: www.segwaypalma.com). La strada inizia dal monumento a Ramon Llull, dove Avinguda Antoni

Facciate "fluide", progettate dagli allievi dell'architetto modernista per eccellenza, Gaudí: Edificis Cassayas

Maura sbocca sul lungomare sotto il Palazzo dell'Almudaina.

Sa Llotja `39`
Passeig Marítim, ma–do apr–ott 10.30–13.30, 17.30–23, nov–mar 10.30–13.30, 16–18, ingresso libero
Esteriormente, l'edificio gotico ricorda molto una chiesa, sebbene all'origine fosse stato progettato come sede della **borsa**. Nel 1426, periodo di massimo splendore economico, si decise di manifestare il livello di ricchezza della città, come avviene anche oggi con le banche, anche con strutture architettoniche di rappresentanza. Data la superficie della base (45 m x 27 m), l'edificio sembra essere abbastanza modesto, ma in realtà l'esecuzione artistica lo rende un gioiello dello stile gotico. Gli angoli sono messi in risalto da torri ottagonali merlate, unite da gallerie alleggerite da piccole torrette. L'interno è a tre navate, le volte sono supportate da sei colonne affusolate. Oggi la Llotja è prevalentemente un centro espositivo.

Proprio accanto si trova il **Consolat de Mar** `40`, un edifico rinascimentale del XVII secolo in cui un tempo aveva sede l'istituto nautico, rimpiazzato poi dal tribunale per il commercio marittimo.

Plaça Drassanes `41`
Abbandonando la passeggiata, si gira a destra verso Plaça Drassanes, una piazza con molti caffè e ristoranti, ma comunque abbastanza lontana dalla folla di turisti. In passato i pescatori venivano qui per rammendare le loro reti. Il porto, infatti, è proprio a due passi, subito al di là del lungomare, e lo si poteva raggiungere tramite un'apertura nelle mura di cinta. All'ombra dei platani si erge il **monumento al navigatore Jaume Ferrer**, uno dei maggiori cartografi del XV secolo. La piazza ha perso un po' del suo fascino a causa dei po-

steggi per le automobili. Attraversandola si arriva al Carrer Apuntadores (v. pag. 102).

Es Baluard – Museu d'Art Modern i Contemporani de Palma 42

Plaça Porta de Santa Catalina, 10, www.esbaluard.org, ma–sa 10–20, do fino alle 15, lu chiuso, 6 €, fermata della linea 50 (autobus turistico rosso)
La prossima meta che merita una sosta sul lungomare è il **Bastió de Sant Pere**, la fortificazione d'angolo delle ex mura cittadine situata alla foce del Torrent de sa Riera. Si sale attraversando un piccolo parco. Dell'antica fortezza oggi rimangono solo i muri esterni. L'interno invece è occupato da **Es Baluard**, il museo di arte moderna e contemporanea di Palma. Diviso su tre piani, ha una superficie di oltre 5000 m^2 e vi sono esposte opere di arte figurativa del XX e XXI secolo, tra cui lavori di Picasso, Magritte, Miró e Anselm Kiefer. Molto interessanti sono anche i paesaggi maiorchini postmoderni dell'artista catalano Joaquim Mir (1873–1940), dell'inizio del XX secolo. Un po' insolite e difficilmente comprensibili appariranno invece per i profani le enormi sculture di lamiere arrugginite che sono collocate all'esterno. In questo museo sono rappresentate anche la videoarte e la fotografia moderna.

Dalla **terrazza** situata di fronte al museo e dal vecchio **muro di fortificazione**, a cui si arriva salendo una scalinata dalla porta, si offre una vista meravigliosa sul porto e sulla facciata occidentale della cattedrale.

Attorno a Es Baluard

Se siete stanchi di camminare, dal museo si può scendere alla chiesa di **Santa Creu** e percorrendo la Costa de Santa Creu e il Carrer de Can Sales, passate alcune gallerie si arriva a una piazzetta

da cui parte Carrer Sant Feliu (v. pag. 102). Lungo la via si incontra il **Café Ca'n Martí**, non molto frequentato dagli stranieri, dove servono il *cortado* a prezzi abbordabili.

Es Jonquet 43

Dall'altra parte del Torrent de Sa Riera si innalza la collina dei mulini **Es Jonquet**, oggi in una fase di grandi cambiamenti. Due dei tre mulini hanno ancora le pale che pendono tristemente, mentre il terzo è già stato restaurato. Allo stesso modo molte delle piccole case di pescatori nei dintorni sono state ristrutturate. Anche da qui il panorama sul porto è molto bello. Per vedere meglio le barche a vela è meglio andare sul lungomare, dove si può scegliere tra l'elegante **Café Cappuccino** e la terrazza del non più consigliabile **Dàrsena**, che si affaccia direttamente sul porto.

Santa Catalina

Il quartiere di Santa Catalina, che si estende a nord di Es Jonquet, è stato considerato per molto tempo una zona sociale "esplosiva", ma negli ultimi tempi si è liberato di questa immagine negativa e si è trasformato in un vivace centro di vita sociale, pieno di bar e ristoranti alla moda. Il quartiere si sviluppa attorno alla ex Plaça de la Navigació, dove oggi sorge un bel mercato coperto, il **Mercat de Santa Catalina** 44 (www.mercatdesantacatalina.com).

Spagna in miniatura – Nuevo Poble Espanyol 45

C./ del Poble Espanyol, 55, lu–ve 9–19, sa/do e ott–mar 10–17, 6 €, fermata della linea 50 (autobus turistico rosso)
Edifici storici spagnoli in miniatura, un simpatico stimolo per nuovi viaggi, senza tante pretese. Con caffè e negozio di souvenir (sa/do spesso chiuso).

El Terreno [46]

Descrivendo un ampio arco il lungomare prosegue verso sud, e da qui in poi lungo la costa si susseguono grandi alberghi, eleganti caffè e ristoranti, negozi di articoli per velisti, uffici immobiliari, il grande auditorium da 2000 posti e la megadiscoteca **Tito's Palace** [5]. In linea con questo ambiente lussuoso nel Club Náutic, protetto da un'alta recinzione, sono ormeggiate le barche dei ricchi. Le vie che confinano con questo tempio della ricchezza, in particolare quelle attorno a Plaça Gomila, sono il punto focale della vita notturna di Palma, ma hanno anche una fama dubbia in quanto centro della vita notturna a luci rosse della città.

Jardins de Natzaret [47]

Av. Gabriel Roca, vicino al club Pacha, lu–ve 10–14, ingresso libero
Questo piccolo parco in salita aperto al pubblico è non solo un'oasi di pace con vialetti sinuosi, tanta ombra e una bella vista sul porto, ma anche un paradiso per gli amanti delle piante. Allestito in stile romantico, apparteneva al Cardinale Despuig, lo stesso proprietario della tenuta di Raixa (v. pag. 176).

Portopí

La parte finale della baia è riservata alla navigazione commerciale. I traghetti diretti verso il continente e le enormi navi da crociera, che ricordano dei quartieri galleggianti, sono ormeggiate in questo punto. Questi moli confinano con l'antico porto di Portopí, la cui importanza storica è documentata dalla **Torre de Pelaires** [48]. Questa torre merlata del XV secolo portava in passato il nome di Torre d'en Caroz, e ha protetto per secoli l'ingresso del porto.

Anche il **Castell de Sant Carles** [49] serviva come protezione del porto.

In bicicletta sul lungomare

La sempre maggiore disponibilità di piste ciclabili, in particolare lungo la costa, rende possibili piacevoli pedalate sul lungomare. Purtroppo l'uso gratuito delle bici (sistema Mou-Te-Bé) è riservato ai residenti dei *baleario*. Da *bike and go* presso la Estación Intermodal in Plaça d'Espanya si possono però noleggiare bici a partire da 6 € al giorno (tel. 971 71 64 17 www.palma bikeandgo.com, lu–do apr–ott 9–20, nov–mar 9.30–19.30). In alternativa si può noleggiare una bici del servizio pubblico www.mobipalma.mobi.

Oggi il castello ospita l'omonimo **museo militare**, che espone oggetti riguardanti la storia militare (ma–do 10–14, ingresso libero, www.museomili tarsancarlos.com). Dalle mura del castello si gode di una bella vista sul porto di Palma. I Romani sfruttavano questa zona come punto di attracco, poiché da questo punto potevano facilmente raggiungere il mare aperto anche in condizioni di vento sfavorevoli.

Il nome Portopí rimanda al toponimo romano *portus pini* (porto del pino) perché per molti anni un pino di grandi dimensioni servì come punto di riferimento.

Castell de Bellver 50

http://castelldelbellver.palmademallorca.es, lu 8.30–13, apr–sett ma–sa fino alle 20, do 10–20, in inverno ma–do fino alle 18, 4€, ridotto 2€, do ingresso libero; do museo chiuso; raggiungibile con la linea 50 (autobus turistico rosso)

Da un pendio situato 100 m sopra El Terreno il **Castell de Bellver** veglia sulla baia del porto. Se siete in bicicletta, la salita vi farà sudare. La fortezza del XIV secolo offre, soprattutto al tramonto, la vista migliore sulla città di Palma. La fortificazione rotonda fu iniziata da Giacomo I poco dopo la riconquista dell'isola. Dopo il completamento nel 1309 servì come residenza dei signori di Maiorca fino a quando non fu ristrutturato e riadattato il Palazzo dell'Almudaina.

I muri esterni privi di finestre, dai quali si innalzano tre torri fortificate, il fossato e il torrione enfatizzano il carattere militaresco del luogo. Infatti il Castell de Bellver fu anche uno degli ultimi bastioni dei seguaci di Giacomo III durante la vana difesa dell'isola contro gli attacchi delle truppe di Pedro de Aragón. In seguito il castello fu utilizzato come prigione fino alla fine del XIX secolo. Guardando le buie e umide celle sotterranee della torre si sente ancora oggi compassione per i poveri carcerati che sono stati imprigionati qui, tra i quali il famoso scrittore e ministro della giustizia Gaspar Melchior Jovellanes (1744–1811), che si era opposto all'Inquisizione.

Al contrario il **cortile interno**, circondato da una doppia serie di archi romanici (sotto) e gotici (sopra), non conserva traccia dell'oscuro passato e ricorda più un castello che una fortezza. Negli spazi interni è ospitato il **Museu d'Història de la Ciutat** che espone oggetti che documentano la storia della città e dell'isola. La prima domenica dopo Pasqua (*pancaritat*) a migliaia si recano al Castell per il tradizionale raduno conviviale.

Pernottamento

A Palma sono nati in grande quantità piccoli alberghi particolarmente belli,

Una calamita per gli amanti dell'arte: Es Baluard, il Museo di arte moderna e contemporanea di Palma, in un bastione delle vecchie mura cittadine

che contrariamente ai grandi hotel delle località turistiche restano aperti quasi per tutto l'anno. I più graziosi e centrali sono nella città vecchia.

Lusso e stile – **Palacio Ca Sa Galesa** **1** : C. Miramar, 8, tel. 971 71 54 00, www.palaciocasagalesa.com, doppia da 280 € (senza colazione). Boutique-hotel a 5 stelle di buon gusto, arredato con oggetti antichi, situato in un palazzo storico del 1576 nel centro della città vecchia. Le dodici camere, che portano il nome di famosi musicisti, sono arredate con oggetti di valore. Gli ospiti hanno a disposizione una sauna, una piscina e una terrazza sul tetto con una vista mozzafiato sulla cattedrale.

Cool – **Hotel III** **2** : C. Apuntadores, 3, tel. 971 717 33, www.hoteltres.com, doppia da 260 € (colazione compresa). Dietro un ingresso poco appariscente che si apre in una vecchia facciata sullo stretto Carrer Apuntadores si nasconde questo raffinato albergo a 4 stelle dall'arredamento minimalista, con le sue 41 camere arredate prevalentemente sui toni del bianco. Anche da qui si gode di una bella vista sulla città vecchia. Da qualcosa si capisce che il proprietario è svedese, c'è un po' di freddezza nell'ambiente. Chi vuole sfuggire a tutta questa sobrietà, non dovrà andare lontano: dietro l'angolo si trova il Bar Abaco (v. pag. 114), famoso per la sua esuberanza.

109

Tipicamente maiorchino – **San Lorenzo** 3 : C. de Sant Llorenç, 14, tel. 971 72 82 00, www.hotelsanlorenzo. com, doppia da 215 € (senza colazione). Piccolo e gradevole hotel a 4 stelle con solo 6 camere. Si trova in un palazzo restaurato del XVII secolo con vista stupenda su Palma. Terrazza sul tetto con piscina.

Centrale – **Jaime III** 4 : Passeig Mallorca, 14B, tel. 971 72 59 43, www. hmjaimeiii.com, doppia con colazione da ca. 140 €. Moderno hotel gestito in modo professionale. Camere spaziose e piccola palestra.

Moderno in vesti antiche – **Hotel Almudaina** 5 : Av.da Jaume III, 9, tel 971 72 73 40, www.hotelalmudaina.com,

Palma: porto

doppia da ca. 120 €. Centrale e in un edificio storico, con camere funzionali e arredate con gusto, alcune con balcone. Terrazza con ristorante e vista sulla città. Wifi e buffet per colazione. *Nostalgico* – **Hotel Born 35**: C. de Sant Jaume, 3, tel. 971 71 29 42, www.hotel born.com, doppia da ca. 180 €, si può prenotare anche all-inclusive. Un altro hotel ricavato in un antico palazzo cittadino. L'albergo è conosciuto soprattutto per la sua sontuosa hall in marmo (v. pag. 105); ancora oggi conserva un buon rapporto qualità-prezzo, perciò è molto ambito dai turisti.

Per globetrotter – **Ritzi 6**: C. Apuntadores, 6, tel. 971 71 4 6 10, www.hostal ritzi.com, doppia da 65 €, singola da 40 €. Popolare ostello in posizione centrale per backpacker, situato di fronte al lussuoso albergo Tres. Proprio accanto al Ritzi si trova l'**Apuntadores** (tel. 971 71 34 91, www.apuntadores hostal.com). Un po' meglio del Ritzi, con ascensore e una bella terrazza sul tetto. Doppia con bagno da 72 €.

Economico e accogliente – **Hostal Corona 7**: C. Josep Villalonga, 22, tel. 971 73 19 35, www.hostal-corona.com, doppia da 51 €. Accogliente ostello in un vecchio edificio sotto il Castell de Bellver nel quartiere El Terreno, con un grande giardino e bar in stile modernista. Soprattutto i più giovani lo apprezzeranno, anche per la sua vicinanza alle discoteche più famose. 15 camere senza bagno.

Mangiare e bere

A Palma non mancano certo i ristoranti. Molti sfruttano una posizione privilegiata (ad esempio attorno alla cattedrale, all'inizio del lungomare o in Carrer Apuntadores) per imporre prezzi non sempre adeguati alla qualità offerta.

Ospiti dal cuoco stellato – **Aromata 1**: C/ de la Concepció, 12, tel. 971 49 58 83, www.aromatarestaurant.com. Il ristorante del cuoco stellato Andreu Genestra si trova in un grande edificio storico e nei giorni feriali lo consigliamo come prima scelta per un pranzo eccellente a soli 15,50 €.

Affermato – **La Paloma 2**: C/ Apuntadores, 16 (La Lonja), tel. 971 72 17 45, www.lapaloma.es. Il proprietario è svizzero; il locale propone piatti eccellenti della cucina spagnola in un ambiente storico e confortevole. Menù a pranzo 15 €.

Sapori asiatici – **Koh 3**: C/ de Servet, 15, Santa Catalina, tel. 971 28 70 39, www.kohmallorca.com, lu–sa 19–23. Pur essendo in Spagna, non c'è l'obbligo di mangiare sempre e solo tapas! Questo ristorante piuttosto defilato offre piatti ottimi in prevalenza di cucina thailandese. Primo o secondo da ca. 13 €.

Centrale, gradevole ed economico – **Gustar** 4: Placa de Banc de l'Oli, 11, tel. 871 71 08 80, www.gustar-palma.es, lu–ve 12.30–17 (cucina aperta fino alle 16), me–ve 20–24 (cucina aperta fino alle 22.30). La proprietaria di questo piccolo ristorante è svizzera. Il menù è costituito da piatti della cucina locale preparati con ingredienti freschi per lo più regionali e bio. Pasta da 7 €; anche i vini sono a prezzi ragionevoli.

Fusion – **Toque** 5: Federico García Lorca, 6, tel. 971 28 70 68, www.restaurante-toque.com, ma–do 13–15.30, ma–sa anche 19–23. Il ristorante, situato nel centro del nuovo quartiere trendy di Palma, propone un mix di cucina belga e maiorchina. Ottimo rapporto qualità-prezzo. Il menù di mezzogiorno parte da 13 €, primo o secondo da ca. 15 €. Inoltre il locale offre una vasta scelta di birre.

Buono ed economico – **Celler Sa Premsa** 6: Plaça Bisbe Berrenguer de Palóu, 8, tel 971 72 35 29 www.cellarsapremsa.com, lu–sa 12–16, 19.30–23.30, in estate sa/do chiuso. Cucina tradizionale spagnola in un ambiente rustico con soffitto a volte. Alle pareti poster sbiaditi di vecchie corride. Anche i prezzi sono nostalgici: per un

Un bocconcino tira l'altro

Venticinque tapas-bar lungo la "Ruta Martiana" ("tour del martedì") nel quartiere Gerrería, tra Plaça Mayor 22 e Plaça Eulàlia, ogni martedì dalle 19 propongono ai passanti un'offerta cui è difficile resistere: una tapa e un bicchiere di birra o di vino a soli 2 €. La varietà di tapas è garantita in ogni bar… non c'è bisogno di provarli tutti e venticinque!

piatto di cotolette di agnello alla griglia si pagano solo 7,50 €.

Paradiso delle tapas – **13 %** 7: Sant Feliu 13, centro, tel. 971 42 51 87, www.13prozent.com, lu–sa 12.30–24, do 18–24. Piccolo e affascinante mix di bodega, negozio di specialità gastronomiche e ristorante; dopo un giro in città, se non si ha molta fame, consigliamo uno sfizioso pranzetto a base di tapas (ca. 11 €). Buon rapporto qualità-prezzo.

Trendy e buono – **Duke** 8: Calle Soler, 36, tel. 971 07 17 38, lu–ve 13–15.30, 19.30–23.30, sa solo la sera, do chiuso. Attualmente il più rinomato locale di Santa Catalina. Atmosfera un po' da surfisti (il nome proviene da Duke Kahanamoku, 1890–1968, padre del surf). Ottima cucina fusion, primo o secondo da ca. 12 €. Si consiglia la prenotazione.

Solo tapas – **Tast** 9: Carrer Union, 2, tel. 971 72 98 78, www.tast.com, lu–sa 12.30–24. In questo momento il più famoso ristorante di tapas, in un ambiente piacevole e con un'incredibile offerta di questi piccoli spuntini (da ca. 2,70 €). Frequentato anche dai residenti.

Tutto rigorosamente fresco – **Dalt Olivar** 25: primo piano del Mercat Olivar, lu–sa 9–17. Storico bistrot amato anche dalla gente del posto. Ottime le tapas (da ca. 3 €). È possibile anche farsi cucinare il pesce appena comprato al mercato!

Modernista – **Xocolateria Ca'n Joan de S'Aígo** 10: v. pag. 100.

Acquisti

Da quando esistono i voli low-cost Palma si è trasformata anche in un paradiso dello shopping, dove soprattutto in inverno i turisti europei scelgono di passare anche solo un paio di giorni. Questo non è sfuggito a marchi

Archi romanici e gotici nel cortile interno del Castell de Bellver

come Gucci, Prada, Armani e altri che hanno aperto filiali nella posizione strategica di Passeig del Born. Negli uffici turistici si può trovare la brochure "Palma: il miglior shopping del Mediterraneo", che presenta diversi itinerari di shopping suddivisi per tema. Tra Plaça de Cort e Plaça d'Espanya si trova il quartiere dello shopping più elegante, che si estende fino a Carrer des Sindicat, Carrer Bossería e Carrer Argenteria. Il lato occidentale di Plaça de Cort si apre sulla via commerciale principale, Carrer Jaume II, che prosegue fino a Plaça Major.

Specialità maiorchine – **Colmado Santo Domingo** 1: C. de Santo Domingo, 1, www.colmadosantodomingo.com. Il negozio è piccolo, ma la scelta di specialità gastronomiche è vasta. Non mancano gli insaccati tipici maiorchini, le *sobrassadas*, e i prosciutti, che pendono dal soffitto come grappoli d'uva.

Gastronomia raffinata – **Son Vivot** 2: Pl. Porta Pintada (vicino a Plaça d'Espanya), http://sonvivotpalma.com. La scelta e i prodotti sono simili a quelli del Santo Domingo, solo che qui è tutto più grande.

Paradiso dei cuochi – **Especias Crespis** 3: C/ Via Sindicato, 64, tel. 971 71 56 40. Rinomato negozio di spezie con tutto ciò che serve per la buona cucina. Ci sono bancarelle anche al Mercat Olivar e a Santa Catalina. Si può anche ordinare dal sito internet www.mallorquiner.com.

Il paradiso dei golosi – **La Pajarita** 4: C. Sant Nicolau, 4. Questo negozio propone ottime praline e cioccolato di produzione artigianale.

Scarpe di design – **Farrutx 5**: Plaça Mercat, 10, www.farrutx.com. Filiale del più conosciuto marchio di scarpe di Maiorca.

Per i più giovani – **Camper 6**: Calle de San Miguel, 17. Le scarpe di culto prodotte nella famosa fabbrica di Inca con il bel motto: "Ti dimenticherai di avere dei piedi".

Delizia per gli occhi ma non solo – **Rialto Living 7**: C. Sant Feliu, 2, www.rialtoliving.com, lu–sa 10–20.30. Il solo ambiente (il negozio è splendidamente allestito in una vecchia casa signorile) fa venir voglia di acquistare di tutto e di più, oggetti che magari non servono ma che fa comunque piacere avere: libri, capi di abbigliamento, pezzi d'arte e decorazioni. C'è anche un caffè.

Antiquariato – **Bazar del Libro 8**: C/ del Sant Crist, 2, tel. 971 71 11 55. Nel negozietto a destra della chiesa di Santa Eulàlia si possono trovare libri (soprattutto in spagnolo) e vecchi manifesti.

Gioielli – **Majorica 9**: nel centro commerciale Corte Ingles, Av.da Jaume III, 15, www.majorica.com. Vende gioielli di buon gusto; non potevano mancare collane, bracciali, anelli e orecchini con le perle di Maiorca (per cui l'azienda è rinomata); ci sono anche accessori e borsette.

Wellness – **Gaia natural 10**: C. Corderia 28, www.gaia-natural-mallorca.com. Per continuare a coccolare corpo e spirito anche dopo la vacanza, qui troverete oli profumati e saponi dai gusti raffinati.

Sport e tempo libero

Visite guidate – Per chi ha voglia di visitare la città a piedi con una guida consigliamo le proposte del sito internet www.palmawalks.com; per chi preferisce un tour con segway, www.funrun palma.com (da 35 €), e per chi opta per un tour in bicicletta, www.stadtrad-palma.com; v. anche box pag. 107.

Imparare lo spagnolo – Ottimi corsi di lingue sono offerti da **Dialog 1**, C. Carme, 14, tel. 971 71 99 94, www.dialog-palma.com, una grande libreria internazionale, e da **Die Akademie 2**, C. d'en Morei, 8, tel. 971 71 82 90, www.dieakademie.com. Il corso intensivo più breve dura cinque giorni. Entrambi possono aiutare nella ricerca di un alloggio.

Yoga e meditazione – **Puro Beach Club 3**, tra Palma e Platja de Palma, uscita "aeroporto", www.purohotel.com. L'indirizzo migliore per chi cerca di prendersi cura dello spirito oltre che del corpo. Vengono offerti percorsi wellness, corsi di yoga e di meditazione.

Di sera e di notte

La vita notturna si concentra soprattutto in due zone: i vicoli attorno alla Llotja e il quartiere El Terreno, in particolare attorno a Plaça Gomila. Nelle discoteche si paga l'ingresso, che può variare a seconda del programma e comprende a volte il primo drink. Tra Plaça d'Espanya e Portopí passa un autobus che collega i centri più importanti della vita notturna.

Palma tuttavia è anche la capitale culturale di Maiorca. L'offerta è enorme, tutti trovano qualcosa di loro gusto, dai concerti ai vernissage delle esposizioni artistiche.

In un mare di fiori – **Abaco 1**: C. Sant Joan, 1, www.bar-abaco.es. Ugualmente noto per la sua esuberante decorazione floreale e per i suoi drink, è il punto di ritrovo dei nottambuli che gravitano attorno alla Llotja. Con ca. 16 € per un cocktail si può godere di questo allestimento esclusivo e principesco, che costerebbe (pare) 3500 €

alla settimana. Però è assolutamente vietato fare fotografie.

Per intenditori – **Jazz Voyeur Club** [2]: C. Apuntadores, 5 (vicino all'Hotel Tres), tel. 971 72 07 80, www.jazzvoyeurfestival.com, lu–do dalle 20. Il locale propone una scelta sempre nuova di diversi generi musicali, dal blues alla musica latina fino al flamenco.

Vedere e apparire – **Pacha Mallorca** [3]: Passeig Marítim, 42, www.pachamallorca.es. Discendente della famosa discoteca di Ibiza. All'ultimo grido, aperto ai maggiori di 20 anni, propone musica da discoteca del momento. Per un drink bisogna attendere a lungo, ma è il prezzo da pagare se si sceglie un locale VIP.

Latino – **Level Club** [4]: Passeig Marítim, 33, tel. 971 73 36 71, dalle 22.30. Discoteca elegante e per un pubblico ricercato (dove prima si trovava la discoteca IB's), specializzata in salsa. Il locale preferito dai teenager, frequentato anche dagli abitanti del posto. Bella terrazza con piscina.

La madre di tutte le discoteche – **Tito's Palace** [5]: Plaça Gomila/Passeig Marítim, www.titosmallorca.com, in alta stagione lu–ve 22.30–6, sa 23.30–6, do 23–6, in inverno lu–me chiuso. Una discoteca diventata leggenda, ricavata da un locale degli anni '30 ma aggiornata alle ultime tecnologie.

Soul e rock al porto – **Garito Café** [6]: Dàrsena de Can Barbara, s/n, Passeig Marítim, www.garitocafe.com, lu–do 19–4. Oggi un pub elegante con i migliori DJ, atmosfera molto curata.

Ritmi bollenti – **Made in Brasil** [7]: Passeig Maritim, 21, tel. 971 45 45 69, www.brasilbaleares.com lu–do 20–4. Piccolo, stretto e caldo, e tuttavia da anni bar molto popolare e sempre strapieno, con una piccola sala da ballo. Pop, samba e salsa non-stop con "corsi di ballo" che nascono spontaneamente.

Giocare la fortuna – **Casino de Mallorca** [8]: Centro Comercial Porto Pi, tel. 971 13 00 00, www.casinodemallorca.com, lu–do 16–5, biglietto giornaliero 8 €, sala con macchinette 10–16, ingresso libero. Qui si incontrano i turisti di una certa età che si lasciano tentare dalla roulette o dal black jack.

Informazioni ed eventi

Feste

Festa dels Reis: 5 gen. Processione dei Re Magi che attraversa la città vecchia. **Benedizione di Sant Antoni Abat:** 17 gen. Benedizione degli animali domestici davanti al Convent Sant Antoni Abat.

Festa Sant Sebastià: intorno al 20 gen. Festa in onore del patrono di Palma, con la spettacolare processione dei *gegants* (statue di legno) e fuochi artificiali.

Fira del Ram: inizio mar–inizio apr. La più grande fiera delle Baleari in Son Fusteret a Palma.

Setmana Santa: Giovedì santo, processione con la statua di Cristo attraverso la città vecchia (v. pag. 32).

Sant Pere: fine giu. Processioni di barche in onore del patrono dei pescatori. **Nit del Art:** set. Nella "notte dell'arte" i musei sono aperti per tutta la notte.

Eventi culturali

Jazz Voyeur Festival: C. Apuntadores, 5, tel. 971 72 07 80, www.jazzvoyeurfestival.com. Una volta al mese *session* di musica jazz in luoghi diversi, organizzate dal Jazz Voyeur Club.

Festa de Santa Catalina: fine ott. Processione attraverso la città vecchia.

Mezzi di trasporto

Il **nodo di traffico principale** della città è Plaça d'Espanya, dove si trovano la stazione sotterranea per i treni per

Al Colmado Santo Domingo è in vendita di tutto e di più, non solo gli insaccati!

Manacor, la metropolitana e il terminal dei pullman per i collegamenti con le altre località dell'isola. Anche la maggior parte degli autobus urbani passa dalla Plaça. In superficie si trova oggi solo la stazione della leggendaria Freccia Rossa, che fa servizio da Palma a Sollér e ritorno (v. pag. 158).

Metropolitana: la metropolitana, che collega il centro con l'università, è di scarso interesse turistico.

Autobus: Palma dispone di una fitta **rete di autobus**. Le linee e gli orari sono chiaramente illustrati sul sito **www.emtpalma.es** (disponibile anche in inglese e sotto forma di app).

City-sightseeing: per i turisti sono stati attivati i **pullman a due piani city-sightseeing** (linea 50) con il tetto scoperto, che in 20 minuti mostrano i principali luoghi di interesse turistico fino a Portopí (orari disponibili anche come app per iPhone). Il biglietto valido 48 ore costa 19 €. Prenotando online si può avere uno sconto (www.mallorca tour.com).

Il calendario degli eventi

Per avere informazioni aggiornate sugli eventi che si svolgono a Palma si possono consultare ad esempio i siti internet **www.cultura.palma.es** e **www. ticketmaster.es**; quest'ultimo serve anche per prenotare i biglietti online.

Le spiagge di Palma

Portixol e Ciutat Jardin ▸ D 5

Un tempo mezze diroccate, le case dei pescatori al piccolo porto **Portixol** e più avanti, a **Ciutat Jardin**, negli ultimi anni sono diventate immobili contesi e sempre più occupati da bar e ristoranti. Nonostante il rumore degli aerei (l'aeroporto dell'isola si trova nelle immediate vicinanze), i due quartieri sono trendy quasi quanto Santa Catalina.

A questo ha contribuito non da ultimo la bella **passeggiata lungomare** con le panchine tra Palma e Platja de Palma. Parcheggiare in zona è problematico, ma si può arrivare da Palma comodamente in bici percorrendo una pista ciclabile di pochi chilometri in disparte rispetto al traffico stradale.

Pernottamento

Sotto la tutela dei monumenti – **Ciutat Jardi:** Carrer de l'Illa de Malta, 14, tel. 971 74 60 70, www.hciutatj.com, doppia con colazione 150 € (alta stagione). Un complesso in stile moresco simile a una villa che con il suo ambiente raffinato mette in ombra tutti gli hotel circostanti. Vi alloggiano globetrotter abbienti dal 1921.

Mangiare e bere

Pesce – **Casa Fernando:** Trafalgar, 27, Ciutat Jardin, tel. 971 26 54 17, www.restaurantecasafernando.com, ma–do 13–16, 19–24. In questo minuscolo ristorante d'angolo, che propone specialità a base di pesce pescato il giorno

stesso, hanno cenato anche celebrità come il re di Spagna ed Helmut Kohl. Il conto dipende dal tipo e dal peso del pesce servito.

Italiano – **Almare:** Esculls, 5, Ciutat Jardin, www.almare.es. Ristorante con vista mare; pizze farcitissime (9,50 €) e piatti di pasta.

Sfizioso – **Tapas Club:** C/ Vicario, J. Fuster (sul lungomare) Portixol, www.tapasclubportixol.com. Grande varietà di tapas a prezzi modici (da 3,50 €).

Platja de Palma ▸ D 5

L'ampia spiaggia di sabbia sottile di Platja de Palma, pochi chilometri a est della cattedrale, è ormai da decenni la meta prediletta di molti turisti stranieri. Le sistemazioni migliori si trovano sul lungomare (l'area è stata ristrutturata da pochi anni), mentre gli hotel più semplici sono nelle strade parallele.

Platja de Palma è il posto giusto per chi cerca l'animazione delle località turistiche ma al contempo vuole rimanere vicino alla città. La costruzione di nuovi hotel di categoria 4 e 5 stelle (ad esempio l'Hipo Gran Playa de Palma e il Pure Salt Garonda) rispecchia la tendenza degli ultimi anni a soddisfare una clientela più esclusiva.

I balnearios

Per fare in modo che tutti sappiano dove si trovano, il lungomare è stato diviso in **15 zone** – i *balnearios* – a partire da S'Arenal. Ogni zona è munita di un chiosco. Al *balneario* 6 si trova il famoso/famigerato ex Ballermann, che dopo la ristrutturazione è stato ribattezzato **Beach Club Six**. Al *balneario* 5 si è stabilito il **Mega Arena**, una sorta

La lunga spiaggia di S'Arenal, in estate strapiena di turisti, fuori stagione offre l'occasione di fare passeggiate solitarie in riva al mare

di birreria all'aperto con megaschermo (v. pag. 119). Dietro il *balneario* 7, che oggi si chiama **7 Mare**, si trova, in aperto contrasto con le grandi strutture del turismo di massa, un piccolo **parco** dove crescono le tamerici.

Palma Aquarium

C. Manuela de los Herreros i Sorà, www.palmaaquarium.com, gen–mar lu–do 10–16, ultimo ingresso alle 15, apr–dic 10–18, ultimo ingresso alle 17, 19,50 €, bambini 14 € (più economico online), fermata linea 50 e 25
Fra le attrazioni turistiche più popolari di questa zona, se non di tutta Maiorca, c'è il Palma Aquarium, uno spettacolare parco marino dove è stato ricreato il biotopo oceanico.

S'Arenal ▶ D 5/6

S'Arenal, subito dopo Platja de Palma senza una precisa linea di confine, è stata per molto tempo la meta prediletta dei tedeschi, sebbene gli ambientalisti la considerassero l'orrido risultato di una vergognosa opera edilizia maiorchina: infatti balzano subito all'occhio le file di palazzoni di cemento tutti uguali, uno attaccato all'altro. Pur essendo molto larga, d'estate la spiaggia stenta a reggere l'invasione dei bagnanti stranieri e soprattutto spagnoli, al punto che spesso è difficile trovare uno spazio libero.

La passeggiata lungomare che collega Palma a Platja de Palma arriva anche a S'Arenal.

Pernottamento

Platja de Palma e S'Arenal sono caratterizzate da grandi alberghi che prosperano sui pacchetti all-inclusive pubblicizzati sui cataloghi; in alcuni casi le prenotazioni si possono fare solo tramite agenzia.

In prima fila – **Garonda:** C. Arenal, 28, tel. 971 01 40 40, www.mac-hotels. com, doppia da 200 € (mezza pensione, alta stagione). Confortevole hotel 4 stelle solo per adulti sul lungomare con camere luminose climatizzate, aperto anche d'inverno.

Popolare – **Riu San Francisco:** C. Laud, 24, tel. 971 26 46 50, www.riu.com, per i prezzi v. agenzie. Hotel solo per adulti molto curato sul lungomare, ottima la cucina. Dispone di 133 camere piuttosto piccole ed è poco indicato per chi cerca calma e silenzio d'estate. Ci si arriva facilmente da Palma in pullman. Tra gli alberghi della stessa catena consigliamo il **Riu Festival**, situato in un grande giardino ma non affacciato sul mare, e l'hotel all-inclusive **Riu Bravo** in posizione simile.

Mangiare e bere

La regione Platja de Palma/S'Arenal non è certo tra le più raffinate dell'isola dal punto di vista gastronomico. I turisti possono sfamarsi e dissetarsi nella "via del prosciutto" (C. Bartolomeu Salva) e nella "via della birra" (C. Miquel Pilissa).

Per carnivori – **Ca'n Torrat:** Camino Maravillas, 25 (vicino all'ingresso dell'autostrada MA-19), tel. 971 26 20 55, www.cantorrat.com, lu–do 13–1.30. Ristorante rustico rinomato perché serve porzioni di carne abbondanti, in particolare grosse bistecche cotte alla griglia con fuoco di legna. Primo o secondo da ca. 15 €.

Sport e tempo libero

Tutti in bicicletta – **Sunshine-bikes:** C. Caravella s/n, tel. 971 74 39 28, www. sunshine-bikes.com. Noleggio di biciclette semplici, bici da corsa e mountain bike a partire da 70 €/settimana; **Ebikes:** C. Marbella, tel. 971 20 08 88, www.ebikes.mallorca.com. Noleggio anche di e-bike.

Di sera e di notte

Platja de Palma e S'Arenal sono le roccaforti della vita notturna più sfrenata: qui si trova qualcosa di adatto per ogni gusto e ogni età. Secondo un'ordinanza sull'inquinamento acustico, solo ai locali con licenza speciale è consentito alzare il volume dopo mezzanotte.

Bavarese – **Oberbayern:** lungomare tra i *balnearios* 5 e 6, www.oberbayern mallorca.tv, lu–do dalle 20. Locale in cui si esibiscono le star della musica tedesca e i musicisti si vestono alla bavarese. Per una birra grande con spettacolo compreso si pagano 5 €.

Disco-pub – **Megapark:** *balneario* 5, www.megapark.tv, lu–do dalle 9. Di sopra è una birreria in stile neogotico con oltre 3000 posti, alcuni all'aperto. Dopo le 24, quando nella birreria la musica si spegne per regolamento, ci si trasferisce nella discoteca sotterranea Mega Arena.

Informazioni

O.I.T. Platja de Palma: Plaça Mercavelles (*balneario* 7), tel. 902 10 23 65, lu–do 9–20.

Pullman: linea 15, ca. ogni 10 min. da S'Arenal via Platja de Palma per Palma. Ci sono inoltre corse in pullman dirette per l'aeroporto (linea 21) e che passano dall'autostrada (linea 25).

La costa a ovest di Palma

Highlight!

Port d'Andratx: è sicuramente uno dei più bei porti della costa meridionale, con un bellissimo lungomare pieno di caffè e ristoranti, da cui si vedono il porto turistico e la bizzarra catena di montagne sullo sfondo. P. 130

Approfondimento

Sa Dragonera, l'isola del drago: l'isola Sa Dragonera, disabitata e sotto stretta tutela ambientale, situata di fronte alla baia di Sant Elm, incanta i visitatori con gli splendidi panorami e la rarità della sua flora e fauna selvatica. La costa rocciosa dell'isola, che presenta scogliere a picco sul mare e numerose grotte, è considerata uno dei posti migliori di tutta Maiorca per le immersioni subacquee. P. 136

Sa Dragonera,
l'isola del drago

Sa Trapa
Sant Elm ● Andratx ● Es Capdellà
Port d'Andratx
● Peguera

Palma
● Cala Major
● Portals Nous
Magaluf

Cala Figuera

Mar Mediterraneo

Da non perdere

L'atelier di Joan Miró: situato sopra la Cala Major, il museo della Fundació Pilar i Joan Miró permette di comprendere il processo creativo del famoso artista. P. 122

Centre Cultural di Andratx: il museo si concentra sull'arte contemporanea con un'attenzione particolare alla Scandinavia. Tutto l'anno si svolgono mostre temporanee nelle sale e nella Asbaek Gallery. P. 132

A piedi e in bicicletta

In bicicletta: uno degli itinerari più popolari conduce su solitarie strade di montagna da Peguera attraverso Es Capdellà fino ad Andratx e indietro a Peguera. P. 128

Alle rovine del monastero Sa Trapa: l'escursione da Sant Elm all'ex monastero dei frati trappisti offre splendidi panorami sulla costa e sull'isola Sa Dragonera. P. 132

Vivere Maiorca

Portals Nous: anche chi non possiede una barca da diversi milioni qui può godersi il suo caffè in un'atmosfera rilassata oppure lasciarsi coccolare dai migliori ristoranti dell'isola. P. 123

Orizzonti lontani: una volta tornati a casa si sogneranno ancora a lungo i magnifici tramonti di Sant Elm, situata all'estremità sud-occidentale di Maiorca, e il panorama da Cap de Cala Figuera. P. 132, P. 126.

Di sera e di notte

BCM Planet Dance: tutte le sere i turisti più giovani giungono da ogni parte dell'isola per ballare in questa discoteca di Magaluf, la più grande d'Europa. P. 127

Bar con vista sul porto: da diversi bar, ad esempio Mitj & Mitj o Havana, si può godere lo spettacolo del tramonto sulla baia di Port d'Andratx. P. 131

Dopo Portopí, che segna il confine di Palma, le montagne si avvicinano al mare, interrotte da baie più o meno grandi, lungo le quali si susseguono le località turistiche, come le perle di una collana.

Ognuna ha un suo carattere ben definito. Magaluf è orientata a un divertimento rumoroso e vacanze brevi, il porto turistico Portals Nous e gli appartamenti della Costa de sa Calma sono più raffinati ed esclusivi, Peguera è quasi completamente abitata da tedeschi, Port d'Andratx è molto trendy mentre Sant Elm è più lontana dal turismo di massa.

Più ci si avvicina all'estremità occidentale di Maiorca più lo scenario naturale diventa spettacolare, fino a raggiungere le ultime propaggini della Serra di Tramuntana, che caratterizzano il paesaggio nei pressi di Sant Elm. Non stupisce che i turisti più ricchi si trovino a loro agio in questa zona, e che combattano una battaglia continua per ogni metro quadrato contro i bungalow che continuano a sorgere nonostante i divieti. Ma anche per i turisti "normali" questa zona riserva meraviglie: spiagge di sabbia ben curate, bei locali sul porto, tramonti indimenticabili, pinete profumate per escursioni sul mare e stradine di montagna per impegnativi tour in bicicletta.

In passato, prima dell'arrivo dei Romani, i pirati avevano i loro rifugi nelle piccola baie. Anche Giacomo I, che nel 1229 pose fine al governo degli Arabi, sfruttò questa costa difficile da controllare per la sua invasione: a Sant Elm e presso Santa Ponça egli riuscì infatti a schierare inosservato le sue truppe.

Cala Major ▶ C 5

Cala Major (la grande baia) è caratterizzata da una fitta edificazione e una spiaggia un po' stretta, ed è stata in passato il punto di partenza del turismo a Maiorca. Oggi la baia si è ormai fusa con le propaggini di Palma, e la natura è passata in secondo piano. Questa zona è quasi completamente nelle mani di giovani turisti inglesi e scandinavi che da qui possono prendere parte, senza fare troppa strada, alla vita notturna del quartiere El Terreno. Di conseguenza la scena gastronomica è dominata da pub e fish-and-chips. Tuttavia il re di Spagna ha la sua residenza estiva in questa località, situata in un vasto parco. La cosa più interessante da vedere si trova sopra la strada principale, in Carrer Joan de Saridakis.

Fundació Pilar i Joan Miró
C. Joan de Saridakis, 29, http://miro. palmademallorca.es, 16 mag–15 set ma–sa 10–19, do, festivi 10–15, 16 set–15 mag ma–sa 10–18, do, festivi 10–15, 7,50 €, ridotto 3 €, sa dalle 15 e prima do del mese ingresso libero, collegamento in pullman da Palma con le linee EMT 3, 46 e 50

Infobox

Informazioni turistiche
L'ufficio turistico di Palma fornisce informazioni anche sulla costa ovest; a Peguera c'è un altro punto informazioni.

Arrivo e mezzi di trasporto
Tra Palma (Plaça d'Espanya) e Cala Major, Santa Ponça, Magaluf, Peguera, Andratx/Port d'Andratx (L 104 e L 102/103) ci sono buoni collegamenti in pullman. La corsa dura, a seconda della distanza, max 1 ora. Se volete fare qualche escursione in montagna avete bisogno di un'automobile.

Nel suo studio della Villa Son Boter Joan Miró ha creato molte delle sue opere

Nel 1956 Joan Miró (1893–1983) si trasferì dalla Spagna alle Baleari e andò a vivere a **Villa Son Boter**, che si trova in alto sopra la costa e allora godeva di uno splendido panorama. Era l'epoca in cui il turismo di massa iniziava a prendere piede a Cala Major. Nel corso degli anni il pendio è stato edificato selvaggiamente con palazzoni di cemento, togliendo alla residenza di Miró tutto il fascino della sua posizione sopraelevata. Per evitare la demolizione del suo atelier regalò parte della sua proprietà alla città, che nel 1981 creò una fondazione mentre il pittore era ancora in vita.

Il complesso, ampliato nel 1986, comprende l'abitazione, lo studio e il museo, che espone opere del pittore (in realtà ci si aspetterebbe di vederne di più) ma anche di altri artisti in un'atmosfera piuttosto sobria e semplice. La cosa che più colpisce è la vista attraverso le finestre nello studio del maestro, che è rimasto immutato sin dalla sua morte.

Illetes, Bendinat, Portals Nous ▶ C 5

Si prosegue per un paio di chilometri e appare chiaramente davanti ai nostri occhi il dislivello sociale che si riflette anche nel mondo del turismo. Anche qui a **Illetes** i pendii sono fittamente edificati, ma con complessi di appartamenti eleganti e ville nascosti e immersi nel verde. I club privati hanno conquistato tutta la costa. La situazione non cambia nella vicina **Bendinat**, dove l'hotel-spa Lindner si è assicurato una vasta area di costa, anche se non ha la vista sul mare.

A **Portals Nous** e in particolare nel suo porticciolo turistico, **Porto Portals**, il lusso si spinge all'estremo: yacht da

Quasi dappertutto i bar offrono snack e tapas

milioni di dollari sono ormeggiati fitti fitti uno dopo l'altro e a stento si nota una barca a vela (con quelle, non basta pigiare l'acceleratore per partire!). Sorprende il fatto che la "gente comune" possa camminare liberamente avanti e indietro sul molo lasciandosi andare a fantasie di ascesa sociale. Qui infatti è evidente il desiderio di mettere in mostra il proprio stile di vita lussuoso. Non a caso in zona prosperano, per così dire "in simbiosi" con gli yacht, ristoranti altrettanto costosi ed eleganti.

Quasi dimenticata domina su tutto la piccola cappella **Ermita de Nostra Senyora de Portals**, dalla quale si può godere di un grandioso panorama sopra la costa. Questa piccola chiesa, costruita nel 1861, è consacrata alla protettrice dei pescatori.

Pernottamento

Romantico – **Bendinat:** C. Andrès Ferret Sobral, 1, Bendinat, Portals Nous, tel. 971 67 67 25, www.hotelbendinat.es, doppia da circa 160 € (con colazione, alta stagione). Hotel di lunga tradizione con 52 camere in stile mediterraneo. Atmosfera intima e grande giardino affacciato proprio su una baia.

Mangiare e bere

Porto Portals è una delle roccaforti della gastronomia più chic, anche se nel 2012 Gerhard Schwaiger ha chiuso dopo 25 anni il suo ristorante Tristán, insignito di due stelle Michelin. Qualsiasi ristorante si scelga, è sempre caldamente consigliato prenotare. Bisogna però far presente che per l'ambiente esclusivo del porto si paga un consistente sovrapprezzo: sborsare da 40 a 60 € per una bistecca è considerato del tutto normale. Anche il Tristan Mar dello chef stellato è stato chiuso di recente e al suo posto si è stanziato il **Baiben** (www.baibenrestaurants.com). Altro ristorante da consigliare è il **Flanigan** (www.flanigan.es), che si attiene alla tradizione locale.

Prelibatezze e vista da sogno – **Lila Portals Beach Restaurant & Bar**: Passatge Mar, 1, tel. 971 67 68 94, www.lila-portals.com, lu–do 12–23. Con la sua cucina innovativa e i prodotti freschi questo ristorante non deve certo nascondersi al paragone con i locali del porto turistico, anzi. Squisito menù di mezzogiorno a ca. 20 €: a questo prezzo giù al molo non si ordina neanche un'insalata.

Specialità asiatiche – **Tahini**: C. Local, 3, lungomare, tel. 971 67 60 25, www.grupocappuccino.com, lu–do 13–15.30, 20–23. Sushi-bar in stile minimalistico della famosa catena di caffetterie Cappuccino, che gestisce anche un caffè proprio accanto. Specialità asiatiche per un piccolo spuntino e un grande portafogli. Primo o secondo da ca. 17 €.

Palmanova e Magaluf ▸ B 5/6

Il contrasto non potrebbe essere più stridente. Le località successive, che si susseguono senza soluzione di continuità, e tra le quali Magaluf è quella con la fama peggiore, sono le capitali del turismo di massa. Sono caratterizzate dalla presenza di grattacieli-dormitorio, pub economici e enormi parchi di divertimenti. Tuttavia le spiagge

sono ampie e fiancheggiate da un lungomare accogliente e ben curato.

Acquapark e parchi divertimenti

Western Waterpark ▸ B 5/6
C. Cala Figuera, Magaluf, tel. 971 13 12 03, www.westernpark.com, metà mag–set lu–do 10–17, lug/ago fino alle 18, metà ott–apr chiuso, ingresso 27 €, bambini (4–12 anni) e pensionati 18 € (più economico online), pullman L 104, 105 da Palma, L 104, 105, 106 da Palmanova, L 104 da Santa Ponça e Peguera, pullman gratis da Magaluf, Palmanova, Peguera, Santa Ponça
Una combinazione di acquapark e parco di ambientazione western. Oltre agli scivoli d'acqua di diverse difficoltà si possono vedere show da Far West, con ballerine di can-can, per il divertimento non solo dei piccoli ma anche dei loro genitori.

House of Katmandu
Av. Pere Vaquer Ramis, 9, nel centro di Magaluf, tel. 971 13 46 60, www.katmandupark.com, nov–feb chiuso, in estate 10–1, in primavera e in autunno fino alle 20 ca., nov–mar solo fine settimana, ingresso a partire da 28 € secondo l'attrazione, biglietti anche online
Un miscuglio tra Disneyland, Indiana Jones e Harry Potter. L'edificio, simile a un tempio buddhista sull'Himalaya, è bizzarro come l'interno, dove troverete un nascondiglio del tesoro, un laboratorio di ingegneria genetica e una caverna di ghiaccio abitata dallo Yeti.

Marineland ▸ C 5
Tra Portals Nous e Palmanova, www.marineland.es, lu–do 9.30–18 (ultimo ingresso lu–ve 16.30, sa/do 17.30), fine ott–metà apr chiuso, ingresso

Consiglio

Escursioni alle spiagge più solitarie ▶ B 6

Con una macchina a noleggio si può esplorare una delle più belle baie della zona: Portals Vells. Superati i parcheggi di Aqualand e del Western Water Park si prosegue in direzione di Son Ferrer ed El Toro, poi si prosegue sulla strada con diritto di precedenza poco dopo il distributore di benzina (a sinistra). La strada diventa più stretta, attraversa un campo da golf, poi si immerge in un bosco e si trasforma in una strada sterrata. Alla prima deviazione si gira a sinistra verso **Cala Mago** (non serve il costume da bagno). Proseguendo si arriva a un parcheggio alla fine della baia di **Portals Vells**. Qui si trova una spiaggia di sabbia circondata dalle rocce con acqua trasparente, ottima per lo snorkeling. Il piccolo ristorante Es Repos non ha orari di apertura fissi. Verso la fine della stagione qui regna la pace, invece in estate attraccano regolarmente le barche turistiche. Da vedere è la **Cova de la Mare de Déu** sulla parete rocciosa a destra. I rilievi nella cappella rupestre, imbrattati dai turisti, rispecchiano un candore quasi arcaico e testimoniano una devozione popolare profonda che conquistò anche il capitano genovese che, sfuggito al naufragio, costruì nel XIV/XV secolo il santuario sullo strapiombo roccioso come ringraziamento alla Vergine. L'immagine della Madonna, che per anni è rimasta qui, ora è custodita nella chiesa del paese.

A 2 km da qui si trova il **Cap de Cala Figuera**, fine della baia di Palma, zona ad accesso vietato. Poco prima che il sentiero principale devii a sinistra verso il parcheggio, parte un sentiero che scende verso destra. Seguendo questo sentiero si può scendere alla spiaggia di ghiaia e sfuggire alla massa dei turisti.

La calma nella baia di Portals Vells

24 €, bambini secondo l'altezza 10–15 €, pensionati 15 €
Parco acquatico sul modello americano presenta show di delfini, acquari con squali e altri pesci esotici e uccelli colorati da tutto il mondo. Nel 2015, però, è finito sulle prime pagine dei giornali per presunti maltrattamenti agli animali.

Di sera e di notte

La superdiscoteca – **Disco BCM Planet Dance:** Av. S'Olivera, s/n, Magaluf, tel. 971 13 26 09, www.bcmplanetdance. com, in estate lu–do 22.30–6, ingresso da 25 €. La più grande discoteca dell'isola e una delle più famose, può contenere fino a 5000 persone, divise su due piani. Fa parte assieme al Tito's di Palma (v. pag. 115) del disco-tour, che molti alberghi offrono ai propri ospiti desiderosi di divertimento notturno.

Molto british – **Locali a Magaluf:** il posto è famoso e famigerato per i locali che si susseguono in Carrer Punta Balena. Tra questi ci sono **Crystal's**, **Iron Pre Club**, **Bonkers** e **Chaplins**. Guinness alla spina e atmosfera festaiola un po' grezza costituiscono la controparte inglese alla discoteca Almrausch e al Megapark di El Arenal. Se ci si vuole addentrare in questi ambienti spesso un po' aggressivi, si dovrebbe avere una certa confidenza con gli inglesi e la lingua inglese ed essere in grado di non lasciarsi provocare.

Nel covo dei pirati – **Piratesadventure:** Av. Sa Porrassa, 12, vicino all'Aqualand, Magaluf, tel. 971 130 411, lu–do alle 20, da 51 € (mangiare incluso), www.piratesadventure.com. Il dinnershow in stile "pirati dei Caraibi" con numeri acrobatici, duelli e cibo rustico (senza le posate) si rivolge soprattutto agli inglesi. I pirati infatti parlano la loro lingua.

Santa Ponça e Costa de la Calma ▶ B 5

La località di **Santa Ponça**, particolarmente amata dagli inglesi, ma sempre di più anche da altri turisti in cerca di buoni prezzi e risparmio, ha molto da lamentare in tema di sviluppo edilizio selvaggio, che, incontrollato, ha devastato la baia con palazzoni a più piani e grandi alberghi sulla spiaggia. Tuttavia qui si trova una spiaggia di sabbia ampia e curata come ce ne sono poche in questo tratto di costa. In un piccolo parco sulla strada principale che proviene da El Toro si trova il **Mirador de Foradada**, dal quale si può godere un bel panorama sulle due piccole isole di fronte, la **Illa des Conills** (Los Conejos) e **Malgrats**. Purtroppo le scale per salire sono bloccate dall'acqua. Un po' oltre, se dalla strada principale si gira verso la penisola Sa Caleta, percorrendo una bella strada costiera si raggiunge il **Creu de Montcada**, una croce che domina la baia e ricorda una data storica. Sul vicino **Coll de sa Batalla** (Colle della Battaglia) il 12 settembre 1229, due giorni dopo l'approdo del re Giacomo I, due capitani spagnoli, i fratelli Montcada, caddero nei combattimenti contro i nemici arabi. La croce ricorda questi avvenimenti del passato.

Chi trascorre una vacanza nella vicina località denominata **Costa de la Calma** cerca sicuramente la tranquillità e la pace di un appartamento oppure è un appassionato sportivo, un giocatore di tennis che vuole utilizzare gli impianti di questo centro tennistico. Qui chi ama la vita da spiaggia, invece, troverà poca soddisfazione. Qui c'è solo una spiaggia di sabbia di dimensioni ridotte e per il resto la località offre ben poche alternative adeguate.

Peguera ▶B 5

Nel corso degli anni **Peguera** si è trasformata in una delle roccaforti del turismo tedesco, e ha migliorato molto la sua immagine. La strada principale è diventata un'area pedonale, mentre le tre spiagge **Platja Palmira**, **Platja Toro** e **Platja Romana** sono state collegate per mezzo di un lungomare. Purtroppo però rimangono alcuni alberghi situati direttamente sulla spiaggia, mentre la maggior parte occupa i pendii retrostanti, fittamente edificati. Gli alberghi si estendono fino all'autostrada Palma–Andratx e i pendii lasciano già intravedere le vicine montagne della Serra di Tramuntana. Al contrario di quanto avviene nei centri più animati come Platja de Palma e S'Arenal qui la situazione è più tranquilla, senza megadiscoteche o locali notturni.

In bicicletta da Peguera tra le montagne

In bicicletta da Peguera tra le montagne

Percorso totale ca. 25 km, non adatto a persone poco allenate. Quasi tutti gli alberghi di Peguera affittano biciclette; Rad International (https://rad-international.de/en/home/) ha una stazione noleggio all'Hotel Valentino, Calle de la Luz 5.

Dal centro di **Peguera** si segue l'uscita per l'autostrada, la si attraversa e oltrepassando frutteti e uliveti si pedala sulla strada poco trafficata Ma-1012 in direzione Es Capdellà (circa 5 km). Poco prima di **Es Capdellà** la strada inizia a salire ripida e tortuosa attraverso una pineta. Davanti al piccolo ristorante Es Moli all'ingresso del paese i ciclisti che passano sono stravolti dalla fatica. In centro si gira a sinistra prendendo la strada di montagna PMV 031 in direzione Andratx (circa 7 km). Se volete abbreviare il tour, all'uscita di Es Capdellà girate a sinistra e pedalate attraverso i campi in direzione di Peguera.

La PMV 031 sale adesso ripida attraverso un bosco fino ad attraversare il **passo**, e da qui ci si lascia andare in discesa quasi fino a **Andratx**. Poi si prosegue sulla statale Ma-1 per un tratto in direzione di Peguera. Alla prima uscita bisogna abbandonare la strada, che si trasforma in autostrada e non può essere percorsa in bicicletta, e seguire la vecchia statale che scende leggermente. Si raggiunge la meta **Peguera** dalla rotonda a est della località.

Pernottamento

A Peguera si trova una vasta scelta di alberghi e appartamenti di tutte le categorie. In generale se si prenota in anticipo per mezzo di un'agenzia sono più economici che direttamente sul posto (i prezzi dati di seguito sono all-inclusive per l'alta stagione).

Accogliente – **Hesperia Villamil**: Bulevar de Peguera, 66, tel. 971 68 60 50, www.hesperia.es, doppia da 180 €, il prezzo all-inclusive è decisamente inferiore. Elegante albergo di lunga tradizione, situato sulla spiaggia in posizione centrale, grande giardino con alberi antichi.

Familiare – **Maria Dolores**: c/Palmyra 29, tel. 971 68 65 98, www.bqhoteles.com, doppia ca. 90 €, prenotabile con pacchetto all-inclusive. Albergo a 3 stelle molto curato, a 3 min. dalla spiaggia, in posizione tranquilla. Personale amichevole, buona cucina, buon rapporto qualità-prezzo. Consigliabile per chi non ama l'animazione.

Panoramico – **Don Antonio**: C. de Bonavida, s/n, tel. 971 03 30 33, www.hoteldonantonio.com, in inverno chiuso, doppia con mezza pensione ca. 130 €, prenotabile con pacchetto all-inclusive. Tre edifici all'estremità ovest di Peguera, in posizione spettacolare sul pendio con bel panorama sul paese e sul mare. Molto frequentato.

Mangiare e bere

I ristoranti si sono adattati ai menù turistici, perciò si trovano prevalentemente piatti come pizza, cotolette, patate fritte, ecc.

Carnivoro – **La Hacienda**: Pau Casals 1, tel 971 68 54 73, www.hacienda-steakhouse.es, lu–do dalle 18. Popolare steakhouse un po' nascosta ai margini del paese, offre grandi piatti a base di carne. Sempre pieno, meglio prenotare. Primo o secondo da ca. 18 €.

Mediterraneo e asiatico – **Mar y Mar**: Playa Tora, C/Pinaret, 6, tel. 670 52 86 65, http://marymar-mallorca.com/me

nu.php, lu–do 11–1.30. Ristorante di pesce a ridosso della spiaggia con atmosfera disinvolta e rilassante. Il menù è un elenco di piatti della cucina mediterranea e asiatica. Il locale è particolarmente apprezzato per un aperitivo al tramonto. Primo o secondo da ca. 14 €.

Pizza, pasta, paella – **Feliciano's**: Calle Gavines, 21, tel. 971 68 74 85, lu–do 13–15.30, 18–23, me e do solo la sera, nov–mar chiuso. Cucina meridionale con prodotti freschi, servizio cortese unito a un ottimo rapporto qualità prezzo. Primi o secondi a partire da ca. 12 €.

Di sera e di notte

A causa del turismo di persone prevalentemente anziane l'offerta per le serate è un piuttosto ridotta, in ogni caso ci sono molte birrerie, per la maggior parte in centro o lungo il Bulevar de Peguera.

Per i nottambuli veri – **Discoteca Rendezvous**: Bulevar de Peguera, 42, lu–do dalle 22, nov–feb solo il fine settimana. Ritrovo molto popolare per chi è rimasto giovane. Con annessa birreria all'aperto, aperta anche di giorno.

Informazioni

Ufficio turistico: C. Sebelli, 5 (vicino alla spiaggia), tel. 971 68 70 83, lu–ve 9–13, 15–17.

Pullman: se si vuole prendere un pullman per Palma, meglio salire all'ingresso ovest di Peguera (fermata Gardencenter, di fronte a Mercadona); solo così si è certi di trovare un posto a sedere prima che il pullman si riempia alle tre fermate successive (sempre che le faccia!). Con la linea A 11 si arriva in aeroporto.

Mercato: ogni martedì.

Port d'Andratx! ▶ A 5

Dove le ultime propaggini della Serra de Tramuntana sprofondano nel mare si apre uno dei più bei paesaggi dell'isola, caratterizzato da pareti rocciose a picco che delimitano baie più o meno grandi. Non c'è da sorprendersi quindi che i nuovi ricchi abbiano scoperto questa regione e che le loro ville ricoprano oggi i pendii una volta ricoperti di pinete.

Questa baia molto profonda, con una penisola pronunciata detta Sa Mola, ha alle spalle una storia molto lunga, che risale addirittura all'epoca dei Romani, quando le navi attraccavano qui per approvvigionare la vicina Andrachium, oggi Andratx (v. pag. 131). Tuttavia per molto tempo Port d'Andratx non fu nulla di più di un approdo sicuro, a causa della costante minaccia dei pirati. Solo quando la situazione si tranquillizzò, infatti, i pescatori iniziarono a utilizzare la baia e avviarono lo sviluppo della località. Oggi Port d'Andratx è l'ormeggio preferito dei ricchi proprietari di barche a vela. Il lungomare con caffè e ristoranti si estende verso

---

Consiglio per chi viaggia in auto

Viaggiando da Port d'Andratx in direzione di Palma si può prendere la stretta strada di montagna 1020, che dalla rotonda all'ingresso del paese porta a **Camp de Mar** (▶ A 5), dove si trovano due alberghi e una piccola spiaggia. Si tratta di una zona dove i turisti più ricchi hanno costruito le loro ville sulle colline. La strada, che offre bei panorami sul mare, confluisce infine sulla vecchia statale Andratx–Peguera: girando a destra si arriva a Peguera, a sinistra invece si arriva all'autostrada Andratx–Palma.

---

sud-est, dove si trova anche il centro dell'abitato.

Poiché le spiagge sono pressoché inesistenti, mancano la vivacità del turismo balneare e l'offerta di alberghi. Dalla penisola di **Sa Mola** si godeva in passato un'ampia veduta sulla costa e sul mare; oggi l'area si va trasformando sempre più in un quartiere di ville che sbarrano lo sguardo all'orizzonte ed è costellata da divieti di accesso. Testimone di tempi ormai lontani, una **torre di vedetta** si erge in una via laterale vicino al promontorio, anch'esso inaccessibile. Se vi piace l'arte moderna potete visitare la nuova **Fundación Liedtke** (Carrer Olivera, 35, www.liedtke-museum.com).

Pernottamento

L'offerta di alloggi si mantiene piuttosto ristretta. Chi arriva fin qui è alla ricerca di pace in un contesto lussuoso.

Principesco – **Villa Italia:** Camí Sant Carles, 13, tel. 971 67 40 11, www.hotelvillaitalia.com, doppia da 250 €, prenotabile anche con pacchetto all-inclusive. Sontuosa villa in collina con vista da sogno e un eccellente ristorante.

Senza tanti fronzoli – **Hostal Residencia Catalina Vera:** Isaac Peral, 63, tel. 971 67 19 18, www.hotelcatalinavera.es. Doppia da 70 €. Piccolo e grazioso hotel con camere pulite e semplici, situato in una posizione centrale con un piccolo giardino e una terrazza per la colazione.

Mangiare e bere

A Port d'Andratx i ristoranti sorgono tutti in fila uno accanto all'altro sul lungomare, e sono quasi sempre do-

Port d'Andratx, il porto più amato dai turisti in barca

tati di una veranda dall'altra parte della strada, affacciata direttamente sul mare.

Pesce fresco – **Barlovento:** C. Vells d'es Far, 1, tel. 971 67 10 49, ma–do 12–16, 19–24, gen chiuso. Terrazza direttamente sul mare accanto al porto turistico, ambiente mediterraneo, bella vista sulla baia. Primo o secondo da 13 €, triglie 15 €, orata 14 €, sardine 7,50 €.

Tipico – **Layn:** Av. Almirall Riera Alemany, 20, tel. 971 67 18 55, www. layn.net, ma–do 13–16, 18–23, dic/gen chiuso. Specialità maiorchine, menù consigliato con una selezione di tapas e piatti di pesce (25 €), primo o secondo da 12 €.

Nuova sede – **Urbano:** Plaza Patrons Cristino (via laterale della Mateo Bosch), tel. 971 67 17 03, mag–ott lu–do 18–23, altrimenti me–lu 13–15 e dalle 18, metà gen–inizio feb chiuso. Dietro questo nome non si nasconde altro che il tanto decantato El Patio. All'inizio del 2015 si è trasferito qui e come prima offre un'ottima cucina. Menù di quattro portate da ca. 30 €.

Di sera e di notte

Il centro di Port d'Andratx è Av. Almirall Riera Alemany, dove si trovano tre dei pub più frequentati del paese.

Ritrovo per velisti – **Tim's Bar:** Av. Almirall Riera Alemany, 7, lu–do dalle 12. Birreria di lunga tradizione.

Trendy – **Mitj & Mitj:** Av. Almirall Riera Alemany, 9, aperto la sera. Un locale trendy con bella terrazza.

Cubano – **Havana Bar:** Av. Almirall Riera Alemany, 10, aperto la sera. Meno chic ma comunque accogliente.

Eventi

Verge del Carme: 16–19 lug. Processione di barche in onore della protettrice dei pescatori (v. pag. 32).

Andratx ▶ A 5

Andratx, che si arrampica sul pendio e dista 5 km dal mare, fu fondata nel II secolo dai Romani, che la battezzarono Andrachium, e divenne presto un centro agricolo. Una volta nelle mani degli Arabi, si intensificò l'orticoltura e si ampliarono gli *horta*, grazie anche all'irrigazione artificiale. Si sviluppò in questo modo una zona agricola prospera ed estesa fino alle porte della cittadina di Port d'Andratx, su entrambi i lati del Rio Salmet. Ancora oggi questa regione è considerata tra le più fertili dell'isola e regala agli abitanti frutti tipici del sud, mandorle e olive.

In paese spiccano la **chiesa parrocchiale** del XIII secolo, la cui torre spigolosa serviva come bastione in caso di attacco dei pirati, e il **Palazzo Son Mas**, le cui origini risalgono addirittura all'epoca della dominazione araba.

Sant Elm ▶ A 5

La piccola località di Sant Elm, caratterizzata da una baia pittoresca, rappresenta la punta ovest di Maiorca e deve il suo fascino alla fitta vegetazione della Serra del Norte a picco sul mare, ma ancor più al panorama sullo scoglio Pantaleu di fronte e sulla lunga e stretta isola Dragonera. Nel XVI secolo i pirati si diressero verso questa zona isolata per poter invadere l'isola nascosti dalle montagne. Gli abitanti decisero quindi di ristrutturare la **torre di vedetta** di una fortificazione già esistente, ma per mancanza di denaro il progetto fu più volte rimandato. Fino a quando, un giorno, i relitti di un veliero naufragato raggiunsero la baia, assicurando così il denaro necessario.

Oggi Sant Elm è una delle località turistiche più tranquille di Maiorca. Esistono, infatti, solo tre alberghi ma un numero sempre crescente di appartamenti per la villeggiatura, cosicché in estate la piccola spiaggia può risultare assai affollata. Sant Elm è il posto ideale per chi vuole unire la tranquilla vacanza al mare a passeggiate in montagna. Chi non si accontenta di ciò che il paese offre, può sempre noleggiare un'automobile, dato che i collegamenti con i mezzi pubblici sono decisamente scarsi.

La vita culturale ad Andratx

Merita una visita il **Centre Cultural di Andratx**, situato sulla strada per Es Capdellà (www.ccandratx.com, ma–ve 10.30–19, sa/do e festivi fino alle 16, ingresso alla galleria gratis, mostre speciali 5 €). Il centro comprende uno spazio espositivo con due gallerie, una delle quali è dedicata agli artisti contemporanei delle Baleari.

Un altro interessante centro culturale è quello fondato dal pittore tedesco Hartmut Usadel in una piantagione di arance: **Sa Taronja**, Carrer Andalucía, 23 (www.sataronja.com). Dopo un periodo di chiusura per mancanza di fondi, oggi è di nuovo attivo e insieme al Centre Cultural di Andratx rappresenta una valida alternativa ai soliti locali chiassosi di Maiorca frequentati dal turismo di massa.

Escursione al monastero Sa Trapa ▶ A 5

Partenza: Es Moli oppure un po' più avanti in direzione del bosco (parcheggio). Durata compreso il ritorno: 3–4 ore

Sant Elm è un buon punto di partenza per escursioni sulle montagne nei dintorni. Particolarmente bella è l'escursione a Sa Trapa: salendo lungo Avinguda de la Trapa si arriva alla strada GR 221 e dopo poco a un incrocio. Girando a sinistra si può fare una deviazione alla torre fortificata di **Cala Embasset** (circa 30 minuti andata e ritorno), mentre a destra parte un'ampia strada carrozzabile che supera l'ex fattoria **Can Tomeví** e porta al Coll de ses Ànimes, dove c'è il convento di frati trappisti.

Proprio di fronte inizia la salita, non sempre ben segnalata, che passa tra boschi e muretti a secco abbandonati (segnavia: mucchietti di pietre e macchie di colore rosso). Durante il percorso si aprono splendidi panorami sull'isola Sa Dragonera. Poco prima di raggiungere Sa Trapa bisogna superare una ripida zona rocciosa, prima di scendere verso le rovine di un monastero su un piccolo altopiano oggi appartenenti al Grup Ornitològic Balear (GOB, v. pag. 48). Il progetto di trasformarlo in un ostello è stato attualmente congelato per motivi finanziari.

Circa 100 m prima del monastero il sentiero devia sulla strada carrozzabile già percorsa prima, lungo la quale si ritorna infine verso Sant Elm.

Escursione al monastero Sa Trapa

Pernottamento

Dominante – **Hotel Aquamarin**: C. Cala en Cornills, 2, tel. 971 23 90 75, www.universalhotels.es, in inverno chiuso, doppia ca. 60 €. Edificio circolare a più piani direttamente sul mare, difficile da non notare perché è l'unico così alto nella zona.

Mediterraneo – **Aparthotel Don Camillo**: C. Cala en Cornills, di fronte all'Aquamarin, tel. 971 23 91 07, www.universalhotels.es, chiuso in inverno, doppia da ca. 64 €. 57 appartamenti ben arredati con grandi terrazze, la vista sul mare è in parte impedita dall'Hotel Aquamarin, ma la spiaggia è proprio davanti alla porta.

Lunga tradizione – **Hostal Dragonera**: Av. Jaume, 1, tel. 971 23 90 86, www.hostaldragonera.es, gen/feb chiuso, doppia con vista mare da ca. 75 €. Albergo a gestione familiare situato sulla spiaggia; dispone di una terrazza-ristorante con veranda e di una piccola piattaforma privata sul mare.

Mangiare e bere

Pesce con vista panoramica – **Na Caragola**: Av. Jaume, 23, tel. 971 23 90 06, www.restaurantenacaragola.com. Il ristorante dispone di una terrazza sulla baia con vista sul tramonto, tavoli con tovaglia bianca, una scelta di 17 vini e specialità di mare cucinate al momento, paella a 15 €. Il rapporto qualità-prezzo e il servizio non potrebbero essere migliori.

Rustico – **El Pescador**: Av. Jaume, 27, tel. 971 23 91 98, sotto il Na Caragola. È il più vecchio ristorante di pesce della zona, ricorda un po' gli inizi dell'epoca turistica. Si mangia su rustici tavoli di legno. A pranzo è disponibile un menù a ca. 12 €. Il servizio potrebbe essere migliore.

I luoghi del cuore

Sant Elm: panorama serale sull'isola Sa Dragonera

Sant Elm non è certo una località molto animata, soprattutto di sera, quando i turisti giornalieri lasciano le spiagge e chi rimane si dirige verso i pochi ristoranti del posto. Uno dei panorami migliori sull'isola Sa Dragonera si può godere dai margini del paese, dove inizia il sentiero per il monastero di Sa Trapa. Qui portandosi una bottiglia di vino rosso e qualche tapas si può chiudere romanticamente la giornata in uno degli angoli più belli di Maiorca. Come un mostro marino addormentato l'isola affonda e svanisce nel crepuscolo, l'unico segno di animazione sono i lampi di luce che si accendono a intervalli regolari su una roccia per avvisare le navi di passaggio, ma che non bastano per illuminare la via del ritorno: non dimenticate di portare con voi una torcia elettrica.

Approfondimento

Sa Dragonera, l'isola del drago

Guardando la sua forma capiamo la ragione del nome che porta. Solo i visitatori giornalieri sono ammessi sull'isola, e forse il drago nasconde perfino un tesoro dei pirati.

Mappa: ▶ A 5

Informazioni: l'isola si può esplorare con una visita guidata oppure anche da soli, sempre in giornata.

Arrivo: in estate da Sant Elm parte più volte al giorno la barca "Margarita" (www.crucerosmargarita.com). Corse anche da Port d'Andratx (www.watertaxi.es).

Orari di partenza: ultima partenza alle 15, in estate alle 16.45.

Prezzi: il viaggio andata e ritorno per l'isola ammonta a 13 €.

Il gigante di pietra

La piccola Margarita scricchiola con calma dal molo di Sant Elm sullo stretto. La meta della nostra traversata di 20 minuti, l'isola Sa Dragonera, lunga circa 4 km e con una larghezza che arriva a 900 m, sta distesa come un mostro addormentato di fronte alla baia. Alla minuscola **Cala Lladó** (la baia dei pirati), l'unico approdo naturale dell'isola, verremo lasciati nella natura selvaggia.

Geologicamente l'isola è la prosecuzione della Serra de Tramuntana, che qui si immerge sotto la superficie del mare. La costa occidentale di Sa Dragonera, quella rivolta verso il mare aperto, è ripida e scoscesa, mentre da est la salita è più dolce. La costa nord è invece inaccessibile, poiché le scogliere sono quasi perpendicolari al mare.

Tracce umane

Oggi l'isola è una zona protetta ed è disabitata, ma in passato non è sempre stato così. Le tracce ritrovate dimostrano che già i Romani avevano costruito insediamenti sull'isola. Dal XV al XVIII secolo, poi, i pirati utilizzarono le sue baie come nascondiglio: qui ancoravano le loro navi al riparo dai forti venti e da sguardi indiscreti, e inoltre utilizzavano una fonte sotterranea di acqua dolce che forniva acqua potabile a sufficienza. Gli abitanti della costa decisero però di mettere fine a questa situazione di persecuzione continua chiudendo l'accesso con un'enorme roccia e costruendo una serie di torri di avvistamento. È comunque comprensibile che fino a oggi siano sopravvissute leggende su tesori nascosti, tanto più che ci sono alcune caverne che possono offrire ottimi nascondigli, come la Cova del Moro (Grotta del Moro), nella quale però finora sono stati trovati solo frammenti di ceramica e ossa umane.

Un rifugio per piante e animali

L'aspetto dell'isola è caratterizzato da rocce spigolose intervallate dalla macchia mediterranea e da vecchi ulivi contorti, forse relitti di una coltivazione abbandonata da moltissimo tempo. Sull'isola si è costituito un biotopo protetto dove crescono erica, rosmarino, spincervino e palme nane, tra le quali vivono anche alcuni animali molto rari come l'endemica lucertola di Dragonera, l'occhiocotto (inserito nella lista delle specie minacciate) e il falco della Regina.

Escursioni a piedi

Se volete andare da soli senza guida alla scoperta di Sa Dragonera, ci sono diverse mete dove dirigersi. Ad esempio i fari, che si ergono solitari nei luoghi più esposti dell'isola. Un sentiero porta al **Far de Tramuntana (I)**, situato a circa 1,5 km di distanza dall'attracco delle barche, all'estremità dell'isola. Da qui si gode di un panorama magnifico sulla costa, e per raggiungerlo ci vuole circa 1 ora (tempo di andata e ritorno). Il faro è stato inaugurato nel 1907 e oggi funziona automaticamente.

Più faticosa, e circa 4 km più lunga, è invece la salita al punto più elevato dell'isola, il **Puig de na Pòpia (II)**, situato a 356 m di altezza. Qui in passato si trovava una torre di avvistamento per i pirati e dal 1854 esiste un faro, che a causa della nebbia molto frequente è stato abbandonato nel 1910. Altrettanto meritevole di un'escursione, anche se è piuttosto lontano (4,5 km), è il **Far de Llebeig (III)** che indica ai naviganti l'estremità occidentale dell'isola. L'escursione di 2–3 ore passa inoltre attraverso il territorio abitato dal raro falco della Regina, detto anche falco eleonorae, che migra durante l'inverno compiendo un viaggio di oltre 10.000 km fino al Madagascar.

Serra de Tramuntana (Serra del Norte)

Highlights❗

Valldemossa: inserita in una graziosa vallata, è una delle maggiori attrazioni dell'isola. P. 147

Sa Calobra e Torrent de Pareis: mare e montagne si incontrano dando vita a un grandioso scenario naturale. P. 166

Santuari de Lluc: qui si può pernottare nelle celle dell'ex monastero, vegliati dalla Madonna Nera situata nella chiesa. P. 167

Castell d'Alaró: panorami da sogno e una storia cruenta si incontrano nel cuore della foresta. P. 171

Approfondimenti

Sa Cartuja de Valldemossa: una gita nell'ex monastero dove George Sand e Frédéric Chopin trascorsero l'inverno tra il 1838 e il 1839. P. 144

Sulle tracce dell'Arciduca: dove in passato l'arciduca d'Austria Salvator cavalcava si possono fare magnifiche escursioni a piedi. P. 150

Freccia Rossa e Tramvía: percorsi nostalgici su mezzi storici da Palma a Port de Sóller. P. 158

Sa Granja: in questo autentico museo all'aria aperta i "bei vecchi tempi" ritornano in vita. P. 172

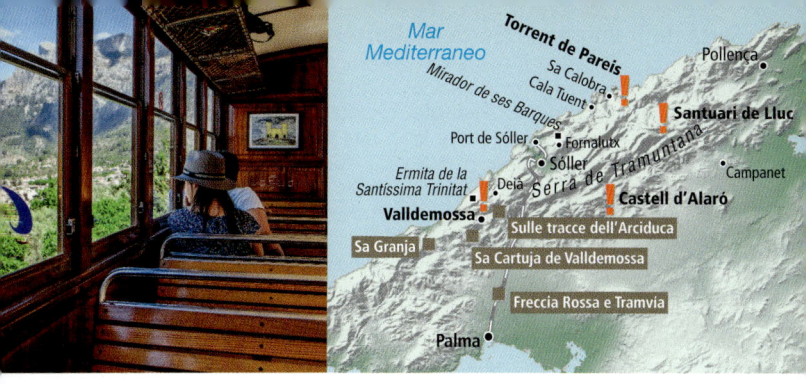

Da non perdere

Fornalutx: in questa località di stretti vicoli e case di pietra naturale si respira un'atmosfera decisamente romantica. P. 162

La strada per Sa Calobra: la strada tortuosa e piena di curve porta dalle montagne fino al mare. P. 163

A piedi e in bicicletta

Da Cala Tuent al Mirador de Ses Barques: questa escursione decisamente impegnativa lungo la Sa Costera è tra le più belle della costa occidentale. P. 166

In bicicletta: sia i ciclisti dilettanti sia gli aspiranti al Tour de France troveranno pane per i loro denti sulle montagne della Tramuntana. P. 176

Vivere Maiorca

Musica classica: concerti davvero particolari in un ambiente ricco di storia: i festival musicali internazionali organizzati a Valldemossa e Deià. P. 148, 154

Picnic panoramico: dall'Ermita de la Santíssima Trinitat non soltanto i monaci godono di una vista da sogno, anche i viaggiatori possono gustarsi il panorama all'ombra degli alberi in una delle più belle aree picnic dell'isola. P. 149

Una serata sulla terrazza del ristorante Béns d'Avall: fantastici tavoli con vista sulla baia di Sóller. Decisamente non economico, ma ne vale la pena. P. 153

Di sera e di notte

Bar Nautilus: gustose tapas e un drink al bar Nautilus che domina il paese di Port de Sóller, con un panorama davvero unico su tutta la baia: un'esperienza indimenticabile. P. 162

Serra de Tramuntana (Serra del Norte)

Tra l'isola di Sa Dragonera a ovest e Cap de Formentor a nord-est si estende per più di 100 km la Serra del Norte, la principale catena montuosa di Maiorca. Otto cime superano i 1000 m di altitudine, mentre il monte più alto è il Puig Major (1445 m). Fortunatamente la Serra del Norte non ha subito il cambiamento così drammatico che ha invece caratterizzato la costa, e per questo una gita tra i monti di questa catena rappresenta ancora una delle esperienze più autentiche che si possano vivere a Maiorca. A ragione nel 2011 queste montagne sono state inserite nella lista dell'UNESCO e dichiarate patrimonio naturale.

Poco sopra il livello del mare, una delle strade più suggestive e ricche di curve delle Baleari segue la costa per circa un terzo della sua lunghezza, passando davanti a torri di vedetta in decadimento, assonnati ristoranti di passaggio e carraie isolate. Solo raramente tocca anche alcuni centri abitati. La paura degli attacchi da parte dei pirati è infatti ancora ben radicata. Il centro più grande è Valldemossa, situata nell'entroterra, dove si trova il monastero che deve la sua notorietà al soggiorno invernale del compositore Chopin.

Per essere liberi di fermarsi dove si vuole e ammirare per tutto il tempo che si vuole la bellezza paesaggistica della zona, consigliamo di noleggiare un'auto anziché usufruire dei pullman turistici, e di mettersi in viaggio la mattina presto o nel tardo pomeriggio per non trovare la strada intasata dalle carovane di pullman.

Difficile a credersi, ma tra le montagne frastagliate della Serra del Norte si cela un vero e proprio paradiso per gli escursionisti e più in generale per chi ama il contatto con la natura. Questa catena, detta anche Serra de Tramuntana perché ostacola il corso dell'omonimo vento, si è formata intorno a 20 milioni di anni fa, durante il terziario, con il corrugamento dei sedimenti dei periodi giurassico e cretaceo.

La pietra morbida è continuamente sottoposta all'erosione degli agenti atmosferici che via via creano gole simili a canyon dette *torrents*. In gran parte sono aridi avvallamenti che in seguito agli acquazzoni si trasformano in torrenti impetuosi nel giro di pochi minuti. Questa circostanza va assolutamente presa in considerazione se si ha in programma di fare un'escursione nella Serra de Tramuntana.

La zona occidentale e centrale

Da Andratx si arrampica a tornanti una strada che, tra i pini di Aleppo, raggiunge **Coll de sa Gremola** ▶ A 4 (343 m) e offre una splendida vista sulla valle di Andratx. Il **Mirador Ricard Roca** ▶ B 4, raggiungibile con una scala all'entrata del tunnel, e la terrazza del ristorante a fianco (chiusura verso le 18) offrono un panorama magico particolarmente suggestivo al tramonto.

Estellencs ▶ B 4

Estellencs si trova circa 7 km a nord-est del Mirador. Qui la mano dei restauratori non è ancora intervenuta per rinnovare e abbellire il paese, pertanto i vicoli stretti e le pareti in roccia intonacate delle case comunicano un passato doloroso e tormentato, oltre a manifestare il bisogno che la gente aveva di nascondersi, e non è difficile capire il perché. Di fronte all'imminente arrivo dei pirati, gli abitanti erano infatti costretti a barricarsi all'interno delle mura cieche o a nascondersi nella torre fortificata della chiesa del XV secolo in attesa dello sbarco del nemico. Il carattere impervio di questo paese è attenuato dalle piantagioni terrazzate di frutta, mandorli e ulivi che scendono fino al mare.

Una stradina asfaltata conduce tra gli orti a una piccola baia con una spiaggia minuscola. Estellencs non è certo la località ideale dove trascorrere una vacanza balneare, ma merita comunque una visita, anche perché è il punto di partenza per una lunga passeggiata sulla Serra de Puntals, che qui supera i 1000 m. Per nuotare è ideale il minuscolo porto del paese, ancora utilizzato dai pescatori di aragoste.

Pernottamento

Estellencs offre, in quanto località preferita dagli escursionisti lontano dal turismo di massa, solo tre alberghi, che si distinguono per il loro servizio molto personale. Attenzione: qui primavera e autunno sono alta stagione!

Rustico – **Hotel Rural Nord:** Plaça d'es Triquet, 4, tel. 971 14 90 06, www.hotel ruralnord.com, nov–fine gen chiuso, doppia da ca. 108 € (alta stagione), prenotabile anche all-inclusive, altrimenti può essere più caro. Ostello curato in stile rustico con otto camere arredate con gusto in un edificio storico.

Personale – **Sa Plana Petit Hotel:** C. Eusebi Pascual, s/n, tel. 971 61 86 66, www.saplana.com, dic/gen chiuso, doppia da circa 95 €, prenotabile anche all-inclusive, altrimenti può essere più caro. Accogliente albergo con edificio in pietra, situato in un giardino sopra la strada, solo cinque camere.

Popolare – **Maristel:** C. Eusebi Pascual, 10, tel. 971 61 85 50, www.hotelmaris tel.com, doppia da ca. 118 €. Albergo di lunga tradizione gestito dai proprietari e molto frequentato dagli escursionisti, con piccola piscina e bel panorama sulla costa. Buon ristorante, dopo una ristrutturazione da cima a fondo l'albergo dispone addirittura di un'area spa.

Mangiare e bere

I ristoranti, frequentati anche dagli abitanti del posto, sono migliori che in alcuni centri turistici e propongono soprattutto cucina tipica di Maiorca.

Autentico – **Montimar:** Plaça Constitució, 7, tel. 971 61 85 76, ma–do 12–15.30, 19–22.30, 24 dic–1 feb chiuso. Ristorante poco appariscente ma molto buono situato su una piccola terrazza davanti alla chiesa. Verdure coltivate in proprio. Primo o secondo da 15 €.

Accogliente – **Vall Hermós:** Eusebio Pascal, 6, gi–ma 10–20, sa fino alle 23. Grande terrazza e piccoli piatti a partire da 5 €. La famiglia possiede anche il negozio di gastronomia Colmado Santo Domingo a Palma (v. pag. 113).

Panoramico – **Maristel:** C. Eusebi Pascual, 10, tel. 971 61 85 29, lu–do 12–15, 19–23, metà nov–metà gen chiuso. Ristorante dell'omonimo albergo, con bella vista dalla terrazza. Primo o secondo da ca. 7 €.

Originale – **Sa Tanca:** Carrer del Mar, 12, tel. 971 14 91 23. In posizione defilata in centro, al di sotto della strada principale, taverna aperta anche in inverno con eccellenti *boquadillos* (3,50 €) e piatti della cucina italiana.

Sport e tempo libero

Tra i muretti di pietra – **Sentiero GR 221:** molto popolare è l'escursione lungo il sentiero GR 221, la cosiddetta strada dei muretti a secco (Ruta de Pedra en Sec), che porta da Sant Elm a Pollença attraversando la Tramuntana e toccando anche Estellencs. Il tratto tra Esporles e Valldemossa è ancora chiuso su richiesta di una *finca* (deviazione segnalata); informazioni aggiornate su www.gr221.info (spagnolo).

Lungo il tragitto ci sono sei rifugi (*refugis*) dove si può pernottare (prenotazioni: www.caib.es; v. anche pag. 29).

Informazioni

www.estellencs.com: informazioni generali sul paese, gli alberghi e le manifestazioni culturali, anche in inglese, seppur meno esaustivo.

Mezzi di trasporto: pullman L 200 più volte al giorno da Banyalbufar via Estellencs per Palma.

Banyalbufar ▶ B 4

A circa 6 km da Estellencs sorge su una rupe la torre di vedetta **Ses Animes**, costruita nel 1545 nell'ambito del sistema di avvistamento dei pirati e all'epoca in contatto visivo con altre torri lungo la costa e sull'isola Sa Dragonera. Lo sguardo spazia sulle terrazze coltivate fino al Mirador Ricard Roca sulla costa a strapiombo sul mare.

La torre spicca tra i fertili **horta de Banyalbufar**, creati dagli Arabi e da loro definiti *buniola al bahar* (piccola vigna sul mare). Da qui deriva anche il nome della località. I campi terrazzati sono de-

Consiglio

Port des Canonge ▶ C 3
Da Banyalbufar la strada sale tortuosa al **Coll de sa Bastida** (▶ B 4), offrendo bei panorami. Dal Coll de sa Bastida parte una stretta strada carrozzabile che porta tra decine di curve anguste alla piccola baia sottostante, che viene praticamente ignorata dai turisti, ma nei fine settimana è molto frequentata dalle famiglie maiorchine.

Ancora più bella è l'**escursione** su un sentiero storico lungo la costa, che inizia da un parcheggio un po' fuori da Banyalbufar (tra il km 85 e il km 86). Dopo la fatica della camminata ci si può rifocillare con l'ottimo cibo del ristorante **S'Amfora**, mentre quello vicino, il **C'an Toni Moreno**, è decisamente troppo caro.

La torre di vedetta Ses Animes sorge su uno sperone roccioso

limitati da siepi di fichi d'India e scendono, a forma di arco, fino al mare. Dall'epidemia di filossera alla fine del XIX secolo qui al posto delle viti vengono coltivate soprattutto frutta e verdura. Un sistema di irrigazione a regola d'arte costituito da canali murati convoglia nei campi l'acqua piovana immagazzinata nella pietra porosa dei monti circostanti, mentre alcune cisterne sopperiscono alla carenza idrica nei mesi estivi.

Come a Estellencs, anche a Banyalbufar le case sono costruite una attaccata all'altra, ma appena fuori dal paese c'è un parcheggio. L'impressione che lascia questa località è però meno suggestiva. Un sentiero ripido porta in una piccola baia con spiaggia ghiaiosa.

Pernottamento

Coerentemente con le dimensioni del paese, l'offerta è molto limitata e si rivolge per lo più ad amanti della natura senza grandi ambizioni balneari.
Magnifico panorama – **Mar i Vent:** C. Major, 49, tel. 971 61 80 00, www.ho telmarivent.com, doppia da ca. 125 € (alta stagione), prenotabile anche all-inclusive. 23 camere e 6 suite con una nota personale, magnifico panorama, piscina e arredamento di buon gusto.
Spartano – **Hotel Baronia:** C. Baronia, 16, tel. 971 61 81 46, www.hbaronia. com, doppia 65 €, nov–mar chiuso. Situato in un edificio storico.

Mangiare e bere

In Banyalbufar ci sono ristoranti che godono di buona reputazione.
Panoramico – **Son Tomas:** Baronia, 17, tel. 971 61 81 49, me–lu 10–16, 19.30–22.30, in inverno solo a pranzo, metà dic–fine gen chiuso. Cucina curata con servizio attento e una vista incantevole dalla terrazza al primo piano. Primo o secondo a partire da ca. 17 €.

Eventi

Festa de la Virgen: inizio set. Festa patronale per la protettrice dei marinai.

Sa Cartuja de Valldemossa: pettegolezzi e ispirazione musicale

Piuttosto insignificante dall'esterno, la certosa deve la sua fama a un soggiorno ormai lontano nel tempo, che agli abitanti di allora non era affatto gradito: quello di Frédéric Chopin e George Sand.

Mappa: ▶ C 3
Info: www.cartujadevalldemossa.com, www.visitcartujadevalldemossa.com.

Orari di apertura: lu–sa dalle 9.30, con chiusura a seconda della stagione tra le 15.30 e le 19, do apr–ott 10–13.

Ingresso: 9,50 €, pensionati 7,50 €, incl. concerto di pianoforte di 15 min., feb e nov 10.30, mar–ott 6 volte al giorno 10.30–17, dic e gen senza concerto. Per la visita alla cella di Chopin occorre un biglietto extra.

Non è certo il valore artistico e architettonico della certosa ad aver stimolato così tanto interesse nei visitatori, bensì il fatto che, tra il 1838 e il 1839, qui abbiano vissuto Frédéric Chopin e la sua compagna George Sand. La vita privata dei personaggi famosi si vende sempre bene, soprattutto se è caratterizzata da una nota scandalosa.

Il fatto che la coppia non sposata e i figli ancora minorenni della donna, che inoltre aveva sei anni in più dell'amante, avessero trovato sistemazione proprio in un ex monastero, motiva sicuramente i racconti più piccanti. E così l'opera della scrittrice *Un inverno a Maiorca* diventò un libro di culto per gli appassionati dell'isola, sebbene George Sand criticasse severamente i maiorchini e non vedesse l'ora di poter finalmente lasciare l'isola.

La coppia di amanti voleva trascorrere qui la sua luna di miele, perché si erano da poco conosciuti e innamorati. Le celle non riscaldate e l'umido clima invernale però non furono certo un balsamo per la salute già malferma di Chopin. Tuttavia la musica che il compositore creò a Maiorca, tra cui il preludio *La goccia d'acqua* (op. 28, nr. 15), è diventata parte integrante della storia della civiltà occidentale.

Palazzo reale, monastero e residenza estiva

Il grande complesso dall'aspetto romantico di questa certosa, con il suo labirinto di celle e la torre in stile minareto, è composto da una chiesa, dal monastero e dal Palau del Rei Sanç e si trova su un pendio che domina la città e la vallata. Nel 1399 i monaci certosini di Tarragona si impossessarono di quello che una volta era un alcazar islamico (castello arabo), trasformato dal re Giacomo II in sua residenza, e lo

adattarono a monastero. Tutte le popolazioni che si sono avvicendate a Maiorca hanno avuto delle mire sulla fertile vallata, e anche i pirati tentarono di impadronirsene. Il monastero raggiunse la sua massima estensione nel XVIII secolo, sebbene lo statuto avesse concesso l'abitabilità nella certosa a solo dodici monaci. Quando nel 1835 l'ordine fu soppresso, lo Stato secolarizzò il monastero e iniziò ad affittare le celle agli abitanti di Palma come residenza estiva.

Santuario e medicina miracolosa

L'itinerario parte dalla **chiesa**, un edificio barocco del XVIII secolo a una navata. I dipinti sul soffitto sono opera del monaco certosino Bayeu, cognato del noto pittore Goya. Tra le varie statue si riconosce quella di Catalina Tomàs, nata a Valldemossa nel 1531 e vissuta nel monastero di Santa Magdalena a Palma. Questa santa è molto venerata dagli abitanti di Maiorca. Nella sacrestia si possono osservare alcuni arredi sacri, una veste ecclesiastica antica e un'acquasantiera in marmo.

Uscendo dalla chiesa ci si trova nel **chiostro**. Sul lato lungo dell'edificio sacro vi è la **farmacia storica** dove lavoravano gli anziani e diffidenti monaci certosini descritti da George Sand nel suo racconto. Interessanti sono anche i vasi in vetro e maiolica in cui era conservata una certa medicina miracolosa: il cosiddetto "grasso apostolico". Sul lato opposto si allunga l'**ala residenziale**. La prima abitazione che si incontra è quella un tempo occupata dal priore. Oltre alle celle, si possono visitare una cappella, una biblioteca con libri di valore e un trittico in avorio.

La cella di Chopin

L'attrazione principale sono comunque le **celle n. 2 e n. 4**, nelle quali

Il "pauvre piano mayorquim" di Chopin

George Sand e Frédéric Chopin trascorsero l'inverno tra il 1838 e il 1839.
Se siano state effettivamente queste
le loro celle, è difficile stabilirlo con
sicurezza. In ogni caso, questi due locali sono stati sistemati con cura e arredati con elementi che ricordano i
due ospiti famosi, tra cui il primo
piano di Chopin, un pianoforte terri-
bilmente scordato, il *pauvre piano
mayorquim*, ma anche il suo tanto
amato pianoforte Pleyel, con il quale,
dopo svariate difficoltà per l'importazione, compose i preludi e il terzo
Scherzo. Non mancano neppure le
numerose lettere del compositore e il
manoscritto di *Un inverno a Maiorca*,
che George Sand scrisse affidandosi ai

ricordi negli anni successivi al suo soggiorno sull'isola.

Il museo

L'ala laterale ospita anche il **Museu
Municipal**, in cui sono esposti una pregevole macchina tipografica del XVI
secolo e alcuni ricordi dell'arciduca
Ludwig Salvator d'Austria.

L'annesso **Palau del Rei Sanç**, raggiungibile attraverso la piazza antistante la chiesa, è il primo nucleo del
monastero. Il palazzo fu costruito già
nel XIV secolo sulle mura di fondazione
di un alcazar (antico castello arabo). Il
complesso comprende una chiesa, un
piccolo chiostro, un refettorio e una
torre di avvistamento dell'età dei pirati.

Valldemossa ❗ ▶ C 3

Dal Coll de sa Bastida la stretta e tortuosa strada Ma-10 sale attraverso il bosco fino al Coll de Claret (545 m) e poi scende nella valle di Valldemossa.

La pittoresca cittadina sorta ai piedi del Teix (1064 m) e immersa nel verde sarebbe già di per sé da visitare, ma il vero motivo del grande afflusso di turisti è da attribuire soprattutto all'ex monastero dei certosini: la Cartuja de Jesús Nazareno (Cartuja de Valldemossa, Reial Cartuja; v. pag. 144).

La città

È sorprendente che i turisti riservino al paese relativamente poca attenzione, anche se con i suoi stretti vicoli pittoreschi e le scalinate ornate di fiori Valldemossa è uno dei centri più belli dell'isola. Non c'è da stupirsi che qui gli artisti si sentano ispirati e che aprano in paese i loro atelier. Tra loro ricordiamo Nils Burwitz, Bernat Reüll e Bruno Zupan.

Molto tempo prima della fondazione del monastero la vallata di Valldemossa era un luogo di insediamento. Già i Romani e gli Arabi coltivavano i campi della zona, mentre i pirati da qui godevano di una vasta visuale sulla fertile vallata. I contadini avevano imparato a difendersi, e nel 1552 inflissero al pirata Barbarossa una sconfitta che assicurò loro la pace.

Il centro storico si sviluppa intorno alla chiesa parrocchiale di **Sant Bartomeu**, costruita nel 1245 e trasformata poi in stile gotico. Spicca anche la torre provvista di un'alzata e realizzata nello stesso stile del monastero. La chiesa è dedicata a Santa Catalina Tomàs, nata a Carrer de la Rectoria, la cui immagine si incontra spesso anche su piastrelle appese alle pareti delle case.

Nel vicolo a sinistra accanto alla chiesa si trova anche un **monumento** alla santa.

Fundació Coll Bardollet

Cl Blanquerna, 4 (in centro vicino al ristorante Cappuccino), tel. 971 61 29 83, www.fccollbardolet.org, in estate lu–sa 10–14, 15–19, do e festivi 10–20, nov–mar lu–sa 10–16, sa, do, festivi 10–14, 15–18
Per i maiorchini l'artista (1912–2007), vissuto a lungo a Valldemossa, è un'icona. Chi vede le sue opere capisce il perché: i suoi meravigliosi paesaggi, le nature morte e i ritratti suscitano l'ammirazione dei sensibili all'arte. Molti dei suo quadri si trovano anche nel Museo del Santuari de Lluc (v. pag. 168).

Pernottamento

Nonostante l'importanza storica e culturale del paese, ci sono solo pochi alberghi, e sono esclusivamente di livello molto alto. Purtroppo l'economico Hostal Marió, l'albergo più antico del-

Consiglio

Escursione al Port de Valldemossa ▶ C 3

Dalla strada principale Andratx–Sóller una strada stretta e tortuosa ma molto panoramica scende fino alla spiaggia di sabbia dell'ex porto di contrabbandieri. Rimesse per le barche e alcune case in pietra riposano nella cornice della piccola, romantica baia racchiusa da ripide pareti rocciose. C'è anche un ristorante (aperto apr–ott); tuttavia la cosa più interessante è proprio il percorso.

l'isola (fondato nel 1899) ha dovuto chiudere i battenti.

Lussuoso – **Valldemossa Hotel:** Ctra. Vella (Vieja) de Valldemossa, tel. 971 61 26 26, www.valldemossahotel.com, doppia da ca. 342 €. George Sand e Chopin morirebbero d'invidia. Area benessere e ottimo ristorante, in una storica tenuta con vista sulla certosa.

Familiare – **Es Petit Hotel de Valldemossa:** C. Uetam, 1, tel. 971 61 24 79, www.espetithotel-valldemossa.com, doppia da 130 €. Hotel con otto stanze in un edificio storico del centro, frequentato soprattutto da escursionisti.

Mangiare e bere

La maggior parte dei ristoranti è orientata al turismo di massa e offre solo cibo di media qualità.

Consiglio

Ristorante Can Costa

Il ristorante, sulla strada in direzione di Deià presso il km 70 (circa 2,5 km prima del bivio per Valldemossa, tel. 971 62 22 63, me–lu 12.30–16, 19.30–23, in inverno solo ve/sa) è soprattutto a mezzogiorno un popolare luogo di incontro per i turisti affamati che viaggiano sulle strade della Serra de Tramuntana. Propone cucina tradizionale maiorchina: coniglio, *sopa mallorquina* e maialino arrosto in porzioni abbondanti e a prezzi ragionevoli (da 15 €).

Per digerire si può salire alla Ermita de la Santíssima Trinitat (v. pag. 149), situata proprio di fronte al ristorante. C'è un parcheggio all'esterno per lasciare la macchina.

Semplice ma buono – **Ca'an Mario:** Carrer de Uetam, 8, tel. 971 61 21 22, in estate ma–do 13.30–15.30, 20–22, in inverno lu e sera chiuso. Un po' difficile da trovare, al primo piano dell'ex hostal omonimo (http://hostalcanmario. net). Tipico ristorante spagnolo, propone in prevalenza specialità maiorchine. Primo o secondo da ca. 9 €.

Informazioni ed eventi

www.valldemossa.com: fornisce alcune informazioni di base sulla storia e sui monumenti da visitare.

Ufficio turistico: Cartuja de Valldemossa, tel. 971 61 21 06.

Festival Chopin: tel. 971 61 23 51, www. festivalchopin.com, nei fine settimana di ago/set, 15–22 €. Concerti al lume di candela nel chiostro del monastero.

Cavalcada de la Beateta: 28 lug, corteo festoso dedicato alla santa originaria di Valldemossa Catalina Tomàs.

Moros y Cristianos: inizio ott. Adesso anche Valldemossa ha il suo spettacolo di pirati, ma senza acqua.

Le tenute dell'arci- duca Salvator e il monastero Miramar

Dopo essere ritornati sulla litoranea Ma-10, si incontra poco fuori da Valldemossa, sulla destra, **Son Moragues**, situato ai piedi di una parete rocciosa. È la prima delle tre proprietà acquistate dall'arciduca nel 1883 e utilizzata di tanto in tanto come foresteria prima di lasciarla in eredità ai suoi discendenti. Son Moragues è parte del primo parco nazionale dell'isola, che l'arciduca stesso aveva fondato suscitando lo scherno e la derisione degli abitanti dell'isola. Al km 70, pochi metri prima del parcheggio sul mare del **ristorante Can Costa** (v. pag. 148), una strada carrozzabile poco visibile devia decisamente a destra.

Ermita de la Santíssima Trinitat ▶ C 3

Alla fine di questa ripida salita si arriva al piccolo **Monastero della SS. Trinità**, ancora oggi abitato. Esso fu costruito nel 1648 sulle rovine di due eremi già esistenti, e nel 1703 vi fu annessa una piccola cappella. Il panorama che si gode dalla terrazza sulla costa ha un fascino fuori dal comune. Chi non vuole spingersi fino all'eremo (soprattutto nel fine settimana i pochi parcheggi vengono presto occupati) può godere di un panorama simile anche dal **Mirador de Ses Pites**, che però non ha il fascino solitario del monastero.

Monestir de Miramar ▶ C 3

www.sonmarroig.com, lu–do 9–16.45, 4 €
Solo un chilometro più avanti sorge l'ex monastero Miramar, un tempo la residenza di Ludwig Salvator, arciduca d'Austria. Nel 1300 l'eroe nazionale Ramon Llull aveva creato qui una scuola missionaria con l'intento di diffondere il cristianesimo in Nordafrica. 100 anni dopo l'edificio fu rilevato dall'ordine di San Girolamo, e infine fu abitato dai domenicani. All'inizio del XVI secolo, per difendersi dagli attacchi dei pirati si decise di fortificare una tenuta nelle vicinanze, che nel corso della storia passò nelle mani di più proprietari. Nel 1699 l'eremo fu abbandonato e cadde in rovina. Poi arrivò l'arciduca Salvator che nel 1872, all'età di 25 anni, acquistò questa zona, trasformò l'edificio in sua residenza e ristrutturò la cappella. Oggi il terreno è di proprietà privata ed è accessibile al pubblico.

Son Marroig ▶ C 3

www.sonmarroig.com, lu–sa 9.30–14, 15–19.30, inverno 9.30–17, 4 €
Pochi chilometri più avanti sorge Son Marroig, l'ultima tenuta dell'arciduca, che oggi ospita un museo in cui sono esposti oggetti che ricordano il più grande amante dell'isola. Non è certo il museo ad attirare i turisti, bensì il paesaggio spettacolare su **Sa Foradada**, un faraglione a strapiombo sul mare che un tempo fungeva da attracco per la barca dell'arciduca dove è possibile discendere a piedi (1 ora e mezza–2 ore andata e ritorno). La vista dalla casa di abitazione sul padiglione di marmo è uno dei più classici soggetti fotografici dell'isola. Il ristorante Na Foradada all'estremità della roccia offre un piacevole punto di sosta (aperto mar–ott).

Deià ▶ C 3

La strada prosegue con un'ampia curva verso l'entroterra e a questo punto appare un suggestivo paese di artisti che sorge in alto a picco sul mare (numero dei parcheggi limitato). La località fu scoperta dallo scrittore Robert Graves (1895–1985). Alcuni dei suoi famosi ospiti sono rimasti, come il miliardario inglese Branson, proprietario dell'albergo La Residencia.

Vicoli in salita, case antiche ben curate con fioriere appese ai balconi, piccoli bar e gallerie conferiscono a Deià un'atmosfera vivace, sebbene molti edifici, il cui aspetto ricorda le fortificazioni, riflettano ancora ▷ pag. 153

Approfondimento

Sulle tracce dell'Arciduca: un'escursione lungo la costa

Grazie all'arciduca Salvator oggi gli escursionisti possono affrontare sull'altopiano Pla d'es Pouet una delle più belle passeggiate (a piedi o a cavallo) di Maiorca lungo i percorsi storici delle ex tenute di Valldemossa.

Mappa: ▶ C 3

Punto di partenza e di arrivo: centro di Valldemossa (paese).

Grado di difficoltà: escursione molto impegnativa sull'altopiano, è possibile fare un percorso più corto (ca. 5 ore) o uno più lungo (almeno 8 ore). Il secondo comprende la salita al Teix, su sentieri quasi sempre segnati.

L'arciduca Salvator d'Austria era giovane, ricco, curioso, intelligente ed entusiasta. Nel 1867 arrivò per la prima volta a Maiorca con la sua barca a vapore Nixe ("sirena"), si innamorò dell'isola e iniziò ad acquistare un pezzo alla volta, con grande stupore della popolazione locale, ampi tratti di costa.

Fortunatamente non utilizzò i suoi possedimenti maiorchini solo per fondare le sue tenute Son Marroig e Son Miramar, ma fece anche ripiantare boschi, restaurare edifici, fondare piantagioni, e inoltre scoprì punti panoramici visitati ancora oggi dai turisti. Molte parti delle sue tenute sono oggi state dichiarate parco naturale, mettendo così un freno all'ingordigia degli speculatori edilizi. Inoltre con questa misura è stato anche fermato lo sfruttamento del territorio per la produzione del carbone e della calce. Le tracce di queste antiche attività si possono ancora incontrare, sotto forma di miniere abbandonate, lungo il cammino.

La salita

Dal centro di Valldemossa si segue la strada principale in direzione di Palma e a un grande parcheggio si gira a sinistra, al campo sportivo a destra e al bivio che si incontra poco più avanti a sinistra. Alla fine della strada (Carrer de Oliveres) inizia il percorso con un posto di controllo. Seguendo un antico e ripido **sentiero di carbonai** pieno di ghiaia si sale al **Pla des Pouet**, il cui inizio è segnalato da una breccia nel muro. Circa 100 m prima c'è la possibilità di fare una deviazione al primo punto panoramico, **Font de s'Abeurada**. L'altopiano calcareo, per il resto molto spoglio, è disseminato di pini d'Aleppo e lecci. Inoltre il parco naturale è abitato da alcuni animali rari, tra cui la faina e la genetta.

La strada panoramica dell'Arciduca

Presto si incontra il **Camí de s'Arxiduc**, la strada che l'Arciduca percorreva a cavallo, che offre splendidi panorami sulla costa, dapprima su Sa Torta, una conca che si apre nell'altopiano. Poi la vista spazia fino a Palma e se il tempo è sereno fino all'isola Cabrera a sud. Il sentiero porta al **Mirador de ses Puntes**, il punto più occidentale dell'itinerario. Dal Mirador si può vedere un panorama grandioso su tutta la costa occidentale. Qui l'Arciduca aveva fatto costruire un muro i cui resti sono ancora osservabili. Da qui infatti poteva fare spaziare la vista sulle sue tenute. La costa scende in verticale verso il mare per quasi 400 m e la vista si apre libera sul massiccio del Galatzó, una montagna alta 1026 m.

In 40 minuti dal Mirador si raggiunge il **Puig des Pouet**, 855 m. Da questa cima si può vedere Palma e già appare la capanna sul **Veià**, a 20 minuti di distanza, una cima di circa 870 m da cui si gode di una vista fantastica in direzione di Deià e sulle pareti del Caragolí, 991 m.

Seguendo un percorso a serpentina si scende adesso tra boschi di lecci fino a raggiungere la deviazione al **Coll de son Gallard**, dove una panchina attende gli escursionisti esausti. Qui si può scegliere se tornare a Valldemossa con una strada diretta di circa 1 ora oppure allungare il percorso. Girando a destra si arriva velocemente al Pla des Pouet e proseguendo si scende a Valldemossa. Poco prima di riattraversare la breccia nel muro al margine dell'altopiano attraverso la quale si era passati anche all'andata, si trova un piccolo sentiero che porta in pochi passi al **Mirador Coral de Bous**, da dove si apre una bella vista su Valldemossa, che a questo punto non è più molto lontana.

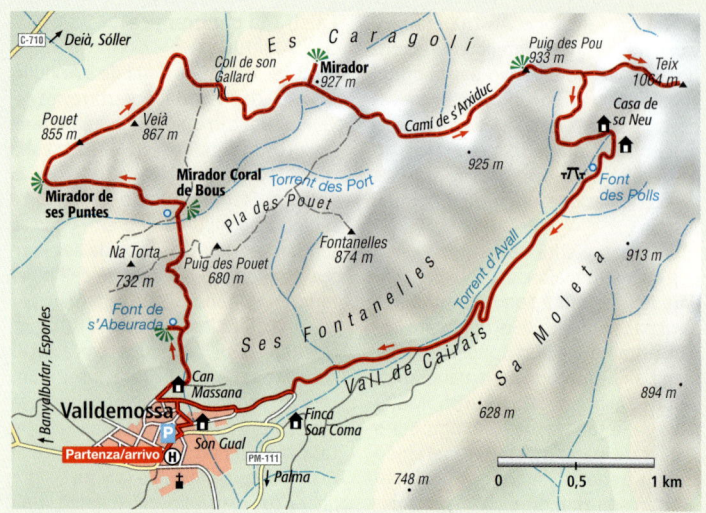

Deviazione per il Teix

Se avete ancora energia per altre 5 ore di cammino, al Coll de son Gallard potete proseguire dritto per raggiungere anche la cima del monte Teix, alto 1064 m.

Questo percorso è molto impegnativo e nell'ultimo tratto il sentiero non è segnalato. Possono verificarsi situazioni difficili e problemi di orientamento, anche se nei punti critici il sentiero è piuttosto ampio e non c'è pericolo di cadere. Le fatiche della salita però vengono ricompensate dal panorama davvero unico che si gode dal crinale su tutta la costa settentrionale dell'isola. Proprio sotto la cima si riconosce la penisola Sa Foradada, davanti alla quale l'Arciduca con il suo battello Nixe ha gettato l'ancora per la prima volta. Più a nord lo sguardo abbraccia perfino Port de Sóller.

Dopo circa 2 ore di cammino dal Coll de son Gallard finalmente si raggiunge la vetta del Teix, dove si riesce ad arrivare se il proprietario del terreno non ha sbarrato l'accesso poco prima della cima. Prima di affrontare la salita si possono chiedere informazioni in proposito all'ufficio turistico di Valldemossa.

La via del ritorno, circa 3 ore, passa dalla **valle di Cairats**, oltrepassando le rovine della **Casa de sa Neu** (casa della neve). Qui in passato si immagazzinava le neve proveniente dalle zone più elevate della Serra de Tramuntana, finché si trasformava in ghiaccio. Questa durava fino all'inizio dell'estate e serviva per la conservazione degli alimenti freschi. Poco dopo si superano anche i resti di un forno per la calce, anch'esso in rovina, e infine dopo una ripida discesa si raggiunge Valldemossa.

I sentieri sono contrassegnati con frecce gialle e punti rossi, tuttavia a volte si verificano problemi di orientamento. È indispensabile avere sempre con sé durante le escursioni scarpe comode e robuste e acqua potabile a sufficienza, dato che lungo il percorso non è possibile procurarsela.

la paura dei pirati. È forse l'atmosfera internazionale a mitigare il consueto rigore spagnolo. A Deià, fondata dagli Arabi che la battezzarono con il nome di Ca Na Rosa, domina la chiesa barocca di **Sant Joan Baptista**. Le opere artistiche degli abitanti sono esposte e in vendita nelle numerose gallerie.

Casa Museu Robert Graves

Carretera Deià a Sóller, s/n, www.laca saderobertgraves.com, apr–ott lu–ve 10–17, sa fino alle 15, nov e gen–mar 9–16, dic lu–ve 10.30–13.30, 7 €
L'abitazione del creatore del mito di Deià, lo scrittore Robert Graves, si trova un po' fuori dal paese, sulla strada principale che prosegue verso Sóller. Di fronte alla casa una stretta stradina conduce al romantico porto, nascosto in una baia rocciosa, dove c'è solo una minuscola spiaggia ghiaiosa.

Pernottamento

Poiché questa località vive nel mito dell'esclusività i prezzi sono molto alti, coerentemente con l'ambiente.
Rustico-elegante – **La Residencia:** C. Son Canals, s/n, tel. 971 63 90 11, www. belmond.com/hotels/europe/mallorca/ deia/belmond-la-residencia, doppia da ca. 500 € (alta stagione). Uno dei migliori alberghi dell'isola, con splendide camere, piscina al coperto e all'aperto, beauty farm e il ristorante El Olivo.
Lussuoso – **Es Moli:** Ctra. de Valldemossa, s/n, tel. 971 63 90 00, www.es moli.com, doppia da 200 €, prenotabile anche all-inclusive. Albergo di lusso un po' fuori mano, in collina, con camere spaziose ed eleganti, piscina riscaldata, giardino, spiaggia privata e ottimo ristorante.
Nostalgico – **S'Hotel des Puig:** C. Es Puig, 4, tel. 971 63 94 09, www.hotel despuig.com, doppia da ca. 155 €. Pic-

colo hotel di lunga tradizione, sulla strada per la chiesa, con poche camere climatizzate e piscina.
Romantico – **Villa Verde:** C. Ramon Llull, 7, sulla strada per la chiesa, tel. 971 63 90 37, www.hostalvillaverde. com, doppia senza bagno da ca. 82 €. Piccolo hostal in un edificio storico con terrazza ombreggiata. Purtroppo il servizio è peggiorato.

Mangiare e bere

A Deià ci sono due ottimi ristoranti:
Rustico – **Es Racó d'es Teix:** C. de sa Vinya Vell, 6, tel. 971 63 95 01, www.esraco desteix.es, me–lu 13–15, 19.30–22, inverno ma–do 13–16.30, nov–metà feb chiuso. Cucina mediterranea in un edificio in pietra. Primo o secondo da ca. 35 €, menù a mezzogiorno 35 €, la sera con 6 portate 98 €.
Fantasioso – **Sebastian:** C. Felipe Bauzá, tel. 971 63 94 17, gi–ma 20–23, mar–

Consiglio

Ristorante Béns d'Avall

Dal Coll de Puig parte una strada di circa 4 km diretta verso la costa, che conduce a uno dei ristoranti più belli dell'isola. Il Béns d'Avall si trova circa 100 m sopra la piccola baia di Alconàsser. Non solo la vista dalla terrazza è incantevole, anche il cibo in questa oasi di pace è al di sopra di ogni possibile critica. Si può scegliere tra due menù a 65 oppure a 95 €. Buona anche la scelta dei vini (Urb. Costa Deià, Ctra. Sóller–Deià, tel. 971 63 23 81, www.bensda vall.com, ma–do 13–15, me–sa anche 20–22.30, chiuso metà dic–metà feb).

Tipiche case maiorchine a Sóller

giu, set–nov anche sa/do pranzo, 20 nov–26 dic, 6 gen–15 feb chiuso. Cucina creativa in un edificio poco appariscente nel centro di Deià, buon rapporto qualità–prezzo, primo o secondo da ca. 25 €.

Rustico – **Ca's Patro March:** nella baia Cala Deja, tel. 971 63 91 37, in estate lu–do 12–18. Ristorante di pesce con vista mare, piatti di pesce intorno a 20 €, vino al calice a buon prezzo.

Conveniente – **The Village Cafe:** Calle Felipe Bauza, tel. 971 63 91 99. Con prezzi a partire da 10 €, si differenzia notevolmente dai ristoranti di lusso dei dintorni. Ottimi i dolci.

Eventi

Els Tres Reis Mags: 5/6 gen. Processione dei Re Magi.
Sant Joan Baptista: 2ª metà di giu. Festa patronale.

Festival musicali: lug–set. Musica classica nella tenuta Son Marroig, in parte anche nella chiesa di Deià (informazioni: Alma Concerts, C. Davall es Penyal, tel. 971 63 91 78, www.dimf.com).

Sóller ▶ D 3

Dal Coll de Puig la strada Ma-10 si snoda in discesa nel paesaggio verdeggiante di Sóller, una delle zone più fertili della costa occidentale. Gli Arabi chiamarono a ragione questa vallata Suliar (valle dell'oro). Oggi infatti, grazie all'irrigazione artificiale, qui si è riusciti a creare un vero e proprio paradiso in cui crescono rigogliosi ulivi, fichi e piante di datteri e agrumi. Già gli abitanti preistorici di Maiorca, e in seguito anche Fenici e Romani, furono in grado di preservare questo angolo privilegiato della natura, oggi caratterizzato dagli **horta de Sóller**.

Fino al XX secolo il paese, completamente circondato dalle montagne, era raggiungibile a fatica solo via mare, tramite il suo porto. Nel 1912 fu inaugurata la linea ferroviaria che collegava Palma a Sóller, considerata allora un importante evento storico per l'isola (v. pag.158). La magia di questa infrastruttura durò per altri cinquant'anni, poi fu costruita una strada che collegava questa località direttamente con Palma. Il tunnel ha sicuramente alleggerito il traffico, ma ha tolto al tratto di strada a tornanti il suo fascino.

Sóller diventa protagonista della storia dell'isola nel 1561, quando con eroismo si impegna a sventare l'attacco dei pirati algerini. Con circa 2000 uomini, il corsaro Ochialí attracca a Port de Sóller l'11 maggio e marcia verso la città. Sotto il comando di Joan Angelat e grazie alla collaborazione attiva da parte delle donne di Sóller, passate alla storia come "Valentes Dones de Can Tamany", il paese sconfigge i pirati. Tale glorioso conflitto viene ricordato ogni anno in occasione di una festa popolare (v. pag. 162).

Coll de Sóller **1**
Splendida è la vista che si gode dal Coll de Sóller, un passo a 496 m sulla Serra d'Alfàbia, che fino all'ultimazione della galleria era l'unico percorso possibile per arrivare a Palma, e che oggi può essere ancora attraversato.

Plaça Constitució **2**
In paese si consiglia di visitare la città vecchia, sulla cui meravigliosa *plaça* dominano la chiesa parrocchiale di **Sant Bartomeu** e il **municipio** del XVII secolo. La chiesa (lu–gi 10.30–13, 14.45–17.15, ve/sa 10.30–13) risale al XIII secolo, ma è stata ripetutamente ristrutturata, l'ultima volta nel 1904, quando l'architetto modernista Joan

Rubió, un allievo di Gaudí, creò anche la facciata. Molto bello è il rosone. Anche il **Banco de Sóller** del 1912, a sinistra della chiesa, è una sua opera.

Estació de Sóller **3**
Il capolinea della **Freccia Rossa**, situata un po' sopra Plaça d'Espanya, si fregia del titolo di stazione più antica del mondo, perché l'edificio risale al 1606, quando era una casa padronale fortificata. Le origini sono testimoniate dalla facciata quasi cieca, dai tre piani dell'edificio e dalle tegole arabe. Per il resto la struttura presenta elementi moderni degli anni '30 come la tettoia decorata.

Musei e Giardino Botanico
Dirigendosi verso il porto, si può raggiungere e visitare il **Museu del Casal de Cultura 4** (C. de sa Mar, www.soller.net.com/casal, ma–ve 11–13, 17–20, in inverno 16–19, 3 €) che espone mobili, oggetti di uso quotidiano, dipinti e ceramiche che danno un'idea della vita in città nel XIX secolo.

Per gli amanti delle scienze naturali invece a Sóller ci sono il **Museu Balear de Ciències Naturals** (www.museucienciesnaturals.org) e il **Giardino Botanico 5**, dedicati alla flora e alla fauna delle Isole Baleari (Ctra. Palmer–Sóller, km 30, www.jardibotanicdesoller.org, lu–sa 10–18, in inverno fino alle 14, 8 €).

In una villa in stile Art Nouveau ha sede il **Museu Modernista Can Prunera 6**, che espone tra gli altri lavori di Miró, Paul Klee e Paul Cézanne (C. de sa Luna 90, http://canprunera.com, ma–do 10.30–18.30, 5 €, ridotto 3 €).

Pernottamento

I turisti in cerca di una vacanza balneare preferiscono la vicina Port de Sóller a Sóller, che invece offre più opportunità a chi cerca alloggi di livello superiore.

Grandioso – **Gran Hotel Sóller** [1]: C. Romaguera, 18, tel. 971 63 86 86, www.granhotelsoller.com, doppia da 315 € (alta stagione), prenotando con pacchetto all-inclusive meno caro. Fa onore al suo nome: camere spaziose, suite da sogno con tutti i comfort in un bell'edificio del XIX secolo.

Piccolo e raffinato – **L'Avenida** [2]: Av. Gran Via, 9, tel. 971 63 40 75, www.avenida-hotel.com, doppia da 255 €. Se viaggiate con la famiglia al completo potete affittare l'intero albergo a partire da 3900 €/sett. Solo otto camere dall'atmosfera nostalgica in un'ex villa dell'inizio del XX secolo, grande giardino e piscina.

In un aranceto – **Ca's Curial** [3]: Camino de la Villalonga, 21, tel. 965 02 02 27, www.cascurial.com, doppia con colazione da ca. 140 €. Ex *finca* restaurata con cura in un aranceto; pur essendo relativamente centrale, il luogo è silenzioso; solo per adulti; con piscina.

Art Nouveau – **La Vila** [4]: Plaça Constitució, 14, tel. 971 63 46 41, www.lavilahotel.com, metà gen–metà feb chiuso, doppia da 150 € (alta stagione), altrimenti da 100 €. Boutique-hotel con elementi in Art Nouveau. Le camere sono piccole ma accoglienti.

Centrale – **C'an Abril** [5]: Calle Pastor, 26, tel. 971 63 35 79, www.hotel-can-abril-soller.com, doppia da 125 €. Camere moderne e arredate con cura in stile maiorchino.

Mangiare e bere

Se cercate esperienze culinarie dovete dirigervi verso Deià e salire sulle montagne per trovare il ristorante Béns d'Avall (v. pag. 153).

Un gioiello nascosto – **C'an BoQueta** [1]: Gran Via, 43, tel. 971 63 83 98, ma–sa 13–16, 19.30–23, do solo pranzo. Piccolo ristorante con cucina originale in un antico edificio cittadino. Menù a ca. 52 €, vino incluso.

Piccolo ma raffinato – **Hotel Salvia** [2]: Calle de la Palma, 18, tel. 971 63 49 36, www.hotelsalvia.com, ma–do 13–15, me–do 19–21.30. Piccolo ristorante squisito in un hotel dentro un edificio storico, offre cucina mediterranea con un tocco asiatico. Primo o secondo da ca. 18 €, menù 40 €.

Fresca tentazione – **Sa Fabrica de Gelats** [3]: Plaça del Mercat, www.gelatsoller.com. Buon gelato in un cortile interno ombreggiato nel cuore di Sóller. Coppe da 5,60 €.

Cultura del caffè – **Café Scholl** [4]: Carrer Victoria, 12, tel. 971 63 23 98, lu–ve 9–20, sa 10–19, in inverno fino alle 17. Ottima cucina, piatti stuzzicanti e ottimo caffè.

Acquisti

La strada commerciale principale di Sóller è Carrer de sa Lluna.

Salumi – **Colmado la Luna** [1]: C. de sa Lluna, 3. Negozio della fabbrica di salumi Luna, famosa per le sue *sobrassadas*. Vende anche il raro Flor de Sal e ottime marmellate.

Stoffe – **Ca'n Oliver** [2]: C. de sa Lluna, 25. Stoffe di lino e di cotone secondo lo stile tipico dell'isola.

Olio – **Can Det** [3]: Ozonas 8, tel. 971 63 03 03. Un frantoio dove le olive sono ancora lavorate a mano; se interessati, è possibile visitarlo. Oltre all'olio d'oliva vende anche marmellate.

Sport e tempo libero

A piedi o in bicicletta – **Tramuntana-tours** [1]: C. de sa Lluna, 72, www.tramuntanatours.com. Agenzia specializ-

Sóller

Da non perdere

1 Coll de Sóller
2 Plaça Constitució
3 Estació de Sóller
4 Museu del Casal
   de Cultura
5 Jardí Botànic de Sóller
6 Museu Can Prunera

Pernottamento

1 Gran Hotel Sóller
2 L'Avenida
3 Ca's Curial
4 La Vila   5 C'an Abril

Mangiare e bere

1 C'an BoQueta
2 Hotel Salvia
3 Sa Fabrica de Gelats
4 Café Scholl

Acquisti

1 Colmado la Luna
2 Ca'n Oliver
3 Can Det

Sport e tempo libero

1 Tramuntanatours

Approfondimento

Percorsi nostalgici con la Freccia Rossa e la Tramvía

Questi due percorsi, che partono ogni giorno da Sóller, assicurano un salto nel passato che entusiasmerà non solo gli amanti delle ferrovie storiche.

Consiglio: se volete percorrere solo i tratti più spettacolari, quelli in montagna, potete salire direttamente a Bunyola, ma il treno potrebbe essere pieno.
Partenza: Freccia Rossa Palma–Sóller

ca. 6 v/giorno 10–19.30 da Plaça d'Espanya; in inverno solo 4v/giorno 10.30–18, Sóller–Palma 5 v/giorno 9–18.30; tempo di percorrenza ca. 1 ora (info: tel. 902 36 47 11, www.trende soller.com).
Tramvía Sóller–Port de Sóller ogni ora dalle 8 alle 19, tempo di percorrenza ca. 20 min.
Prezzo: Freccia Rossa corsa semplice 19,50 €, Tramvía 5 €.

Nostalgia allo stato puro: la ferrovia più antica ancora in funzione con vagoni storici, la Freccia Rossa, porta i passeggeri indietro nel tempo, in un'epoca in cui la velocità di 30 km/h era ancora considerata accettabile e sufficiente. Lentamente il treno viaggia verso Palma, a 27 km di distanza, mentre la Tramvía, un tram storico, fa la spola tra Sóller e Port de Sóller lungo un percorso di 5 km.

Il nome **Freccia Rossa** (la locomotiva e i vagoni in effetti sono marroni), che oggi appare una vera esagerazione, all'apertura della linea Palma–Sóller era inteso in senso letterale, perché il treno era comunque più veloce delle carrozze a cavalli e delle prime automobili. La località di Sóller, all'epoca molto isolata, aveva bisogno di un mezzo per trasportare i suoi prodotti agricoli nella capitale, soprattutto le famose arance. Il fondatore della ferrovia fu Jeroni Estades i Llabrés, parlamentare e fondatore della Compañía de Navegación Sóllerense. Nel 1907 iniziarono i lavori da entrambe le estremità della linea, utilizzando i muli come animali da soma.

Il primo treno percorse la linea il 16 aprile 1912, proprio nel giorno in cui affondò il Titanic.

Tuttavia questo non fu di cattivo auspicio, perché la ferrovia da allora ha funzionato senza interruzioni. Nel 1929 la linea fu elettrificata e dotata di locomotive Siemens che ancora oggi fanno il loro lavoro. Altrettanto antichi sono i vagoni rivestiti di legno, con le loro ricche decorazioni. Senza il turismo tuttavia la ferrovia sarebbe già andata in pensione.

Un viaggio con la Freccia Rossa è un pezzo di storia ferroviaria ancora vivente. Il percorso attraversa dapprima la periferia di Palma verso nord in direzione delle montagne che appaiono sempre più insuperabili man mano che ci si avvicina. La ferrovia attraversa ampi tratti di terra coltivata, solo a tratti lo sguardo cade sulle auto che viaggiano sulla vicina Ma-11, che scorre parallela ai binari.

Il viaggio diventa particolarmente interessante a **Bunyola**, una cittadina situata in posizione pittoresca tra le montagne, dove il treno fa una pausa per riprendere fiato prima di affrontare la lunga salita che la strada oggi aggira con una galleria, perdendosi però lo spettacolo del panorama. Il treno affronta a passo d'uomo le curve tra le montagne. La costruzione di questo tratto è stata una grande conquista tecnica, perché si doveva superare la Serra de Alfàbia, che raggiunge i 500 m. Come si faceva allora nei tratti di montagna, è stato utilizzato uno scartamento ridotto di 914 mm, che rendeva possibile raggi di curvatura minori. La ferrovia si arrampica in soli 7 km fino alla cima, attraversando 13 gallerie e superando diversi ponti e il viadotto Cinq Ponts, dal quale lo sguardo spazia sulla valle di Sóller. Come il treno, anche la stazione finale è un vero gioiello dello stile modernista dell'epoca.

E non è ancora finita. Di fronte alla stazione attende la non meno antica **Tramvía**, che collega Sóller con Port de Sóller. Questo tram iniziò il servizio l'11 ottobre 1913 e fu il primo veicolo alimentato a elettricità dell'isola. I primi tre vagoni erano di produzione spagnola, poi ne arrivarono altri cinque acquistati a Lisbona e restaurati.

Ancora oggi la società Ferrocarril de Sóller S.A., fondata nel 1905, gestisce la tramvia. La concessione è stata prorogata fino al 2055 e in questo modo è stata assicurata la sopravvivenza di questo prezioso pezzo di storia dei mezzi di trasporto.

zata in tour a piedi o in bicicletta nei dintorni, noleggia anche biciclette per coloro che preferiscono girare per conto proprio.

Informazioni ed eventi

www.visitsoller.com: informazioni su attività all'aperto ed eventi culturali in città; con elenco di hotel e mascherina per la prenotazione online.
Ufficio turistico: Plaça d'Espanya, in un antico vagone situato di fronte alla stazione, tel. 971 63 80 08, ma.min tour08@bitel.es, lu–ve 9.30–14, 15–17, sa/do 10–13.

Mezzi di trasporto
Treno: il treno storico collega più volte al giorno Sóller e Palma (tempo di percorrenza ca. 1 ora, v. pag. 158).
Pullman: L 210 via Deià e Valldemossa per Palma, L 211 diretto per Palma attraverso la galleria, con fermata sulla strada per Bunyola, L 212 sulla tratta Sóller–Fornalutx. La linea 354 (Autocares Mallorca) collega Sóller con il Santuari de Lluc, Pollença, Alcúdia e Can Picafort (2v/giorno).

Eventi
Ses Valentes Dones: v. pag. 162, Port de Sóller.

Port de Sóller ▶ D 2

Dall'inaugurazione del tunnel Sa Mola che conduce ai parcheggi, il **lungomare** è finalmente diventato un'area pedonale, costeggiata dalla nostalgica **Tramvía** (v. pag. 158) che ogni ora parte dalla stazione di Sóller e viaggia rumorosamente fino al molo del porto. La baia circondata dalle montagne è sicuramente una delle più belle dell'isola, sebbene sia affollata di turisti,

che comunque si concentrano lungo la passeggiata principale.

Il porto
Sopra il porto, verso est, si trova il quartiere di pescatori **Santa Catalina**, le cui case sono state ristrutturate con cura. Qui si trova anche l'**Ermita Santa Catalina 1**, sorta probabilmente nel XIII secolo, che ha assunto l'aspetto attuale nel XVI secolo dopo un attacco dei pirati. Oltre alla chiesa c'è anche un monastero. Dalla terrazza fra i due si gode di una bella vista sul porto, che inizia ad animarsi verso le 17, quando i pescatori cominciano a scaricare quello che hanno pescato durante la giornata.

Punti panoramici
Ancora più interessante è il panorama dalla **Torre Picada 2**, un'antica torre fortificata risalente all'epoca dei pirati, situata sulla costa rocciosa sopra Santa Catalina. Il percorso passa dal **Bar Nautilus 1** (v. pag. 162) e dal resort di lusso Jumeirah Port de Sóller.

Da non perdere un'escursione al **Far del Cap Gros 3** e alla **Platja d'en Repic**,

Gite in barca
Dal molo del porto in apr–ott partono barche 4v/giorno (10, 11.15, 13, 15) dirette a Sa Calobra (v. pag. 164 e 166), e a volte anche a Cala Tuent. Bisogna assolutamente informarsi con precisione sugli orari di ritorno, altrimenti si rischia di rimanere a terra! L'ultima barca parte da Sa Calobra alle 16.30 circa, ma l'orario dipende anche dal tempo.
Informazioni: Barcos Azules, tel. 971 63 01 70, www.barcosazules.com.
Pullman: L 355 da Sa Calobra (apr–ott 16, a parte do) per Can Picafort passando per il monastero Lluc e Pollença. A Lluc coincidenza con L 330 per Palma, v. anche pag. 167 e pag. 169).

Port de Sóller

Da non perdere
1. Ermita Santa Catalina
2. Torre Picada
3. Far del Cap Gros

Pernottamento
1. Aimia
2. Hotel Es Port
3. Marina

Mangiare e bere
1. Nunu
2. Es Passeig
3. Agapanto
4. Sa Barca

Di sera e di notte
1. Bar Nautilus

Cap Gros · SANTA CATALINA · Jumeirah Port de Sóller · SA MULETA · Platja d'en Repic · PORT DE SÓLLER · D'EN REPIC · L'HORTA · SÓLLER

Riquadro dettagliato p. 157

all'estremità meridionale della baia. Occorre girare prima di Port de Sóller poco prima del tunnel per Repic. Attraversando un ponte pedonale sopra il torrente si raggiunge la spiaggia anche dal lungomare. In ogni caso il sentiero è un po' lungo.

Pernottamento

Nonostante la spiaggia piuttosto modesta, a Port de Sóller ci sono tanti hotel per via della sua buona posizione.

Chic – **Aimia** 1: C. Santa Mará del Camí, 1, tel. 971 63 12 00, www.aimia hotel.com, doppia da ca. 140 €, anche pacchetti all-inclusive. Moderno albergo a 4 piani vicino al porto, con bella vista e camere confortevoli.

Storico – **Hotel Es Port** 2: C. Antoni Montis, 6, tel. 971 63 16 50, www.hotel esport.com, doppia da 150 € (alta stagione), anche pacchetti all-inclusive. Ex

palazzo fortificato del XVII secolo dal fascino nostalgico, grande giardino con piscina, campo da tennis, area benessere, camere di diverse categorie.

Vicino alla spiaggia – **Marina** 3: Platja d'en Repic, tel. 971 63 14 61, www.ho telmarinasoller.com, doppia da 90 €. Piccolo albergo di media categoria con camere funzionali e bella vista sulla baia e sul lungomare di Repic. E per il relax c'è la spa.

Mangiare e bere

La maggior parte dei ristoranti si rivolge alla clientela costituita dai turisti che arrivano alla mattina e ripartono alla sera.

Vento fresco – **Nunu** 1: Passeig des Traves, 13, tel. 971 63 27 49, www.nu nurestaurant.com, lu–do 12.30–23, in inverno lu chiuso. Ristorante sul lungomare con un team giovane e dina-

161

mico. Ottimo rapporto qualità-prezzo e servizio attento. Primo o secondo da ca. 15 €.

Creativo – **Es Passeig** 2: Passeig de sa Platja, 8, Platja d'en Repic, tel. 971 63 02 17, www.espasseig.com (sul sito menù con i prezzi!), lu–do 13–23.30, nov–feb chiuso. Cucina creativa da leccarsi i baffi, ad esempio gamberoni giganti all'aglio a 16 € e orata con contorno di verdure a 17 €.

Vario – **Agapanto** 3: Camí del Far, 2, tel. 971 63 38 60, www.agapanto.com, gi–ma 12–1, nov–15 feb chiuso. Locale molto adatto a una serata romantica a lume di candela, propone piatti squisiti preparati con i prodotti dell'orto di sua proprietà. Primo o secondo da ca. 25 €. I prezzi elevati si devono principalmente all'ambiente suggestivo, di cui fa parte anche un bar (v. sotto).

Relax – **Sa Barca** 4: Passeig Es Través, 18, tel. 971 63 99 43, www.sabarcasoller.com, lu–do 12–23, nov–feb chiuso. Lo chef Jürgen Lichtenauer sa benissimo come prendere per la gola i suoi clienti! Ristorante in riva al mare con tavolini all'aperto dove è bello cenare d'estate godendosi anche la vista del tramonto. Primo o secondo da ca. 18 €, carta dei vini completa.

Ses Valentes Dones

Se siete a Maiorca all'inizio di maggio, intorno all'11 del mese dovreste fare un'escursione a Sóller e Port de Sóller. Durante la festa (che dura una settimana) di Ses Valentes Dones (*Moros i Cristians, fira de maig*) attori travestiti da cristiani e mori sfilano sulle rive di Port de Sóller e mettono in scena con grande entusiasmo gli avvenimenti storici del 1561. Uno spettacolo simile si svolge anche a Pollença e a Valldemossa con il nome di *Moros i Cristians*.

Di sera e di notte

Panoramico – **Bar Nautilus** 1: C. Belgica, 1, tel. 971 63 81 86, www.nautilus-soller.com, lu–ve 10–23, sa/do 11–24. Qui si viene di sera per gustare un drink e qualche tapa, ma soprattutto per godersi la vista davvero unica sulla baia e sul porto. Il servizio potrebbe migliorare.

Il bar del porto – **Bar Agapanto** 3: situato nell'omonimo ristorante. Ottimi drink e programmi di intrattenimento raffinati. Tutte le informazioni su www.agapanto.com.

Informazioni ed eventi

Ufficio turistico: Canonge Oliver, 10, tel. 971 63 30 42, lu–ve 9.30–13, 15–18.30, sa 10–13.

Festa de Sant Pere i Sant Paul: fine giu. All'inizio dell'estate si tiene questa colorata processione di barche in onore dei patroni dei pescatori.

Fornalutx e Biniaraix ▶ D 3

A circa metà strada tra Port de Sóller e Sóller, la Ma-10 devia verso nord e tra molti tornanti sale nella regione più alta della Tramuntana. Dopo 5 km bisogna girare a destra per visitare velocemente due piccole località: Fornalutx e Biniaraix.

Fornalutx, insediamento arabo del XII secolo, è un tipico paese di montagna maiorchino: vicoli stretti e tortuosi, scalinate, case in pietra splendidamente ristrutturate e una *plaça* su cui domina la chiesa di Santa María. Tutto ciò conferisce al paese un fascino unico (si consiglia di parcheggiare l'automobile all'entrata del paese).

Molto simile è la vicina **Biniaraix**, che si può anche raggiungere a piedi percorrendo un sentiero d'alta montagna. Questo paese, dove si trova una chiesetta del 1634, si inserisce con un tono molto romantico nel paesaggio degli *horta*, mentre le case si stagliano sullo sfondo de L'Ofre (1091 m). Percorrendo una stretta strada da qui si può tornare direttamente a Sóller.

Pernottamento

Raffinato – **Ca'n Verdera:** C. des Toros, 1, tel. 971 63 82 03, www.canverdera. com, in inverno chiuso, doppia da ca. 180 € (alta stagione). Lussuoso hotel con camere raffinate e suite arredate con oggetti d'arte. Piscina riscaldata e giardino.
Monastero – **Hotel Fornalutx:** C. Alba, 22, tel. 971 63 19 97, www.fornalutx petithotel.com, doppia da 145 €. Alloggio familiare con nove eleganti camere, situato in un ex monastero.
Accogliente – **Ca'n Reus:** C. de l'Auba, 26, tel. 971 63 11 74, www.canreusho tel.com, aperto tutto l'anno, doppia da 130 €. Accogliente albergo di proprietà di un inglese, con solo sette camere situate in un casa in pietra ristrutturata.

Mangiare e bere

Popolare – **Ca'n Nantuna:** C. Arbona Colom, 8, ai margini del paese in direzione di Lluc, tel. 971 63 30 68, ma–sa 12.30–16, 19.30–22.30, do fino alle 16, metà nov–fine dic chiuso. Accogliente ristorante maiorchino sopra il paese, con grande terrazza e cucina tipica a prezzi convenienti. Primo o secondo da 12 €.
Tipico – **Es Turo:** Arbona Colom,12, tel. 971 63 08 08, www.restaurante-esturo fornalutx.com, ve–me 8.30–23. Cucina

locale in edificio antico con bella vista dalla terrazza. Primo o secondo a partire da 14 €.

Informazioni

Pullman: collegamenti con Sóller (L 212) lu–ve 4 v/giorno, sa 2 v/giorno.

Sulla strada per Sa Calobra ▶ D/E 2/3

Alle spalle di Fornalutx, la Ma-10 sale a curve fino al **Mirador de ses Barques** (▶ D 2, ristorante), dal quale si gode una splendida vista sulla baia di Sóller e sulle montagne vicine. Da qui inizia uno dei più bei tratti della strada. Al **Coll de Puig Major** (▶ D 3) la strada attraversa la Serra de Cúber con un breve tunnel e finisce in una valle ai piedi del **Puig Major** (1445 m, ▶ E 2), la cima più alta delle Baleari. Pur essendo in una zona militare con divieto di accesso, è possibile salire sul monte dopo essersi muniti di relativo permesso. Sulla destra dell'alta valle trova spazio l'**Embassament de Cúber** (▶ D/E 2/3), un lago artificiale circondato da alcune postazioni militari. L'estremità nord del bacino artificiale è anche un punto di partenza per alcune belle escursioni. Una molto impegnativa porta al **Santuari de Lluc** (▶ E 2) con possibilità di scalare la Massanella (v. sotto). Più semplice il giro ad anello di circa 4 ore con salita al monte **L'Ofre** (▶ D 3), che raggiunge un'altezza di 1090 m.

Con vista sul **Puig de Nogue** (1074 m) la strada si snoda in salita in direzione dell'**Embassament de Gorg Blau** (▶ E 2), un bacino artificiale da cui la città di Palma si rifornisce di acqua potabile. Sul lato est lo sovrasta il **Puig de Massanella** (1349 m, ▶ E 2), il secondo ▷ pag. 166

163

I luoghi del cuore

Sa Calobra, la valle del Torrent de Pareis ▶ E 2

Escursione nella natura selvaggia, attraente e spaventosa allo stesso tempo. La valle del Torrent de Pareis si apre come un'enorme bocca spalancata verso il mare. Questa specie di spaccatura nella roccia si raggiunge alla fine dell'escursione forse più difficile dell'isola. Imponenti rocce, superabili solo con attrezzatura da scalata, sbarrano la strada. Quando piove la gola può rappresentare un pericolo mortale per tutti coloro che vi si avventurano. Già la vista della gola dalla spiaggia di Sa Calobra (v. pag. 166) rivela la magia e la potenza delle montagne della Serra de Tramuntana, che si affacciano ripide su questo tratto di costa. Di fronte a questo spettacolare scenario naturale si svolgono a volte concerti all'aperto, che grazie a questa ambientazione diventano indimenticabili.

monte più alto dell'isola nonché una delle mete preferite dagli escursionisti. Solo i provetti scalatori possono però affrontare la salita, e solo nei periodi di totale siccità.

Un altro tunnel consente di abbandonare la valle e di proseguire sul versante della Serra del Norte che si affaccia sul mare. Poco più avanti la Ma-10 è sovrastata da un acquedotto in stile romano.

Sa Calobra e Torrent de Pareis!

▶ E 2

Poco prima dell'acquedotto, la strada più avventurosa dell'isola (quella per Sa Calobra) devia a sinistra e porta a una delle mete che non mancano mai nei programmi turistici. A curve strette la strada scende, alternando pendii a ripide salite, in una piccola valle carsica a 800 m sul livello del mare e si snoda poi raggiungendo la baia di Calobra. In un punto la strada crea il cosiddetto **Nus de la sa cobretta** (nodo della cravatta), ossia una curva di 300 gradi che addirittura passa sotto la parte iniziale della strada stessa. In un altro punto, invece, si restringe così tanto (2,5 m di larghezza) che un pullman riesce a malapena a passare tra le due pareti rocciose. Arrivando qui verso mezzogiorno capita di dispiacersi che questa cruna dell'ago non sia ancora un po' più stretta, così da impedire completamente il passaggio alle decine di pullman turistici che intasano questa strada, che nel suo ultimo tratto diventa a senso unico. Pertanto, nonostante la baia **Sa Calobra** sia tanto romantica, in questi momenti della giornata è impossibile apprezzare la sua bellezza. A chi noleggia un'automobile, si consiglia

quindi di preferire le prime ore del mattino o il tardo pomeriggio, quando con la luce intensa del sole, la baia si mostra in tutto il suo fascino.

Sul versante nord di questa baia rocciosa e ricoperta di pini, il **Torrent de Pareis,** (v. pag. 164) il canyon più bello dell'isola, sfocia nel mare dopo aver attraversato uno stretto crepaccio. Un sentiero consente di godere da vicino questo miracolo della natura. Se alla biforcazione si gira a sinistra, un tunnel permette di spingersi fino al punto in cui sfocia il fiume, il cosiddetto **Morro de Sa Vaca** (muso di vacca). Se invece si volta a destra, un altro sottopassaggio pedonale gocciolante consente di raggiungere la zona al di là delle pareti rocciose, dove, in modo del tutto inaspettato, si apre una **conca** circondata da pareti ripidissime. Il panorama che si può godere dalla breccia nella roccia è sconvolgente!

Durante la stagione secca si può salire senza problemi nella parte alta della valle fino al punto in cui le pareti si avvicinano tanto da creare una stretta gola. In questa direzione possono proseguire solo gli escursionisti esperti in free-climbing (la difficoltà del percorso è contraddistinta dai colori). Quando piove, dopo pochi minuti il canyon si trasforma in un torrente impetuoso che può diventare mortale!

Chi preferisce la tranquillità e cerca un ristorante accogliente (Es Vergeret, www.esvergeret.com), al ritorno deve girare a destra dopo 2 km dall'uscita di Sa Calobra e proseguire per altri 5 km in direzione **Cala Tuent** (▶ D 2).

A piedi da Cala Tuent al Mirador de ses Barques

Per questa escursione si consiglia di fare prima il percorso in barca da Port de Sóller a Cala Tuent. In direzione opposta il tour non è consigliabile, perché si è dipendenti dalla barca a Sa Calobra (v. pag. 166)

Questa escursione sulla Sa Costera, lunga circa 20 km e con un dislivello di 600 m, è molto impegnativa, ma è tra le più belle della costa. Il percorso inizia a **Cala Tuent** e nella prima ora di cammino offre magnifici panorami sul mare e le montagne. Poi si arriva attraversando una pineta al **Coll de na Polla**, seguito da un altro magnifico tratto con vista sulla costa a picco sul mare. Se siete arrivati a Cala Tuent in macchina potete interrompere la passeggiata alla prossima deviazione (1 ora e mezza) per l'**ex centrale idroelettrica Sa Fabrica** e tornare a Cala Tuent. Da qui il sentiero prosegue fino al **Coll de Biniamar** e in altre 3 ore attraverso la stretta valle Balitx si arriva al **Mirador de ses Barques** (v. pag. 163); da qui si torna in taxi a Sóller.

Escursione da Cala Tuent al Mirador de ses Barques

Pernottamento

Semplice – A Sa Calobra c'è un alloggio sobrio con camere a più posti letto (10 in totale) e cucina che però si può prenotare solo al completo (100 €/giorno, www.visitescorca.com, "Offer/Accomodation").

Informazioni ed eventi

Música Coral al Torrent de Pareis: in un pomeriggio di luglio. Il coro sfrutta l'eccellente acustica della conca.
Pullman: per Sa Calobra apr–ott 1 v/giorno a parte do, L 355 da Can Picafort (partenza alle 9.30 ca.), passando per Platja de Muro, Alcúdia, Port de Pollença e monastero Lluc (arrivo a Calobra intorno alle 12.50, ritorno verso le 15). A Lluc c'è una coincidenza (17.45 ca.) con L 330 per Palma via Inca e alle 17.40 (a parte do) con L 354 per Sóller (apr–ott; orari in www.tib.org).
Collegamenti via mare: v. Port de Sóller pag. 160.

Santuari de Lluc**!** ▶ E 2

La Ma-10 prosegue verso l'entroterra, oltrepassando la piccola chiesa fortificata Sant Pere d'Escora, che conserva il suo carattere originario. Il parcheggio del ristorante di fronte, Escora, è il punto di partenza per un'escursione nella gola, impegnativa e non priva di pericoli, che porta fino a Sa Calobra (all'inizio del sentiero si trova un cartello con le informazioni). Al bivio successivo si tiene la sinistra e si raggiunge il Santuari de Lluc. La strada a destra (C-2130) porta giù e conduce fino a Inca.

Dopo la Reconquista, gran parte dell'isola passò nelle mani della nobiltà. Le montagne toccarono invece all'ordine dei Templari.

167

Il miracolo della Madonna Nera

I maiorchini credono fermamente nel miracolo del piccolo Lluc, un bambino arabo che viveva nei dintorni con i suoi genitori, convertiti alla religione cristiana. Un giorno, mentre stava sorvegliando le sue pecore, il piccolo trovò nella sterpaglia una Madonna dal volto nero.

Non è chiaro perché questo luogo abbia iniziato ad essere conosciuto in tutta la regione. In un testo del 1273, il proprietario della *finca* di allora si lamentava del continuo viavai di gente che arrivava da lontano e che si accampava, disturbandolo, sulle sue proprietà per andare a pregare nella cappella.

Neppure l'origine e l'epoca della Vergine Nera col bambino sono chiari. L'unica cosa certa è che si tratta di una statua di 61 cm in pietra pregiata che costituisce il fulcro di una fervida venerazione. Alcuni sostengono che la statua sacra, nominata per la prima volta nel 1427, sia un'opera del XIII secolo, come la costruzione della chiesa. Altri invece fanno risalire la sua origine all'inizio del XV secolo.

Nel corso dei secoli Lluc è diventato un importante complesso, al quale è stato annesso anche un monastero. Gli edifici più significativi risalgono al XVII e XVIII secolo. Oggi Lluc appartiene alla congregazione del Sacro Cuore, che gestisce una nota scuola di canto.

Visita

Dal grande parcheggio si attraversa una torre per accedere nel verde **cortile antistante** il monastero. Sulla destra vi è l'ala destinata alla residenza dei monaci, con officine e negozi di souvenir al piano terra. Sul piazzale dominano una colonna, su cui è rappresentata la morte di Maria, e un pozzo in pietra. Dal portale principale si accede infine al **cortile interno** in stile barocco, dove

spicca il monumento dedicato al vescovo Juan Campins y Barceló.

La prima pietra della **chiesa** fu posata nel 1622, ma l'edificio fu consacrato solo molto tempo dopo, nel 1914. Al completamento del santuario partecipò l'architetto Antoni Gaudí che aveva già ristrutturato la cattedrale di Palma. I suoi dipinti e le immagini votive conferiscono allo spazio interno un'atmosfera che ricorda quella di una chiesa bizantina. La **Vergine Nera**, detta la Moreneta, è stata sistemata in uno scrigno riccamente decorato alle spalle dell'altare maggiore. Qui in estate canta il coro di voci bianche Blauets (lu–ve 13.15, do 11 a parte durante le vacanze estive).

Vale la pena di fare una visita anche al **museo** al primo piano (lu–ve 10–18, in inverno fino alle 17, ingresso 5 €). La collezione comprende ritrovamenti della cultura dei talaiot, oggetti sacri, arte popolare e dipinti, tra cui alcuni del pittore Coll Bardollet (v. pag. 147); il biglietto d'ingresso "Spiritual Mallorca" vale anche per la chiesa San Francesc a Palma, il Monastero di Cura e il Museo Fra Juniper Serra a Petra.

Una **scalinata** passa davanti a orologi solari che illustrano la storia e l'evoluzione della misurazione del tempo dall'antichità fino a oggi. Continuando a salire si raggiunge una croce sul pendio della montagna, da dove si ha una bella vista sul monastero.

Lluc è anche un ottimo punto di partenza per passeggiate sulle montagne vicine. Tra le altre è famosa la salita al Puig de Massanella (v. pag. 163), uno dei percorsi più amati dagli escursionisti che visitano l'isola.

Pernottamento

Monacale – **Hostatgeria del Santuari de Lluc:** tel. 971 87 15 25, www.lluc.net,

La Vergine Nera sull'altare maggiore nella chiesa del Santuari de Lluc

2 persone da 56 € (senza colazione e servizio). Alloggio in semplici ma spesso accoglienti celle del monastero, frequentato dagli escursionisti. Al monastero è annesso un **campeggio**.

Mangiare e bere

Straordinario – **Es Guix:** sulla strada per Lluc, tel. 971 51 70 92, www.esguix. com, apr–ott me–lu 12.30–15.45, in inverno non sempre aperto, chiedere scrivendo a info@esguix.com. Buona cucina maiorchina, ad es. *sopes mallorquines* (9 €); del complesso fa parte anche una piscina naturale a disposizione degli ospiti in estate.

Gustoso – **Ristorante del monastero:** lu–do 12–16 e dalle 18.30. Grande ristorante con cucina casalinga. Davanti al monastero ci sono due ristoranti.

Informazioni ed eventi

www.lluc.net: informazioni sulla storia di Lluc, sul museo, sugli alloggi, ecc.
Centre d'informació de Serra Tramuntana: situato nel monastero, fornisce informazioni sulla flora e la fauna, consigli per le escursioni, prenotazioni per i rifugi (lu–do 9–16).
La Marxa des Güell a Lluc a Peu: primo sa/do di ago. Pellegrinaggio notturno da Palma al Santuari de Lluc, al quale partecipano ogni anno migliaia di persone.
Pullman: tutto l'anno L 330, 3v/giorno per Palma, cambio col treno a Inca; apr–ott (a parte do) L 355 1v/giorno (verso le 11.50) per Sa Calobra (ritorno verso le 16, coincidenza con L 354 per Port de Sóller); L 354 2v/giorno per Port de Sóller e Port de Pollença, coincidenza con L 352 per Can Picafort.

A est della Serra de Tramuntana

Da Peguera a Sa Granja ▶ B 5–C 4

Oltre alla Ma-10, che collega Port d'Andratx con Pollença e scorre prevalentemente lungo la costa, ci sono tante altre strade che pur senza avere un andamento continuo si snodano nelle vallate lungo il versante sud-orientale della Serra de Tramuntana. Grazie allo scarso traffico, sono anche un paradiso per i ciclisti più esigenti.

Una tortuosa strada di montagna parte dall'uscita dell'autostrada a Peguera e segue verso nord il fianco orientale della Tramuntana. Il primo paese che si raggiunge è **Es Capdellà**, seguito poco dopo da Galilea, situata in una posizione magnifica. La località più grande è **Puigpunyent**, un paese contadino circondato da piantagioni.

Consiglio

La Reserva Puig de Galatzó ▶ B 4
Nel parco naturale situato a circa 5 km da Puigpunyent si può percorrere un itinerario circolare di circa 4 km tra pinete e boschi di querce con tanti cartelli che descrivono la flora e la fauna locali. Ci sono inoltre un percorso-avventura con funi per calarsi nei canyon, dimostrazioni con i rapaci e piazzole per le grigliate (www.lareserva mallorca.com, apr–ott lu–do accesso 10–16, nov–mar solo nei fine settimana, 14 €, percorso avventura 26 €, zip-line da 14 €).

Da non perdere è la **chiesa de L'Asunción** del XIII secolo.

La strada continua molto stretta e attraversa un breve valico per raggiungere Esporles. Poco prima di incontrare il grande raccordo stradale Valldemossa–Palma, sulla destra sorge l'antica tenuta di **Sa Granja**, ottima meta per una gita (v. pag. 172). Se dopo aver lasciato il parcheggio si gira a sinistra si raggiunge la Ma-10, e girando a sinistra attraversando Andratx si torna al punto di partenza. A destra la Ma-10 prosegue per Valldemossa e Sóller. Se invece dopo aver lasciato il parcheggio si gira a destra si attraversa Esporles e si arriva a Inca e Palma.

Da Alaró a Bunyola via Orient ▶ E 3–D 3/4

Questa strada a tornanti inizia ad **Alaró** (▶ E 3), un paesino che merita una visita veloce. Sulla Plaça Ajuntament, l'imponente chiesa di **Sant Bartomeu** del XIV secolo crea un curioso contrasto con il **municipio** al suo fianco, costruito in stile rinascimentale durante la dittatura di Franco.

Dopo aver lasciato il paese, si prosegue in direzione nord-ovest verso Bunyola. A questo punto la strada attraversa un paesaggio dominato da campi coltivati che si estendono su entrambe le rive del Torrent de Sólleric. La valle è dominata da due cime rocciose che superano gli 800 m, il **Puig d'Alaró** e il **Puig de s'Alcadena** (Soucadena) (▶ E 3), che appartengono alla catena Mola de Son Montserrat, che a sua volta costituisce un distaccamento della Tramuntana.

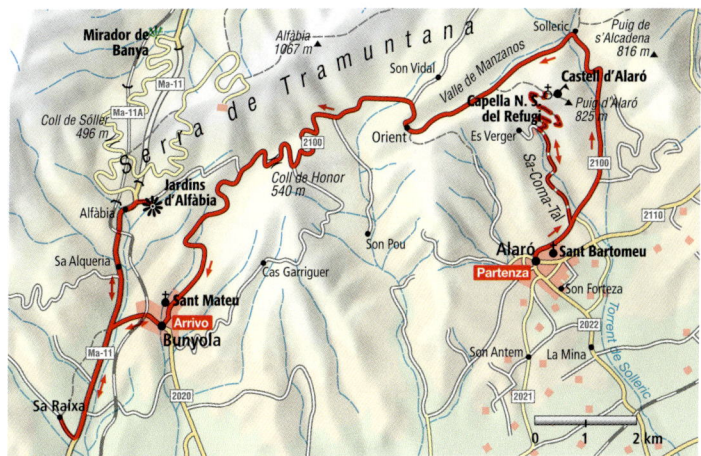

Da Alaró a Bunyola via Orient

Castell d'Alaró! ▶ E 3

A questo punto, 1,5 km circa dopo essere usciti da Alaró, si lascia la strada principale girando a sinistra in direzione est. Poco dopo una strada asfaltata ma stretta (segnalata) si stringe e diventa un sentiero di campagna. A tornanti, il tracciato attraversa la **valle di Sa Coma**, caratterizzata da terrazze coltivate a ulivi, e giunge fino alla tenuta **Es Verger** (trattoria con parcheggio, v. pag. 174). In caso di bel tempo, da qui si riesce a vedere Alaró, a sud, e la vicina pianura centrale di Maiorca.

Qui bisogna informarsi per capire se il sentiero diretto al castello attraverso il bosco è ancora chiuso dai proprietari. Se è chiuso, attraversando il Pla d'es Pouet si raggiunge la **Capella Nostra Senyora del Refugi**, una cappella del 1622 da cui si gode di una bella vista a 360°. In basso si riesce a vedere Sólleric; in lontananza, in direzione sud, si intravede la baia di Palma, mentre a nord spiccano le vette del Puig Major e del Puig de Massanella. Prose-guendo ancora per circa venti minuti lungo la cresta, si arriva ai resti della fortezza che domina sul pendio ripido a sud e che offre un panorama ineguagliabile su Alaró e sulla pianura. Il rifugio comprende un semplice ostello e un piccolo locale (v. pag. 174).

Il **Castell d'Alaró**, del quale oggi sono rimasti ormai solo pochi resti, svolse una funzione importante nella storia dell'isola. La posizione strategica del bassopiano fu infatti sfruttata dagli Arabi per costruire una fortezza. Quando l'isola fu riconquistata, le truppe arabe trovarono qui il loro ultimo rifugio dopo la ritirata da Palma. Senza combattere, nel 1230 il governatore El Benhabet cedette questo edificio al re Giacomo I, evitando così ulteriore spargimento di sangue e sottraendosi a una guerra senza speranza per gli Arabi. Meno pacifico fu invece l'assedio di Alaró nel 1285, quando i seguaci del re maiorchino Giacomo II si trovarono faccia a faccia con le truppe di Alfonso III d'Aragona, che era attraccato a Maiorca per contendere l'isola ▷ pag. 174

Approfondimento

Sa Granja, la vita in campagna nella Maiorca di 200 anni fa

Un ritorno nostalgico a un'epoca ormai scomparsa, in un contesto idilliaco di botti, forni di pietra e trebbiatrici. Ma nelle cantine c'è anche una camera di tortura.

Mappa: ► C 4

Informazioni: www.lagranja.net.

Arrivo: lungo la strada di montagna Ma-10 o direttamente da Palma sulla Ma-104 passando da Esporles.

Orari di apertura: lu–do 10–19, in inverno 10–18, in alta stagione me e ve affollato (dressage dei cavalli).

Ingresso: 15 €; con menù 25 €.

Già i Romani avevano scoperto questo luogo allo sbocco di una stretta vallata, dove anche nel pieno della calura estiva sgorgano acque fresche che trasformano la terra in un giardino. Questa tenuta, ancora oggi circondata da una ricca vegetazione, era già conosciuta all'epoca degli Arabi come Al Pich e dopo la Reconquista fu donata come ricompensa al cavaliere Nunó Sanc, che dieci anni più tardi in un momento di difficoltà la cedette ai Cistercensi. Quando la rivolle indietro si venne allo scontro armato con i bellicosi monaci, che ne uscirono vincitori e aggiunsero all'edificio le celle per abitarvi. Nel 1447 la tenuta divenne proprietà privata, e solo nel XVII secolo acquisì il suo aspetto attuale.

"Lo stile architettonico leggero che contraddistingue gli edifici è in perfetta armonia con l'atmosfera tranquilla che si respira qui. La facciata è caratterizzata da un ingresso ad arcate slanciate, di fronte alla quale si apre un giardino incantevole". Così l'arciduca Salvator d'Austria verso la fine del XIX secolo descrisse la tenuta. A partire dal XVII secolo Sa Granja ha subito numerose trasformazioni, il cui risultato è un complesso imponente e labirintico con innumerevoli stanze.

Da tenuta di campagna a museo

Attualmente Sa Granja ospita un museo dedicato all'arte popolare maiorchina e ai costumi tradizionali, dove si possono osservare oggetti provenienti da diversi ambiti della vita quotidiana.

Il cuore della tenuta è la lussuosa casa padronale, con le sue camere arredate con grande raffinatezza, tra cui la Sala Fiorentina con i mobili in stile Luigi XV. Un altro ambiente molto interessante è la grande cucina completamente arredata secondo il gusto dell'epoca, con focolari ricoperti di piastrelle e padelle e pentole di rame splendente.

Tuttavia una delle cose più interessanti è la possibilità di immaginare il mondo del lavoro rurale ormai scomparso, suggerito dai diversi strumenti e utensili esposti. Nella tintoria la lana veniva tinta in grandi tinozze, c'erano diverse botteghe per la lavorazione dei metalli, del legno e della seta, una stamperia e una distilleria. La tenuta era in un certo senso completamente autonoma e autarchica. Gli oggetti non sono solo messi in mostra come in un museo, ma si può anche assistere a dimostrazioni del loro funzionamento. In contrasto con questa atmosfera di idillio rurale, in cantina ci sono tre camere di tortura scavate nella roccia, con cavalletti e tavole chiodate, che risalgono ai tempi dell'Inquisizione tra il XVI e il XIX secolo. In questo caso non sono previste dimostrazioni del funzionamento!

Una popolare meta turistica

Ogni mercoledì e venerdì (feb–ott) Sa Granja si risveglia, e più esattamente quando, tra le 15 e le 16.25, si organizza la "festa popolare maiorchina". Oltre alla dimostrazione delle attività artigianali, in queste occasioni è possibile assistere anche a un dressage dei cavalli.

A Sa Granja non ci si limita però a guardare: anche lo stomaco viene viziato con assaggi di specialità maiorchine e degustazioni di vino locale, il tutto compreso nel prezzo del biglietto d'ingresso (questo vale per tutti i giorni di apertura). Ovviamente Sa Granja non manca mai nei programmi delle gite organizzate in pullman, e il mercoledì e il venerdì sono i giorni più affollati, all'insegna dell'allegria dei brindisi.

a suo fratello. Gli unici due sopravvissuti, Es Cabrit ed En Bassa, furono messi al palo dal re di Aragona irato per le grosse perdite, e bruciati vivi. I resti dei due martiri sono sepolti nella cattedrale di Palma.

Chi è arrivato a piedi dal Pla d'es Pouet può continuare seguendo i cartelli che indicano Orient alla diramazione ai piedi del castello. Gli altri, invece, devono a tornare alla biforcazione.

Pernottamento

Spartano ma panoramico – **Hostatgeria del Castell d'Alaró:** sulla montagna di Alaró, tel. 971 18 21 12, www.castellalaro.cat, aperto tutto l'anno. Semplici e spartane camere a 4 letti (12 € a persona). È necessario portare con sé il sacco a pelo e prenotare con un buon anticipo. Il rifugio dispone anche di un piccolo ristorante.

Mangiare e bere

Particolare – **Es Verger:** tel. 971 51 07 11, giorni di chiusura variabili. Il ristorante, che ricorda un po' una stalla, è una vera e propria istituzione ed è famoso per la sua cucina casalinga. Specialità: coscia di agnello (14 €) e *sopes mallorquines*. Non esiste un escursionista che non ci ritorni.

La valle di Orient ▶ D 3

Da Alaró la strada prosegue tra i muretti a secco (*tanca*); si tratta di muri in pietra naturale assemblati senza malta, un'eredità della cultura dei talaiot. Si attraversano poi alcune piantagioni e si inizia a salire attraverso un fitto bosco girando attorno al Puig

d'Alaró fino ad arrivare alla **Valle de Manzanos**, una graziosa vallata tra il Puig d'Alaró e Mola de son Montserrat, che ricorda un po' i paesaggi alpini. Poco dopo essere entrati nella valle si oltrepassa l'esclusivo albergo L'Hermitage, una *finca* ristrutturata lontano dal caos e immersa nella natura incontaminata (v. sotto, Pernottamento). Poco più in basso sorge invece la suggestiva località di **Orient**, uno dei più bei paesi di montagna di tutta l'isola, circondato da piantagioni e ottimo punto di partenza per escursioni sulle montagne vicine, soprattutto per il Castell d'Alaró (v. pag 171) e per la vetta del monte L'Ofre (1090 m).

Pernottamento

Rifugio lussuoso – **L'Hermitage:** Orient, Ctra. Alaró–Bunyola, s/n, tel. 971 18 03 03, www.hermitage-hotel.com, nov–feb chiuso, doppia circa 170 €, più conveniente se prenotato all-inclusive. Elegante albergo sorto in un ex convento in mezzo alla natura incontaminata. Ottimo ristorante.

Rustico – **Dalt Muntanya:** nel centro di Orient, tel. 971 61 53 73, doppia 120 €, singola 70 €. Un'oasi di pace con 18 camere, buon livello di comfort, soffitto con travi a vista e tratti di muri storici in pietra. La struttura è munita di riscaldamento centralizzato e piscina agibile nel periodo estivo.

Mangiare e bere

Entrambi gli alberghi sono conosciuti per i loro buoni ristoranti (pensati su misura per gli ospiti). Gli escursionisti con lo zaino sono meno ben accetti.

Prelibatezze orientali – **Mandala:** C. Nova, 1, tel. 971 61 52 85, ma–do 13–15, 20–22.30, in estate solo di sera, da

Tipico paesaggio maiorchino di montagna: la valle di Orient

set di sera solo ve/sa, gen/feb chiuso. Cucina mediterranea con influssi orientali (ad es. gamberi alla marocchina), ambiente accogliente e rustico. Primo o secondo da 17 €.

Tradizionale – **Orient:** nel centro di Orient, tel. 971 61 51 53, me–lu, lug e do sera chiuso. Trattoria di campagna di lunga tradizione con terrazza, specializzata in maialino arrosto e molto amata dagli escursionisti. Primo o secondo da circa 16 €.

Bunyola e i giardini arabi

Bunyola ▶ D 3/4
Dal Coll de Honor la C-210 scende fino a Bunyola. Questo paese, con le sue caratteristiche viuzze, era un tempo il centro principale per la coltivazione degli ulivi. Oggi è invece famoso per i suoi liquori aromatici. Vale la pena di fare una passeggiata nel paese con la sua bella *plaça*. Se arrivate di sabato potrete godervi l'atmosfera del **mercato**, non ancora del tutto omologato dai venditori di souvenir con le loro cinture di cuoio e altri articoli poco originali per turisti. Il problema maggiore è trovare un parcheggio. Poco sotto si trova la stazione della Freccia Rossa (v. pag. 158), perciò si può anche scegliere di arrivare comodamente in treno.

Jardins d'Alfàbia ▶ D 3
www.jardinesdealfabia.com, apr–ott lu–sa 9.30–18.30, nov–mar lu–ve 9.30–17.30, sa fino alle 13, metà nov–metà feb chiuso, 7,50 €
Vicino a Bunyola, all'ingresso del tunnel per Sóller, si trovano i Jardins d'Alfàbia, in cui gli architetti arabi hanno dato forma alla loro idea di paradiso. Pergolati, fontane a zampilli e stagni sono circondati da una rigogliosa vegetazione mediterranea e non mancano di incantare ogni visitatore. Le

palme da dattero costeggiano una scalinata che sale dolcemente fino a una cisterna coperta da una volta. La parte più bassa del giardino, con i suoi fitti palmeti, ricorda quasi un'oasi africana. Bellissima è anche la casa padronale in stile barocco, arricchita da mobili lussuosi, arazzi e dipinti.

Sa Raixa ▶ D 4

Attualmente ma–sa 10–14, l'orario cambia spesso, ingresso libero
Se a Bunyola si gira a sinistra in direzione di Palma, dopo 2 km circa ci si trova di fronte alla tenuta Raixa (indicata) che, in seguito alla Reconquista, passò nelle mani di Guillem de Montegri, il quale trasse da questo evento grossi guadagni. Nel 1797 la tenuta divenne proprietà del cardinale Antonio Despuig, che la ristrutturò in base al modello artistico italiano. All'inizio del XIX secolo la tenuta fu abbandonata a se stessa. Molti oggetti d'arte in essa custoditi furono trasferiti nel museo del Castell de Bellver a Palma. Nel 1998 la tenuta fu messa in vendita. Nel 2001 la stilista Jil Sander ha offerto 8,4 milioni di euro, ma nel 2004 l'amministrazione maiorchina ha esercitato il diritto di prelazione e ha iniziato i lavori di recupero, che non sono ancora terminati.

Da Campanet a Pollença ▶ F 3–F/G1

Le strade secondarie tra le pendici della Serra de Tramuntana permettono di godersi un viaggio piacevole e tranquillo in un paesaggio rurale ancora autentico, che è consigliabile attraversare in bicicletta o con un'auto a noleggio. La strada è molto frequentata dai ciclisti e fa parte della **pista ciclabile** di 86 km che va da Campos a Port de Pollença. Come punti di partenza sono ottimi Selva (v. pag. 215) o anche Campanet, che si trova più a nord.

Campanet ▶ F 3

Coloro che arrivano in bici da est devono essere preparati a una faticosa pedalata, perché questa località, ancora sconosciuta al turismo, si trova come molte altre in cima a una collina. A Campanet non bisogna assolutamente tralasciare una visita alla **chiesa** che si trova sulla *plaça* centrale. La costruzione della chiesa iniziò nel 1717. Essa ospita i resti del martire Sant Victorià, qui rappresentato come un soldato. Era uno degli uomini più ricchi di Cartagine e morì nel 485 per non tradire la sua fede cristiana.

Degna di una visita la **Finca Son Pons**, dove opera la Vulture Conservation Foundation (lu–ve 9–16, v. pag. 48).

Coves de Campanet ▶ F 2

www.covesdecampanet.com, lu–do 10–18.30, in inverno solo fino alle 17.30, ingresso solo con visita guidata, durata 45 min., 14 €; c'è un bel caffè dove ingannare l'eventuale attesa
2 km circa a nord-est di Campanet si trova un sistema speleologico scoperto solo nel 1945 e non ancora travolto dalla massa di turisti che ogni giorno si riversa nelle Coves del Drac (v. pag. 265). Dal punto di vista delle dimensioni, queste grotte non possono certo competere con quelle della costa orientale, ma le loro straordinarie e delicate stalattiti e stalagmiti a filigrana sono comunque molto belle e appa-

iono lucide come la seta. Per il momento le Coves de Campanet non necessitano di tecniche moderne per esaltare il loro splendore. A incantare il visitatore non è solo l'interno delle grotte, ma anche il panorama che si gode all'entrata e che corre su una distesa di cipressi.

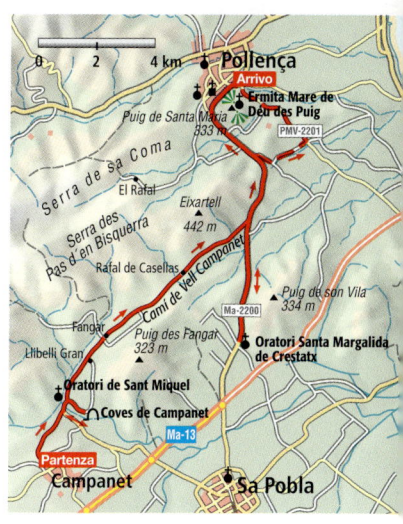

Da Campanet a Pollença

Oratori de Sant Miquel ▶ F 2

Tornati sulla strada principale si gira a destra. Dopo soli 100 m si incontra un po' discosto dalla strada l'Oratori de Sant Miquel. Questa piccola cappella spoglia, spesso chiusa, fu costruita nel 1229, e pertanto è da considerarsi, con il piccolo cimitero romanico, tra le più antiche dell'isola. All'interno custodisce un retablo del XVI secolo.

Sulla strada principale, il **Camí de Vell Campanet**, si prosegue verso nord. La stradina, fiancheggiata per lunghi tratti da muretti a secco, oltrepassa piccoli villaggi e casolari sparsi nella campagna, ad esempio il villaggio di Es Fangar, per poi confluire sulla strada che va da Pollença a Sa Pobla. Qui si trova un cartello che fornisce informazioni sulla rete di piste ciclabili di Maiorca, della quale fa parte anche questo tratto. Qui si può girare a sinistra in direzione di Pollença (5 km), ma prima vale la pena fare una breve deviazione all'interessante chiesa di Crestatx.

Oratori Santa Margalida de Crestatx ▶ G 2

Ma–do 10–19, in inverno fino alle 17.30, gestito da una famiglia residente sul posto
Attraversando un arco di pietra decorato con strane figure di animali si entra nel minuscolo giardino. La piccola chiesa è a una navata (1285). Al suo interno si possono osservare interessanti esempi di arte sacra del XVI secolo, quasi tutti dedicati al culto di Maria, collegato con quello della santa e martire locale Santa Margalida. La sua immagine sull'altare è affiancata da San Magin, da Sant'Agata e dal missionario Llull. Gli oggetti provengono soprattutto dalla chiesa della vicina Sa Pobla. La piccola ex abitazione del sagrestano oggi è allestita come museo.

Da qui si ritorna al bivio del Camí de Vell Campanet. Per arrivare a Pollença (v. pag. 181) ci sono ancora 5 km su una strada molto trafficata. Se siete in bicicletta dopo circa 1,5 km, dove la strada descrive un arco verso sinistra dopo essere uscita dal bosco, potete deviare sul Camí de Marina, che sbuca sulla meno trafficata PMV-2201. Anche questa strada porta a Pollença.

177

Badia de Pollença e Badia de Alcúdia

Highlight!

Alcúdia: la città, fondata dai Romani, conserva il suo fascino soprattutto nel centro storico ancora circondato dalle vecchie mura. Alcúdia si trova a brevissima distanza da Port d'Alcúdia e soprattutto nei giorni di mercato è una meta molto frequentata dai turisti provenienti dalle vicine località di mare. P. 194

Approfondimento

Parc Natural de s'Albufera: questo territorio paludoso posto sotto protezione ambientale è abbastanza modesto nell'aspetto, ma con i suoi canneti rappresenta un paradiso per innumerevoli specie animali e vegetali, alcune delle quali molto rare. In questa zona vivono infatti numerosi anfibi che costituiscono la base dell'alimentazione di molti uccelli migratori che vengono qui a trascorrere l'inverno. P. 202

Da non perdere

Cap de Formentor: un faro situato in una posizione impareggiabile su una stretta scogliera sorge sulla punta nord-occidentale di Maiorca. P. 194

Fundación Yannick i Ben Jakober: museo privato in una posizione da sogno, con una ricchissima collezione di ritratti e un incantevole roseto. P. 200

Sport e tempo libero

A piedi nella valle di Bóquer: piacevole escursione in una vallata popolata da numerose specie di uccelli. P. 187

Lezioni di vela: non esiste un posto migliore della baia di Port de Pollença per apprendere l'arte della navigazione a vela. P. 191

Cap des Pinar: per raggiungere il capo si percorrono sentieri stretti passando da punti panoramici e splendide baie. P. 199

Vivere Maiorca

Piccolo e raffinato: nell'atmosfera famigliare de La Placeta, a Pollença, ci si lascia stupire volentieri dai piatti del menù, se non si decide di seguire i consigli della padrona di casa. P. 184

Di sera e di notte

Ritmi giamaicani: chill-out con musica reggae al tramonto sulla terrazza del ristorante Jamaica di Can Picafort. P. 206

La costa settentrionale di Maiorca è caratterizzata da due ampie baie, delimitate da due penisole montuose. Le ultime propaggini della Serra de Tramuntana si trasformano in penisole sempre più strette e rocciose che si allungano nel mare, e sulla punta nordoccidentale dell'isola, chiamata Cap de Formentor, si trova un faro posto in una posizione spettacolare. Il paesaggio tra Pollença e il capo è davvero straordinario. Le rocce sono quasi perpendicolari al mare, e dai numerosi punti panoramici la vista non può che lasciare il visitatore letteralmente senza fiato.

La vicina **baia di Pollença** (Badia de Pollença), luogo di elezione dei velisti e dei surfisti per lo scenario naturale grandioso, si distende in un arco orlato da strette spiagge che arriva fino al solitario Cap des Pinar situato all'estremità della penisola Victòria. Il tratto di costa tra Port d'Alcúdia e Colònia de Sant Pere, per le sue lunghe spiagge sabbiose, è tra le mete preferite del turismo di massa, e con le sue infrastrutture è del tutto orientato alle esigenze e alle richieste dei turisti. Da un lato il paesaggio è dominato dai grandi alberghi anonimi e privi di storia, dall'altro un lungomare pretenzioso fiancheggia lunghi tratti della costa.

A Can Picafort e Platges de Muro si trovano le più lunghe spiagge di sabbia dell'isola. Esse occupano una gran parte della **baia di Alcúdia** (Badia de Alcúdia), una delle mete preferite dei turisti in cerca di sole e mare.

Tuttavia nel nord gli sport acquatici non sono l'unica cosa da fare. La regione offre molte possibilità di esplorare angoli nascosti con escursioni a piedi o in bicicletta, e se le spiagge sono troppo affollate, è sempre possibile scoprire una piccola baia senza caffetterie o chioschi di panini.

Anche dal punto di vista culturale la regione ha qualcosa da offrire. I Romani avevano fondato un insediamento fisso ad Alcúdia, che oggi con il suo nucleo circondato da mura è una delle località più belle di Maiorca. In una caverna presso Can Picafort i primi cristiani si riunivano di nascosto, e più tardi gli eremiti si stabilirono sulla penisola di Llevant e vi costruirono il monastero di Betlem.

Si capisce quindi che la regione offre alloggi ed esperienze di ogni genere. A Can Picafort si allineano uno dopo l'altro grandi alberghi sulla spiaggia di

Infobox

Internet
www.puertopollensa.com: sito web molto informativo, prevalentemente commerciale. Con piante delle città e calendario eventi.
www.pollensa.com/en: video e sezioni a tema utili per il turista per fare escursioni a piedi e in bicicletta, andare in spiaggia, mangiare, ecc.

Arrivo e mezzi di trasporto
La regione è ben servita dai mezzi di trasporto. Esistono collegamenti regolari in pullman tra Pollença, Port de Pollença, Alcúdia e Can Picafort. Da tutte le località ci sono collegamenti diretti con Palma, raggiungibile con l'autostrada da Sa Pobla. In alta stagione 1–2 v/giorno pullman anche per Port Sóller, Sóller e il Santuari de Lluc. Da Muro e Sa Pobla collegamento ferroviario con Palma.

Da Port d'Alcúdia in estate salpano imbarcazioni turistiche per la Platja de Muro. Esistono anche collegamenti via mare tra Port de Pollença e Port d'Alcúdia, dove si trova la bella e frequentata spiaggia di Formentor.

Il percorso del pellegrinaggio che porta sul Calvario di Pollença

diverse categorie, mentre ad Alcúdia si può alloggiare in luoghi più romantici, come gli alberghi ristrutturati in centro o una delle numerose *fincas* disseminate nelle campagne attorno al paese.

Pollença ▶ F/G 1/2

Molto probabilmente questa valle fertile non lontana dal mare era già nota ai Fenici. Si pensa infatti che il ponte romano costruito sul Torrent de Sant Jordi, a nord della città, risalga al II secolo, benché alcuni ritengano che una parte della struttura rimasta sia di epoca medievale. Una prova supplementare sarebbero i campi che circondano la città, che venivano coltivati già nel mondo antico. Verso il V secolo, ossia quando il porto romano di Pollentia, l'attuale Alcúdia, cadde nelle mani dei Vandali, i sopravvissuti a tale invasione si spostarono nell'entroterra, verso il Torrent de Sant Jordi, e assegnarono alla loro nuova città il nome di quella che erano stati costretti ad abbandonare.

La città vecchia

Con la sua atmosfera pacifica, la **Plaça Major**, circondata dai platani e costruita ai piedi dell'antica chiesa parrocchiale fondata nel 1236, è il luogo ideale per una breve sosta, sempre che non si capiti qui la domenica mattina, quando la gente venuta da fuori affolla la piazza per visitare il mercato. Centro e punto di partenza dello sviluppo del paese è l'imponente chiesa parrocchiale **Nostra Senyora dels Àngels** **1**, che sorse originariamente nel 1336 e venne ceduta quattro anni più tardi ai Templari. L'edificio odierno risale invece al XVIII secolo.

Il chiostro del **Convent de Sant Domènec** **2**, situato poco sotto la *plaça*, nei mesi estivi, in occasione dei concerti del "Festival de Pollença" (v. pag. 184) diventa il punto di incontro ideale per gli amanti della musica. In un'ala del monastero si trova il **Museu Monogràfic de Pollentia** (ma–ve 10–15.30, sa/do 10.30–13.30, 3 €), in cui sono esposte principalmente ceramiche del XVII secolo e copie di reperti ritrovati nella necropoli Serra de la Punta alle porte della città. Anche il parco della chiesa è stato progettato con gusto.

Un altro museo da visitare è la **Casa Museu Dionís Bennàssar** **3** (www.museudionisbennassar.com, C. Roca, 14, ma–ve 10–16, sa/do 10–14, 3 €), dove sono esposte le opere del pittore originario di Maiorca (1904–67).

Da Plaça Mayor, Carrer del Temple conduce a Plaça de l'Almoina, dove spicca l'imperdibile **Font de Gall** **4**, la Fontana del gallo del 1827. Qui si trova anche il punto di partenza della più importante attrazione di Pollença, il Calvario. All'inizio della scalinata si trova a destra il **Museu Marti Vicenç** **5** (www.

Pollença

martivicens.org, C. Calvari, 10, ma–sa 10–13.30, 15.30–19, do 10–13.30, ingresso libero). Il museo espone i quadri, le sculture e i tessuti di questo poliedrico artista (1926–95), ma anche la sua notevole collezione di oggetti per la casa.

Es Calvari 6

Una scala di 365 gradini parte dalla piazza e sale fino in cima al **monte del Calvario** (300 m), su cui domina una bella cappella in stile barocco del 1795. Dal piazzale a fianco si riesce a vedere fino al mare. In origine il monte apparteneva ai Templari, ma poi, quando l'ordine fu soppresso nel 1314, la proprietà passò nelle mani dei Gerosolimitani. La croce in pietra all'interno della chiesa risale probabilmente al 1252. Si pensa sia solo la copia di un'opera identica conservata nella basilica di Santa Croce in Gerusalemme a Roma. Durante il Venerdì Santo i penitenti si dirigono in processione (Davallament del Calvari) verso la cappella, a ricordo della deposizione di Cristo dalla croce.

Pont Romà 7

A nord del paese il cosiddetto **ponte romano** attraversa il piccolo fiume, quasi sempre in secca. Se sia davvero di origine romana è tuttavia oggetto di discussione. Probabilmente i massicci archi in pietra risalgono piuttosto all'epoca medioevale.

Puig de Santa Maria ▶ F/G 2

Ancora più bella è la vista che si gode dal **Puig de Santa Maria** 8 (oltre 300 m), situato a sud della città. In macchina si arriva solo fino a metà del percorso (solo pochi parcheggi disponibili), poi si deve proseguire a piedi. La fatica sarà però premiata da un panorama straordinario sulle baie di Pollença e Alcúdia. Come a Lluc, sembra che anche qui il ritrovamento di una statua raffigurante la Madonna nel 1348 abbia determinato la costruzione di una cappella. Poco dopo, l'edificio sacro diventò un **monastero** (Ermita Mare Déu des Puig), che alla fine del XIV secolo era abitato da ben 29 monache. Tuttavia, nel 1529, il Concilio di Trento vietò alle monache di vivere in eremi così isolati. Inizialmente le suore del Puig de Santa Maria si opposero a tale decisione, ma poi, nel 1576, le religiose furono costrette ad accettare la volontà di Roma e decisero di trasferirsi a Palma, dove fondarono il Convent de la Concepció. L'eremo cadde in rovina finché nel XIX secolo alcuni monaci vi si trasferirono e lo ristrutturarono (v. Pernottamento pag. 184).

Castell dels Reis ▶ F 1

A nord di Pollença si affaccia sulla costa il Castell dels Reis, che risale probabilmente all'epoca romana. Qui, nel 1343, i seguaci di Giacomo III dovettero arrendersi alla truppe di Pietro IV, segnando così il tramonto del regno di Maiorca. Il castello è di proprietà della famiglia March. Per entrare nella **Finca Ternelles** è necessario ottenere un permesso recandosi in municipio oppure compilando un modulo online (www. ajpollenca.net/ca/contacte/autorització-ternelles, tel. 971 53 01 08); tuttavia non si può visitare il castello, ma solo andare a vedere la baia di Cala Castell.

Pernottamento

Pollença è un buon punto di partenza per diverse escursioni e offre buoni alberghi di media categoria.

Storico ostello dei pellegrini – **Posada de Lluc** **1**: C. Roser Vell, 11, tel. 971 53 52 20, www.posadalluc.com, doppia da 142 € (alta stagione), chiuso 15 nov–feb. Nel XV secolo i pellegrini si fermavano qui sulla via per il monastero. Oggi la vita non è più così frugale, al contrario. Camere rustiche ma eleganti, c'è perfino una piscina.

Simpatico – **Juma** **2**: Plaça Major, 9, tel. 971 53 50 02, www.pollensahotels.com, doppia da 135 € (alta stagione). Uno degli alberghi più vecchi dell'isola, a conduzione familiare da oltre 100 anni. Otto semplici camere con un tocco nostalgico, alcune con vista sulla piazza del mercato. Lo Juma gestisce anche il piccolo design-hotel dietro l'angolo, **L'Hostal** (i prezzi sono gli stessi).

Famigliare – **Desbrull** **3**: Marques Desbrull, 7, tel. 971 53 50 55, www.desbrull.com, doppia da 90 € (alta stagione). Piccolo albergo in paese gestito con dedizione e charme da una coppia di fratelli. Camere piuttosto minimali, colazione buona e ottimo rapporto qualità-prezzo.

Spartano in mezzo alla natura – **Ermita Mare de Déu** **4**: Puig de Santa Maria, tel. 971 18 41 32, letto da 12 €, doppia 22 €. Semplice alloggio nell'ex monastero sulla montagna, camere a due e quattro letti, cucina a disposizione. Snack e bevande calde.

Mangiare e bere

Mix ben riuscito – **La Placeta** **1**: Calle Sant Jordi, 29/Plaza Sant Jordi, nell'hotel Sant Jordi, tel. 680 19 85 64, www.restaurantes.com/restaurante-la-placeta, ma–do 18.30–22, do anche 13–16. Servizio gentile, ambiente confortevole e ottima cucina mediterranea con una nota argentina, particolarmente buona la carne d'agnello. Primo o secondo a partire da 18 €.

Piccolo e buono – **Sa Font de Gall** **2**: C. Monti-sion, 4, tel. 971 53 03 96. In questo piccolo ristorante si serve cucina casalinga con un tocco francese a prezzi accessibili. Primo o secondo a partire da ca. 18 €.

Informazioni ed eventi

Informazioni turistiche

O.I.T.: C. Sant Domènec, 17, tel. 971 53 50 77, www.pollensa.com (anche in inglese), oit@ajpollenca.net, lu–ve 9–16, sa/do 10–13.

Eventi

Revetla e Festa de Sant Antoni: 16/17/20 gen, festa patronale in onore del santo con palo della cuccagna.

Festa de Sant Sebastiá: 20 gen. Festa patronale con processione di cavalli.

Devallament del Calvari: Venerdì Santo. Rappresentazione della deposizione di Cristo sul Calvario.

Festival de Pollença: inizio lug–inizio set. Concerti di musica classica con

Nel pieno della battaglia durante la Festa de Moros i Cristians

ospiti internazionali, www.festivalpol
lenca.com.

**Festes de la Patrona/Festa de Moros i
Cristians:** 2 ago. Alla fine di luglio ci
sono vari eventi che culminano il 2 agosto, il giorno della Mare de Déu dels
Àngels. Poi come a Port de Sóller viene
inscenata la battaglia contro i pirati
(XVI secolo) in una sorta di lotta carne-
valesca tra mori e cristiani.

Mostra d'Artesanía: 2° weekend di
nov. Mercato dell'artigianato artistico
nel Convent de Sant Domènec in si-
multanea con l'esposizione agricola La
Fira.

Mezzi di trasporto

Pullman: più corse al giorno da Pollença ad Alcúdia, Can Picafort, Santuari de Lluc e Sóller.

Cala Sant Vicenç ▸ G 1

A nord-est di Pollença c'è una deviazione verso nord che inoltrandosi nella
rigogliosa vegetazione conduce alla
piccola località balneare di Cala Sant
Vicenç. Lungo due baie si susseguono
uno dopo l'altro alberghi, ville e bungalow per vacanze. Sant Vicenç è
l'ideale per una vacanza rilassante. Oltre alla spiaggia offre anche escursioni
sui monti brulli della Tramuntana fino
a Punta de Coves Blanques, da dove il
panorama sulla penisola di Formentor
è impareggiabile. Non sorprende dunque che la località sia molto amata soprattutto dai pittori.

In un piccolo parco all'ingresso del
paese si trovano le **Coves de l'Alzina-
ret**. Queste caverne nell'età della pie-

tra e del bronzo (circa 1700–1400 a.C.) erano probabilmente utilizzate dagli abitanti preistorici di Maiorca come luogo di sepoltura.

Pernottamento

A Sant Vicenç ci sono pochi alberghi, ma quasi tutti hanno una bella vista sulla baia.
Comodo in centro – **Cala Sant Vincenç**: C. Maressers, 2, tel. 971 53 02 50, www.hotelcala.com, 15 dic–31 gen chiuso, doppia da ca. 210 € (alta stagione), singola metà prezzo della doppia. Hotel in centro a gestione familiare con 48 tra camere e suite, terrazza, piscina in giardino e ristorante gourmet (v. sotto).
Per rilassarsi – **Hoposa Niu**: C/Cales Barques, 5, tel. 971 53 05 12, www.hoposa.es, doppia con colazione da ca. 100 €. Albergo grazioso e tranquillo situato direttamente sulla baia, 24 camere e servizio amichevole per chi non è alla ricerca di intrattenimento. Bella terrazza.
Charme senza fronzoli – **Hostal Los Pinos**: tel. 971 53 12 10, www.hostal-los pinos.com, aperto 25 apr–20 ott, dop-

pia da 68 €, singola da 36 €. Hotel sobrio con piscina e camere piccole ma pulite.

Mangiare e bere

Tocco francese – **Cavall Bernat:** nell'Hotel Cala Sant Vicenç (v. sopra), tel. 971 53 02, lu–do dalle 19, 20–23 dic, gen chiuso. Cucina eccellente orientata in base alla disponibilità dei prodotti di stagione. Primo o secondo a partire da 23 €, menù del giorno da ca. 28 €.
Pizza e kebab – **Pizza Polli:** Temporal, 29, tel. 971 53 08 77, lu–sa 8–23.30. Ristorante a gestione famigliare ben riuscito e orientato al cliente, buona cucina a prezzi molto economici. Primo o secondo da ca. 8 €.
Per uno spuntino – **Bar Marina:** C/Cala Clara 3. Tapas, spuntini, sangria e un bel panorama dalla terrazza al primo piano; con Wifi gratuito. Primo o secondo da circa 10 €.

Sport e tempo libero

In mezzo al mare – **www.mondaventura.com:** tel. 609 72 18 92 oppure 971 53 52 48 (ufficio centrale a Pollença). Tra giugno e fine ottobre gli amanti del mare possono cimentarsi con il kajak o partecipare a tour guidati.

Informazioni

O.I.T. Pollença: Plaça Sant Vicenç, tel. 971 53 32 64, metà giu–inizio set lu–ve 9.30–12.30, 16–18, sa 9–12.
Pullman: più volte al giorno collegamenti con Pollença, Port de Pollença e Palma (linea L 340, www.tib.org), navetta per l'aeroporto (www.transunion.info).

Escursione a piedi a Port de Pollença
Da Cala Molins a Cala Sant Vicenç parte una strada che porta a un grande piazzale su un passo vicino a un'antenna. Da qui si raggiunge in circa 45 minuti di cammino la località di Port de Pollença. Prima di scendere al porto si può godere di una bella vista sulla baia.

Port de Pollença ▶ G 1

La baia, caratterizzata da spiagge di sabbia fine, si allunga ai piedi di uno scenario montagnoso inesplorato. Già in passato questa zona è riuscita ad attirare l'interesse del turismo tanto che, dopo la guerra, Port de Pollença si trasformò subito nella meta preferita dagli inglesi. Fortunatamente però questa località non è riuscita a svilupparsi così velocemente quanto altri centri, che invece si sono ampliati in modo sconsiderato, e perciò si è riusciti a evitare il solito skyline di albergoni anonimi che caratterizza tante località sulla costa. Port de Pollença è molto popolare soprattutto per l'offerta di attività sportive (escursioni, vela, gite in bicicletta).

Le testimonianze storiche, che risalgono sicuramente all'epoca dei Romani, sono andate per lo più perdute. Nonostante le fortificazioni questo porto non è mai riuscito ad accrescere la propria importanza a causa della minaccia dei pirati. L'unico reperto storico rimasto è il **forte**, che però non è accessibile al pubblico.

Questa carenza dal punto di vista storico è comunque compensata da un bel lungomare, che prende il nome di **Passeig Vora Mar**. La passeggiata è ombreggiata da imponenti alberi e fiancheggiata da numerosi alberghi e ristoranti. Considerando lo scenario della Serra del Norte e le gite che da qui si possono organizzare per scoprire le località nei dintorni, Port de Pollença rappresenta senza ombra di dubbio una delle mete più affascinanti di Maiorca, anche se non può certo competere con altre roccaforti del turismo per quanto riguarda divertimento e alberghi. Port de Pollença è quindi l'ideale per chi cerca la tranquillità o per chi vuole cimentarsi nella vela.

A piedi nella valle di Bóquer ▶ G 1

Per questa semplice escursione di 6 km in tutto bisogna mettere in conto 2 ore (andata e ritorno)

Una bellissima passeggiata conduce da Port de Pollença attraverso la valle di Bóquer, racchiusa tra ripide pareti rocciose, fino a Cala Bóquer. Il sentiero parte dalla grande rotonda a nord della località, che si raggiunge dal lungomare percorrendo Av. dels Bocchoris, e porta dapprima alla **Finca Bóquer**, con bel panorama sulla città. Dopo la *finca* (chiudere la porta) si inizia a salire leggermente e poi, dopo aver attraversato una gola, si sbuca nella valle di Bóquer. Circa mezz'ora dopo aver lasciato la *finca* si arriva a un bivio. A sinistra si scende alla **Cala Vall de Bóquer**, a destra si raggiunge un **punto panoramico** dal quale si può comunque scendere alla baia.

Quest'area è considerata uno dei più importanti rifugi per gli uccelli dell'isola. Sul sito www.igoterra.com si trova una lista con le immagini delle specie che vivono qui (e in altre zone di Maiorca). L'upupa, il pettirosso, la capinera e il gheppio sono piuttosto comuni, ma nella gola si riesce a osservare anche il raro avvoltoio monaco. Tra le piante più interessanti, ci sono le palme nane.

Pernottamento

Gli alberghi di Port de Pollença sono per la maggior parte piuttosto vecchi e valorizzano consapevolmente il loro charme, molto apprezzato dagli inglesi. I più importanti si possono prenotare direttamente sul sito www.hoposa.es, ma si trovano anche nelle offerte all-inclusive.

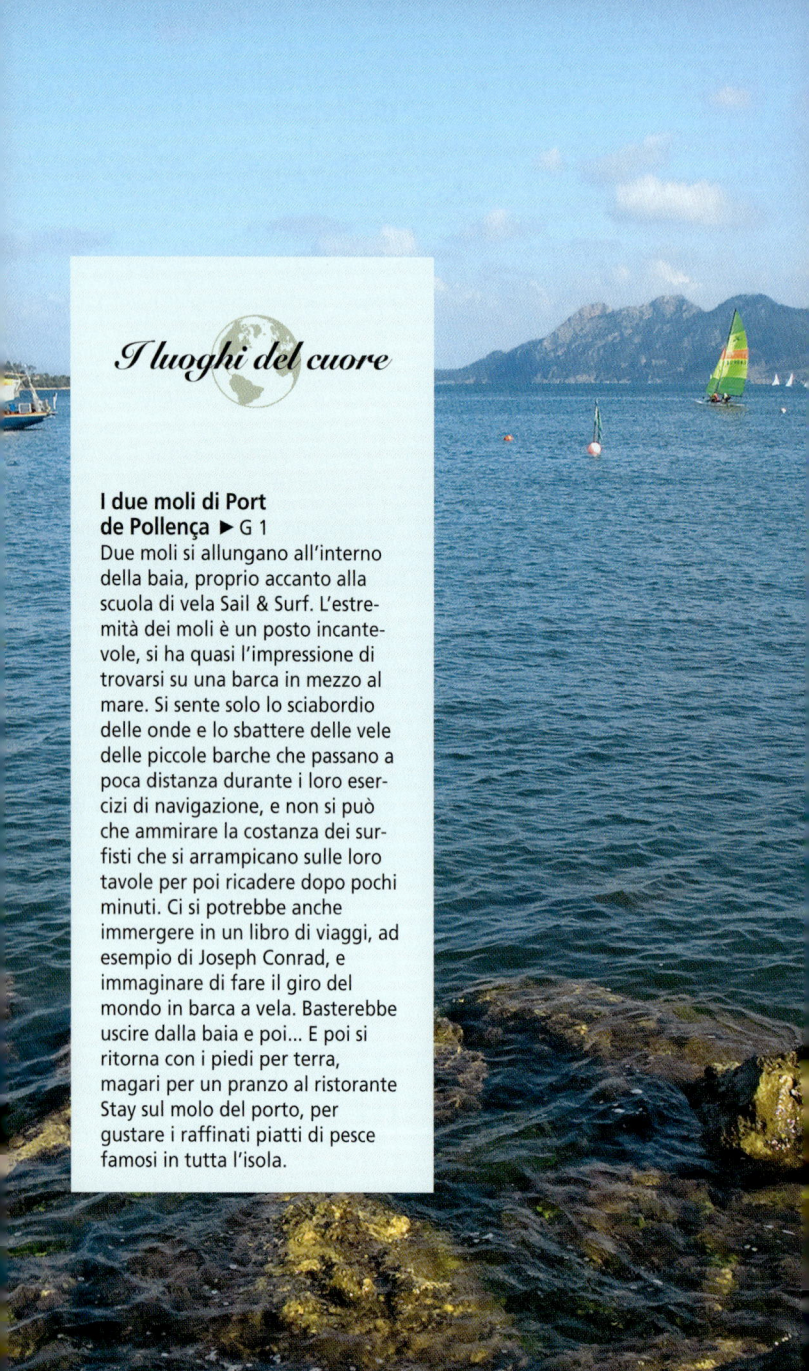

I luoghi del cuore

I due moli di Port de Pollença ▶ G 1

Due moli si allungano all'interno della baia, proprio accanto alla scuola di vela Sail & Surf. L'estremità dei moli è un posto incantevole, si ha quasi l'impressione di trovarsi su una barca in mezzo al mare. Si sente solo lo sciabordio delle onde e lo sbattere delle vele delle piccole barche che passano a poca distanza durante i loro esercizi di navigazione, e non si può che ammirare la costanza dei surfisti che si arrampicano sulle loro tavole per poi ricadere dopo pochi minuti. Ci si potrebbe anche immergere in un libro di viaggi, ad esempio di Joseph Conrad, e immaginare di fare il giro del mondo in barca a vela. Basterebbe uscire dalla baia e poi... E poi si ritorna con i piedi per terra, magari per un pranzo al ristorante Stay sul molo del porto, per gustare i raffinati piatti di pesce famosi in tutta l'isola.

Lusso tradizionale – **Illa d'Or:** C. Colón, 265, tel. 971 86 51 00, www.hotelilla dor.com, doppia da 275 € (alta stagione), prenotabile anche all-inclusive. Albergo elegante di lunga tradizione, un po' fuori dal paese sul lungomare. Quando si entra l'orologio torna indietro di 30 anni. Le camere però, a volte piccole, sono state adattate agli standard moderni. Tenuta molto curata in una splendida posizione sulla spiaggia.

Splendida posizione – **Hostal Bahia:** zona pedonale, tel. 971 86 65 62, www. hoposa.es. Il prezzo di ca. 160 € (doppia in alta stagione) è giustificato anche solo per la posizione. Edificio bianco degli anni '30 affacciato su una stretta spiaggia, camere molto semplici a volte con balcone e vista mare.

Luminoso – **Hostal Paris:** Calle de Magallanes, 18, tel. 971 86 75 27, www. hostal-paris.es. Hostal e B&B situato in centro, con camere luminose e un prezzo imbattibile di 75 € in alta stagione. I ciclisti apprezzeranno il parcheggio sicuro per le biciclette.

Mangiare e bere

Grazie alla presenza del porto turistico molti ristoranti di Port de Pollença sono di un livello piuttosto elevato.

Insuperabile – **Stay:** C. Moll Nou (Muelle Nuevo), tel. 971 86 40 13, www.stayrestaurant.com, lu–do 9–22.30, cucina dalle 12. Ambiente marinaro ma sobrio, con molto vetro e pavimenti in legno, nel nuovo edificio sul Moll Nou. La terrazza è insuperabile e la cucina non lascia desideri insoddisfatti. Primo o secondo da circa 18 €. Menù del giorno 36 €.

Rinato – **La Llonja:** Moll Vell, tel. 971 86 84 30, www.restaurantlallonja.com, lu–do 12.30–16, 19.30–23, in inverno ma e metà nov–metà dic chiuso. Si mangia in un ambiente curato al primo piano, dietro finestre panoramiche o su una piccola terrazza. Il pesce fresco è la specialità della casa. Primo o secondo da 18 € (paella di pesce).

Per vegetariani – **Bellaverde:** Carrer des les Monges, 14, via secondaria vicino al molo, tel. 675 60 25 28, lu 8.30–12, ma–do 8.30–24. Un paradiso per i vegetariani con ricette creative. L'ambiente accogliente mitiga la spesso lunga attesa. Primo o secondo da 10 €. Ci sono anche alcune camere convenienti, doppia da 55 €.

Sotto le palme – **C'an Cuarassa:** C. Port de Pollença–Alcúdia, s/n, tel. 971 86 42 66, www.cancuarassa.com, lu–do 12–16, 19.30–22.30. Ristorante rustico con giardino fra Port de Pollença e Alcúdia, serve piatti tradizionali preparati con la regia del ristorante Stay. Primo o secondo da ca. 18 €, menù che comprende vino della casa, acqua e caffè a 33 €.

Sport e tempo libero

Gite in barca – In alta stagione dal molo nuovo (Moll Nou/Muelle Nuevo) partono **barche** per la baia di Formentor. Si può anche fare un'escursione a Cala Sant Vicenç o una gita al faro di Cap de Formentor. Gli orari precisi delle partenze si trovano al molo, i prezzi variano a seconda della stagione.

Sott'acqua – **Actionsport Prodive Mallorca:** El Cano, 9, tel 971 86 79 78. www.actionsport-mallorca.com. La costa settentrionale dell'isola è un luogo spettacolare per gli sport subacquei. Non c'è quindi da stupirsi che qui si sia stabilita una scuola di immersioni che offre corsi certificati, escursioni subacquee (anche notturne), placidi tour in kayak e adrenaliniche esperienze di cliff jumping.

Lezioni di vela – Port de Pollença è il posto giusto per apprendere i primi rudimenti di vela o windsurf o fare esperienza. La scuola di vela **Sail & Surf**, www.sailsurf-pollensa.de (anche in inglese), offre corsi adeguati per principianti ed esperti. Per chi preferisce restare a riva c'è il brunch della domenica al bistrot (15 €).

Bicicletta – Port de Pollença è anche un buon punto di partenza per escursioni in bicicletta, ad es. verso le piccole baie di Cap de Formentor o la penisola Victòria. Si possono noleggiare biciclette da **Pro Cycle Hire**, 3 Temple Fielding, tel. 971 86 59 02, www.procyclehire. com, e **Multihire**, Méndez Núñez, 23, tel. 971 86 40 80, www.multi-hire.com. Prezzi da 12 € al giorno.

Escursioni – **Nella valle di Bóquer:** v. pag. 187.

Informazioni ed eventi

Informazioni turistiche

www.puertopollensa.com: sito in prevalenza commerciale con consigli su ristoranti, orari dei pullman e link dedicati soprattutto ai turisti inglesi.

O.I.T. Port de Pollença: alla stazione dei taxi vicino all'ingresso del porto turistico, in estate lu–ve 8–15, 17–19, sa 9–13, in inverno lu–ve 8–15, sa 10–13, oit port@ajpollenca.net.

Mezzi di trasporto

Collegamenti più volte al giorno con Palma, Pollença, Alcúdia, Can Picafort, lu–sa anche per il Santuari de Lluc, sa per Calobra e Sóller. Per maggiori dettagli consultare il sito www.puerto pollensa.com.

Eventi

Festa de la Mare de Déu del Carme: 16 lug. Processione con barche di pescatori addobbate a festa.

La penisola di Formentor ▶ G/H 1

La Serra de Tramuntana si getta nel Mediterraneo in modo molto suggestivo, formando una penisola stretta che ricorda la spina dorsale di un animale preistorico pietrificato. Questa catena montuosa riserva le sue maggiori bellezze proprio nella parte finale. La penisola, che si allunga nel mare per 15 km, è dominata da due monti rocciosi: il Morral e il Fumat.

Cap de Formentor (▶ H 1), estremità della penisola e punto più a nord-est di Maiorca, si può raggiungere percorrendo una strada di 20 km piena di curve che parte da Pollença. Chi intende andarci con un'auto a noleggio farà bene a mettersi in viaggio la mattina presto, oppure nel tardo pomeriggio. A partire dal 2018 è però previsto l'impiego di navette per ridurre il traffico dei veicoli privati.

Punti panoramici ▶ G 1

Con una splendida vista su Port de Pollença, la strada fuori dal paese sale in montagna per raggiungere subito dopo il **Mirador de la Creueta** (Mirador del Colomer). Attraversando a piedi le varie terrazze si può arrivare fino al belvedere, da dove si gode il panorama più famoso di Maiorca: i pendii degli Els Farallons, che si gettano scoscesi nel mare proprio davanti all'isoletta di Colomer.

Davanti al parcheggio una strada stretta, senza guardrail e con angusti tornanti, porta fino a quella che in passato era una postazione militare in cui spicca la **Talaia d'Albercutx**, una torre fortificata del XVI secolo, ben visibile già dalla strada principale. Un tempo la torre, circondata da mura e munita

di cannoni, era sempre sorvegliata da due o tre soldati. Più recenti sono invece i depositi di munizioni ai piedi della vetta. La grandiosa vista sulla baia di Alcúdia da una parte e sulla penisola dall'altra, premia il turista che si è avventurato in questa gita così impegnativa. Più in basso, nella baia di Formentor, si intravede la prossima meta, la spiaggia di Cala Pi de la Posada, chiamata brevemente Cala Pi oppure Platja de Formentor.

Cala de Formentor ► G 1

La baia si raggiunge percorrendo una strada ampia che parte dalla strada per Cap de Formentor e termina con un parcheggio a pagamento. Lungo la bella baia, dietro una pineta, si apre una spiaggia di sabbia bianca. Da quando non è più di proprietà privata dell'albergo, la spiaggia è diventata una meta molto popolare per le escursioni al capo. Più volte al giorno arrivano barche da Port de Pollença, perciò durante la stagione turistica la spiaggia è quasi sempre molto affollata.

La baia è diventata famosa soprattutto per la presenza del lussuoso albergo che porta lo stesso nome, l'**Hotel Formentor**. Fondato nel 1929 dal miliardario argentino Adán Diehl nella bellissima baia in mezzo alle pinete, è diventato un rifugio per ospiti illustri, che si davano appuntamento in questo luogo da sogno in occasione delle "settimane della saggezza". Tra i primi ospiti vi furono Winston Churchill, Charlie Chaplin e il Duca di Windsor.

Da quando l'ex spiaggia privata è diventata pubblica l'esclusività dell'hotel ha perso un po' del suo fascino. Oggi

Dal Mirador de la Creueta lo sguardo spazia sul mare fino al Cap de Formentor

l'albergo fa parte del gruppo Barceló, che l'ha ristrutturato e modernizzato. I prezzi rimangono comunque i più alti dell'isola; per un cane di piccole dimensioni che viaggia con il padrone si pagano 60 € al giorno.

La strada per il faro ► H 1

Attraversando la vallata dalla vegetazione rigogliosa, la strada che porta al capo sale gradualmente. Esattamente di fronte alla pietra che indica il chilometro 12 (non ci sono parcheggi), una stradina devia a sinistra in direzione di **Cala Figuera**, in passato una delle baie più appartate di Maiorca, da non confondere con l'omonima località balneare della costa sud-orientale (v. pag. 250). Dal parcheggio nei pressi del km 13 parte un sentiero ripido (circa 10 minuti) che scende alla piccola spiaggia, ancora oggi un luogo incantato, dove si respira un'atmosfera da mari del sud, non da ultimo per il colore turchese delle sue acque.

Poco più avanti, al km 13, presso le case di Cases Velles, inizia un sentiero (circa 2 km, 25 minuti) alla solitaria **Cala Murta**, famosa per la sua acqua limpida. Purtroppo anche questa non è più un luogo segreto, ma in alta stagione si può godere di una maggiore tranquillità rispetto alle grandi spiagge turistiche.

A questo punto la strada continua in salita su per il pendio roccioso del **Fumat** e poi attraversa un tunnel. All'entrata, una scala non troppo sicura e quasi in rovina si arrampica sulle rocce e consente di raggiungere la vetta del Fumat (334 m). La vista su Cala Figuera e i monti circostanti dal **mirador**, all'uscita della galleria, è altrettanto meritevole. Solo un centinaio di metri separano il visitatore dal **belvedere** successivo, che più precisamente si trova tra i chilometri 14 e 15. Da qui si può godere la vista sulle ripidissime pareti rocciose sulla cui vetta si vedono i fari che da lontano sembrano minuscoli. È uno dei panorami più fotografati.

La strada continua con una serie di curve, lasciando comunque spazio per nuovi scorci, uno diverso dall'altro. Dopo qualche chilometro si arriva al parcheggio del **faro** di Cap de Formentor. Qui, sotto una cupola di vetro a 210 m dal livello del mare, è attivo il faro più importante delle Baleari. I segnali luminosi emessi raggiungono le 36 miglia marine (66 km) e sono chiaramente visibili anche da Minorca.

Il lampeggiare del faro è particolarmente suggestivo di sera, quando il piazzale si svuota e il sole cala dietro a Cap de Catalunya a ponente.

Alcúdia ❗ ▶ G 2

Questa suggestiva città, ancora oggi completamente circondata da mura, si trova nelle immediate vicinanze di Port d'Alcúdia ed è visitata dai turisti delle località balneari limitrofe soprattutto nei giorni in cui si svolge il mercato.

Come testimonia un talaiot preistorico, la zona fu abitata dai rappresentanti di questa antica cultura finché i Fenici scoprirono i vantaggi naturali offerti da questa piccola baia così protetta. Essi crearono qui l'ormeggio Cunici, dove potevano sostare per poi proseguire fino al loro insediamento principale sull'isola di Ibiza (Eivissa). Nel 123 a.C., la spedizione punitiva romana guidata da Quinto Cecilio Metello scelse proprio la baia di Alcúdia per invadere l'isola e impartire una lezione ai pirati maiorchini. La resistenza degli abitanti non fu particolarmente decisa, e così i Romani riuscirono ad annettere il territorio al loro regno. Nel punto di approdo fondarono la prima

grande città, che chiamarono Pollentia, ossia "potenza". Anche alla popolazione fu permesso di partecipare a questo nuovo splendore e benessere, tanto che invidia e desiderio di vendetta non dominarono mai gli animi della gente, che neppure sentì la nostalgia per i presunti tempi d'oro del passato.

Purtroppo però, intorno al 440, i Vandali ridussero questa località portuale a un cumulo di macerie e anche i pochi abitanti sopravvissuti scelsero di abbandonarla. I profughi si spostarono nell'entroterra, dove crearono un nuovo centro, l'attuale Pollença (v. pag. 181). I pochi resti degli edifici servirono agli Arabi per procurarsi le pietre con cui costruire le loro case. Pertanto ad Alcúdia e nei dintorni non vi sono molte testimonianze della presenza romana.

Solo con la dominazione islamica questa località fu battezzata con il nome attuale, derivato dall'arabo Al Kudia, "la collina", e ritornò velocemente a essere un porto di grande interesse, che tuttavia non riuscì mai a eclissare l'ambiziosa Palma. Come in tutta Maiorca, anche ad Alcúdia nel XIV secolo la popolazione fu decimata da una forte epidemia di peste. Nel giro di soli sette anni (dal 1343 al 1350), la città perse quasi la metà dei suoi 2500 abitanti. In seguito bisognò attendere 200 anni prima che la popolazione tornasse a essere quella di una volta.

Data la sua posizione geografica, non sorprende affatto che Alcúdia sia stata prescelta dai pirati. Già Giacomo II aveva iniziato a circondare la città con delle mura, che nel corso dei secoli furono più volte fortificate. Ciononostante i pirati riuscirono ripetutamente a saccheggiare la località e a fare prigionieri molti schiavi per il commercio nordafricano.

La Porta de Sant Sebastià fa parte delle mura medioevali di Alcúdia

Ancora oggi sembra che un alito di quei giorni così travagliati pervada questa città quasi completamente rinchiusa da mura, rendendola di conseguenza una delle mete più interessanti di Maiorca.

Fondamenta romane 1

Lu–ve 9.30–20.30, sa/do 9.30–14.30, festivi chiuso, www.pollentia.net, biglietto cumulativo con il Museu Monogràfic de Pollentia, 4 €, piantine solo all'ingresso degli scavi romani

Le testimonianze più antiche sono concentrate al di fuori delle mura della città, e più precisamente di fronte alla chiesa di Sant Jaume, dove gli archeologi hanno riportato alla luce un **quartiere** della Pollentia romana in cui si riconoscono il tracciato della strada e le fondamenta delle case. Un po' più a sud, sulla destra della strada che conduce a Port d'Alcúdia, si incontra il piccolo **teatro romano** risalente al I secolo in cui sono ancora conservati i resti del palcoscenico e dei posti a sedere.

Oratori de Santa Ana 2

Un po' oltre, lungo la strada che conduce alla località Port d'Alcúdia, di fronte al cimitero si trova la **cappella romanica di Santa Ana**, una modesta chiesa del XIII secolo che sorse dopo la Reconquista. Per la sua costruzione sono stati utilizzati blocchi di pietra provenienti dalle fondamenta romane.

Portal Principal 3

L'ex **porta principale** (Portal Principal), detta anche Portal Sant Sebastià, domina le mura occidentali della città, da cui aggettano a intervalli regolari alcuni bastoni difensivi.

Església de Sant Jaume 4

Plaça de Jaume Qués, mag–ott lu–sa 10–13, me e ve 17–19, 2 €

Il fianco della Església Sant Jaume, nell'angolo a sud della città, è parte integrante delle mura esterne. Qui un piccolo portone permette di entrare nel cortile antistante la chiesa. Nel fossato esterno si riconoscono ancora alcuni resti risalenti ai sepolcri preistorici tipici della cultura dei talaiot.

La chiesa del XVI secolo è caratterizzata da un grande rosone sulla facciata orientale e controlla da lontano tutta la città. Nella navata centrale prevale lo stile gotico, con un altare di grande effetto; nella cappella laterale, che è molto ricca, è invece riconoscibile lo sfarzo tipico del barocco. Infine, nella cappella alle spalle dell'altare principale è conservato "El Santo Cristo de Alcúdia", un crocifisso di legno del XV secolo.

Museu Monogràfic de Pollentia [5]

C. de Sant Jaume, v. orari di apertura e ingresso sotto "Fondamenta romane"
Di fronte alla facciata nord della chiesa si trova il **museo archeologico**. Qui sono esposti soprattutto i ritrovamenti che risalgono ai primi anni della città, tra cui un busto in marmo, la statua di un guerriero di epoca romana, altri oggetti per la casa e reperti in argilla e bronzo.

In giro nella città vecchia

Passeggiando per i vicoli del centro, la fantasia prende il volo e sembra quasi di vivere in un paese medievale. Da non perdere assolutamente è la Plaçeta des les Verdures, con la sua magnifica **Casa Consistorial** (municipio) [6], sovrastata da una torre dell'orologio rivestita di piastrelle.

A est della città le mura si interrompono. L'ex porta del porto, la **Porta de**

Alcúdia

Xara 7, sulla Plaça de Carles V, è l'unico monumento rimasto, e ogni martedì e domenica ai suoi piedi si tiene un **mercato** che abbraccia quasi tutto il centro storico senza offrire alcunché di originale. Vi si incontrano gli stessi commercianti che si sono già visti in altri mercati.

Molto popolare è la corrida che ha luogo in estate. Questa manifestazione si svolge nella vecchia arena **Plaça del Bous** (Plaza de Toros) 8 situata nella parte settentrionale della città. Talvolta, per riguardo ai turisti, lo spettacolo prende una piega diversa rispetto alla tradizione spagnola: alla fine il toro è libero di tornarsene al pascolo.

Pernottamento

In città ci sono alcuni alberghi molto graziosi in palazzi ristrutturati.

Mediterraneo – **Sant Jaume** 1: C. de Sant Jaume, 6, tel. 971 54 94 19, www.hotelsantjaume.com, inizio nov/inizio mar chiuso, doppia da 110 € (alta stagione). Sei camere accoglienti, alcune con letto a baldacchino, in una casa padronale del XIX secolo completamente ristrutturata.

Fascino discreto – **Ca'n Pere** 2: Carr. Serra, 12, tel. 971 54 52 43, www.hotel canpere.com, doppia da 110 € (alta stagione). Albergo in centro ospitato in un edificio storico, ha solo poche camere.

Riuscita fusione di comfort moderni (televisione, Jacuzzi, WLAN) e ambiente classico. Bel cortile interno con ristorante molto accogliente, aperto anche ai non ospiti.

Accogliente – **Can Tem** 3: C. de l'Església, 14, tel. 971 54 82 73, www.hotel cantem.com, doppia da 115 € (alta stagione). In un antico palazzo del XVII secolo sono state ricavate solo quattro camere, arredate in parte con mobili antichi. Un altro punto a favore è il piccolo giardino dall'atmosfera molto intima.

Semplice e centrale – **Hostal L'Labres** 4: Plaça Constitució, 6, tel. 971 54 50 00, www.fondallabres.com, doppia con bagno da 45 € (alcune camere sono senza bagno). Alloggio semplice ma molto apprezzato. È il più antico della città. Si trova nello stesso edificio dell'omonimo ristorante (v. sotto), sulla piazza principale di Alcúdia.

Mangiare e bere

Poiché in città l'offerta gastronomica è orientata soprattutto ai molti turisti che arrivano in escursione giornaliera, ad Alcúdia non ci si può attendere una cucina raffinata. Accogliente è il ristorante **L'Labres** 4 in Plaça Constitució, dove si servono piatti standard, come paella e tapas (da ca. 4 €). Da consigliare anche il ristorante **Sa Portassa** 1 in Carrer Sant Vicenç, che propone piatti simili. Molto popolare è anche il **Can Costa** 2 in Carrer Sant Vicent 14 con prezzi a partire da 11 € (lu chiuso).

Acquisti

Mercato: martedì e soprattutto domenica i vicoli e le piazze della città vecchia si riempiono di bancarelle, dove si può trovare ogni sorta di articoli in cuoio e orologi falsi su imitazione degli originali. I commercianti sono gli stessi che si incontrano anche a Inca o Andratx. Altri mercati, ad esempio quelli di Sa Pobla (v. pag. 215, 216) e Bunyola (v. pag. 175), sono un po' più autentici.

Informazioni ed eventi

Informazioni turistiche
O.I.T. Municipal Alcúdia: C. Major, 17, tel. 971 89 71 00, turisme@alcudia.net, www.alcudiamallorca.com.

Mezzi di trasporto
Più volte al giorno collegamenti in autobus con Palma, circa ogni 30 minuti con Port de Pollença e Port d'Alcúdia, in estate anche 1v/giorno per Sa Calobra via Sóller e Santuari de Lluc. Con la linea A 32 si arriva direttamente in aeroporto.

Eventi
Festa Sant Jaume: 25 lug. Festa di una settimana in onore del patrono della città con spettacoli folkloristici, concerti e mostre.

La penisola Victòria ▶G/H 2

Le ampie baie di Pollença e di Alcúdia sono separate da una catena montuosa costituita da sedimenti in pietra calca-

rea che si getta in mare formando un promontorio spettacolare dal punto di vista paesaggistico. La penisola termina con **Cap des Pinar**, che, essendo zona militare, vieta il passaggio di turisti. L'area a sud, intorno ai monti Puig de Romani e Puig des Boc, è sotto tutela ambientale. Si consigliano quindi passeggiate a piedi o in bicicletta (v. pag. 202).

Uscendo da Alcúdia, a sud-est della città una strada secondaria conduce a Bon Aire, un quartiere residenziale ben tenuto con l'incantevole porto Mal Pas.

Ermita de Nostra Senyora de la Victòria ▶H 2

La strada, che offre una splendida vista sulla baia di Pollença, prosegue a curve fino alla Ermita de Nostra Senyora de la Victòria, un eremo a 140 m sul livello del mare. La sua storia inizia nel 1252. Si narra che un pastorello di nome Juan Boy avesse scoperto qui una statua della Madonna che i cristiani avevano nascosto prima dell'arrivo degli islamici. In seguito furono erette prima tre croci, e poi fu costruita una piccola cappella nel seminterrato di una torre di vedetta moresca. Da qui nacque un eremo abitato per secoli. Il 29 luglio 1684 i pirati distrussero la cappella, rubarono la statua della Madonna e rapirono l'eremita sessantenne Jaume Pujals. Poco tempo dopo i fedeli ritrovarono la statua intatta sull'altare, esattamente dove era sempre stata.

Pernottamento

Monastico – **Petit Hotel Hostatgeria Ermita de la Victòria:** al piano superiore dell'eremo, tel. 971 54 99 12, www.lavictoriahotel.com, doppia ca. 51 €. Camere semplici e funzionali con splendida vista lontano dal caos turistico.

Spartano – **Albergue Juvenil La Victòria:** Camino viejo de La Victòria, km 4,9, tel. 971 17 89 32, www.reaj. com. Uno dei due ostelli della gioventù delle Baleari (l'altro è a Minorca), letto da 9 €.

Eventi

Due giorni dopo Pasqua (il martedì) all'Ermita Nostra Senyora de la Victòria si svolge la festa di **Pancaritat**. Il 2 luglio la chiesa è meta di un pellegrinaggio in onore della Vergine in occasione della **Festa de la Mare de Déu de la Victòria**, che inizia già la sera precedente e alle 11 del secondo giorno raggiunge il suo culmine con una messa.

A piedi verso il Cap des Pinar ► H 1/2

Escursione di un giorno, molto bella ma impegnativa, di circa 12 km; lungo il percorso non ci sono possibilità di ristoro. Si arriva in pullman da Alcúdia fino al punto di partenza

Dall'**Ermita de Nostra Senyora de la Victòria** (v. pag. 198) si prende il sentiero in direzione Talaia d'Alcúdia e in circa 1 ora e mezza si arriva al punto panoramico **Penya Rotja** (chiamato anche Penya des Migda), dal quale si può godere di un magnifico panorama sulla costa fino al **Cap des Pinar**. Purtroppo non si può (ancora) arrivare alle belle spiagge ai piedi del Mirador perché sono zona militare chiusa al pubblico. Nell'ultimo tratto il sentiero (molto esposto, pericolo di vertigini) attraversa uno stretto tunnel di 3 m di lunghezza.

Escursione sulla penisola Victòria

Ritornati sul sentiero principale, dopo circa 3 ore totali si raggiunge il monte **Talaia d'Alcúdia** (440 m), da dove la vista è spettacolare. Da qui parte un sentiero che porta in un'ora abbondante al **Coll Baix**. Seguendo un sentiero tortuoso da qui si può scendere alla bella **Platja des Coll Baix**, circondata da ripide pareti rocciose. Se il tempo è buono c'è la possibilità di rinfrescarsi facendo un bagno in mare, tuttavia non si dovrebbe nuotare a causa delle forti correnti. A questo punto si ritorna al Coll Baix e seguendo la strada si prosegue in discesa superando un parcheggio, l'ingresso della Fondazione Jakober (v. sotto) e un campo da golf. Dopo circa 5 km si arriva alla località di **Mal Pas** (6 ore), e da qui si prende il pullman per Alcúdia.

Fundación Yannick i Ben Jakober ▶ H 2

Sa Bassa Blanca, tel. 971 54 98 80, www.fundacionjakober.org, lu e me–sa solo con visita previa prenotazione (11 e 15), ingresso da 9 €, ma 9.30–12.30, 14.30–17.30 ingresso libero per il parco delle sculture e la collezione "Nins"
Sulla strada del ritorno dall'eremo si può fare una deviazione al museo privato fondato da una coppia inglese, che comprende un parco delle sculture e un bellissimo roseto. Si seguono i cartelli "Fundació(n)". All'incrocio di Mal Pas presso il piccolo ristorante Del Sol si devia nel Camino den Muntanya, da cui si gira poi ancora a destra in una strada sterrata. Anche se le cartine lo indicano, non esiste un accesso diretto da Port d'Alcúdia via Alcanada.

Ben e Yannick Jakober hanno scelto questa tenuta, una delle *fincas* più belle dell'isola, come loro residenza quando l'ex banchiere (nato nel 1930 a Vienna) aveva scoperto il suo amore per l'arte e per Maiorca e aveva iniziato a lavorare come scultore. Oggi le sue opere sono disseminate in tutta l'isola, tra l'altro ce ne sono davanti all'aeroporto, nel Parque de Mar a Palma e al campo da golf di Camp de Mar. Nel 1993 i coniugi Jakober hanno trasformato la loro tenuta in una fondazione che si dedica all'arte spagnola.

Il parco ospita 23 opere di Jakober. In memoria della loro figlia morta in un incidente motociclistico in Polinesia i coniugi hanno costruito il museo "Nins", che espone una collezione di ritratti di bambini (dal XVI al XIX secolo).

Port d'Alcúdia ▶ G 2

Port d'Alcúdia ha una lunga tradizione come porto di pescatori, mentre oggi ha una certa importanza commerciale come porto turistico. Infatti Port d'Alcúdia è un conosciuto ormeggio per yacht e barche a vela. La **darsena** rappresenta quindi l'attrazione numero uno di questa città, altrimenti piuttosto anonima. Il massimo che si può fare è una passeggiata lungo il molo che porta al Club Nàutic. Fuori posto sembrano invece i ponticelli di legno che caratterizzano l'ingresso al porto. Ricordano infatti un enorme parco giochi, ma il loro unico scopo è quello di offrire al turista una visione d'insieme più soddisfacente.

Pernottamento

Questo porto non è molto richiesto come luogo di pernottamento, dato che a poca distanza si trova Platja d'Alcúdia (v. pag. 201, 204) con i suoi grandi alberghi sulla spiaggia.
In campagna – **Son Siurana**: Ctra. Palma–Alcúdia, km 42,8, tel. 971 54 96 62, www.sonsiurana.com, doppia da 160 €, colazione 12 €. Grande *finca* a circa 8 km da Port d'Alcúdia con 100 ha

di terreno su cui pascolano le pecore. Si alloggia in case arredate con gusto (da 2 o 4 persone), appartamenti (4 persone) o suite (2 persone). Bella piscina.

Affacciato sul porto – **Brisamarina:** Passeig Maritim 8, tel. 971 54 94 50, doppia da 62 € (alta stagione). Curato hostal a 2 stelle affacciato direttamente sul lungomare con camere semplici ma funzionali. Il bel panorama sul porto si paga, perché purtroppo le camere sono molto rumorose. Posto ideale per clienti di città che di sera amano trascorrere qualche ora in birreria, attenti al portafogli!

Mangiare e bere

Poiché molti alberghi sono all-inclusive, la scelta di ristoranti è limitata.

Giardino incantato – **Jardin:** C. dels Tritons s/n, tel. 971 89 23 91, www.restaurantejardin.com, lug/ago ma–do 19.30–22, gi–do anche 13.30–15, apr–ott me–do 13.30–15 e 19.30–22, nov–apr chiuso. Elegante ristorante in un giardino da sogno, con interni minimalisti. Menù a 11 portate 125 €, c'è anche un bistrot con piatti a ca. 25 €.

Cucina locale – **Posidonia Restaurante Mar i Terra:** C./Gabriel Roca, 27-A, tel. 971 54 52 97. Centrale sul lungomare, ma con buon rapporto qualità-prezzo. Buona cucina e servizio professionale. Specialità di pesce, ma anche piatti vegetariani. Primo o secondo da ca. 12 €.

Sport e tempo libero

Divertimento acquatico – **Hidro Parc:** Av. Tucán, tel. 971 89 16 72, mag–ott lu–do 10–18, 22 €, www.alcudia-waterpark.com. Scivoli come a S'Arenal e Magaluf, ma non così belli. Molti ristoranti.

Vela e surf – **Wind&Friends:** tel. 971 89 73 64, www.windfriends.com, apr–ott

lu–do 9–18. Proposte diversificate a seconda della richiesta, sia per bambini e principianti sia per esperti.

Biciclette – **Niu Wave:** C. Pollentia, 75. Una bella escursione porta ai Marjals de sa Pobla (v. pag. 217).

Gite in barca – **Transportes Marítimos Brisa:** Passeig Marítim, s/n, tel. 971 54 58 11, www.alcudiaseatrips.com, marott lu–do. Escursioni alla Platja de Formentor, 2v/settimana a Cala Sant Vicenç. Gite in barca a vela e barche con il fondo di vetro, immersioni.

Informazioni ed eventi

Informazioni turistiche

O.I.T. Port d'Alcúdia: Passeig Marítim, s/n, tel. 971 54 72 57, turisme@alcudia.net.

Eventi

Festa Patronal de Sant Pere: 25/26–29 giu, festa in onore del patrono dei pescatori (Pietro) con musica, processione in mare e fuochi artificiali.

Mezzi di trasporto

Barche: traghetti veloci (2 ore) Balearia (lu–sa, www.balearia.es) per Minorca, biglietti da 54 € (andata e ritorno).
Pullman: più v/giorno collegamenti con Can Picafort, Alcúdia, Formentor, Sa Pobla, Port de Pollença e Palma via Inca con cambio ad Alcúdia, lu–sa 2v/giorno pullman diretto per Palma. La linea A 32 va direttamente in aeroporto.

Platja d'Alcúdia ► G 2

Subito a sud-ovest della città inizia la lunga spiaggia di Platja d'Alcúdia, con i suoi complessi alberghieri e la larga Carretera d'Artà, in seguito chiamata Avinguda d'Albufeira. Alcune piccole lagune, ossia i resti di quella ▷ pag. 204

Approfondimento

Parc Natural de s'Albufera

La zona umida protetta è un rifugio per molti anfibi, base dell'alimentazione degli uccelli migratori che passano l'inverno nel parco.

Mappa: ► H 3

Informazioni: www.mallorcaweb.net/salbufera/index.html.

Ingresso: sulla strada Alcúdia–Artà di fronte all'Hotel Parc Natural.

Orari di apertura: estate lu–do 9–18, inverno fino alle 17. Ingresso libero.

Arrivo: in pullman da Port de Pollença, Port d'Alcúdia e Can Picafort, oppure in bicicletta lungo la M-12.

Consiglio: il mezzo ideale è la bicicletta (non mountain bike), i sentieri sono in piano e sono vietati ai mezzi a motore. Percorso ad anello di 12 km con punti panoramici.

L'entroterra alle spalle della baia di Alcúdia è una delle regioni più fertili dell'isola, e già ai tempi dei Romani veniva sfruttato per l'agricoltura.

Come già sottolinea il nome di origine araba Al-Buhayra (laguna), questa zona deve la propria fertilità ai sedimenti lasciati dal bacino d'acqua che a poco a poco sta scomparendo, e i cui resti arrivano comunque quasi fino alla zona degli alberghi. Nel 1988 1200 ettari di questa zona sono stati dichiarati proprietà del Parc Natural de s'Albufera, diventando la prima zona protetta delle Baleari. Il territorio è nato da un paesaggio paludoso, che iniziò a essere bonificato già nel XIX secolo. Ben presto però i ricchi raccolti a cui si era abituati furono distrutti dal crescente contenuto salino dato dall'acqua del mare che riusciva a penetrare nel terreno.

Un paradiso per molte specie di piante e animali

Nonostante la monotonia del paesaggio, queste paludi sono un vero paradiso per piante e animali, anche se questo non è immediatamente chiaro al primo sguardo. Le piante predominanti sono le canne e le piante erbacee, ma oltre a queste vivono nel parco 60 specie di funghi, tra le quali la *Psathyrella halofila*, scoperta solo nel 1992, che cresce solo qui. Ancora maggiore è il numero degli invertebrati: ne sono stati censiti oltre 300, tra i quali artropodi, aracnidi e meduse.

Il rifugio degli uccelli migratori

Dal sentiero, percorribile anche in bicicletta, partono delle passerelle dove si può andare solo a piedi che portano a punti di osservazione da cui si può osservare l'ambiente più da vicino. La cosa più interessante per i visitatori sono sicuramente le diverse specie di uccelli che trascorrono l'inverno nel parco. Tra di loro ci sono specie decisamente esotiche, come l'oca egiziana, l'ardea purpurea e l'ibis australiano. A S'Albufera sono state avvistate finora quasi 300 specie di uccelli. La tavola è ricca non solo per gli uccelli, ma anche per i turisti: infatti a poca distanza si trova il ristorante Mesón los Patos (v. pag. 205). Qui si può approfittare dell'ambiente circostante per provare una delle specialità della casa, i piatti a base di anguilla.

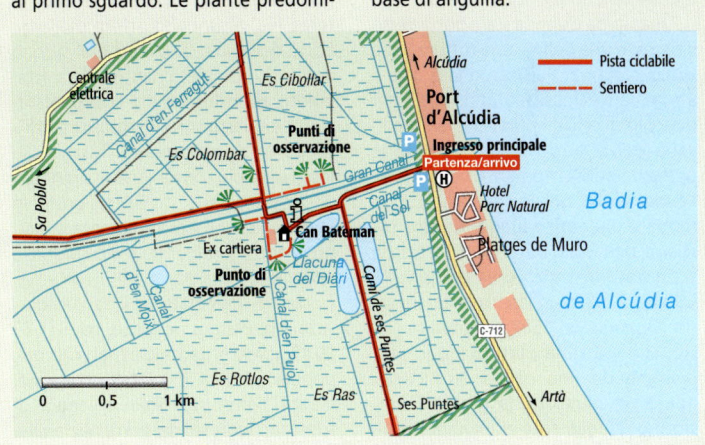

che una volta era una zona umida, alleggeriscono qua e là questo paesaggio densamente edificato. A sud la zona alberghiera prosegue senza interruzioni e si fonde con la località **Las Gavines** (Las Gaviotas) e la **Platja de Muro**, fino al limite del Parco nazionale di S'Albufera.

Cova de Sant Martí ▶ G 2

Solo una breve distanza separa la vivace strada principale da questo luogo nascosto e ancora molto romantico nel mezzo di un boschetto e indicato senza molta precisione. Venendo dalla strada in direzione di Port d'Alcúdia si gira a destra al grande incrocio di fronte al distributore di benzina e si prende Av. Pere Mas Reus (indicazione stradale). Si attraversa un piccolo ponte e appena si può si gira a sinistra (indicazione stradale). L'asfalto finisce presso un campo da golf. Si segue la strada sterrata per circa 100 m e poi si gira a destra (cartello molto sbiadito), si gira attorno a una rotonda coperta di erba, dove ricomincia la strada asfaltata, e poi dopo circa 300 m si gira a destra e ci si trova immediatamente in un piccolo bosco che si presta ottimamente a un picnic all'ombra.

Una ripida e umida scala porta verso il basso in una **dolina**, una rottura nella roccia calcarea. Purtroppo la grotta è attualmente chiusa (autunno 2017) per pericolo di crolli. I primi cristiani tenevano qui le loro riunioni durante le persecuzioni dei Romani e poi durante l'epoca araba, perciò questa grotta sarebbe il più antico luogo di culto cristiano dell'isola. Tuttavia la grotta è stata documentata per la prima volta solo nel 1266 in un lascito testamentario. Quando nel 1507 la statua di Cristo, che era stata portata qui in processione da una chiesa di Alcúdia, operò un miracolo, la grotta si trasformò rapidamente in un importante luogo di pellegrinaggio per tutta la re-

gione. Quello che si vede oggi è il risultato dei restauri compiuti nel 1993.

Ci sono due **altari**: quello a destra risale all'epoca di Giacomo II e rappresenta San Giorgio (Sant Jordi, patrono della Catalogna) che combatte contro il drago; l'altare a sinistra è dedicato a San Martino, da cui prende il nome la grotta. Non ancora chiaro è il significato delle **scalfitture** nella roccia all'ingresso della grotta e lungo la scala.

Proseguendo lungo la strada un po' dissestata si raggiunge dopo pochi metri la circonvallazione Ma-3470, che porta a destra a Port d'Alcúdia, a sinistra a Platja de Muro e Can Picafort. Proseguendo dritto (ma la strada non è più percorribile in macchina) si sale al **Puig Sant Martí**, ottimo punto di lancio per parapendio e deltaplani.

Pernottamento

I grandi alberghi sulla spiaggia si rivolgono, come quelli nella parte meridionale, ai turisti che acquistano pacchetti all-inclusive. Quelli più cari sorgono direttamente sulla spiaggia, quelli più economici sono invece in seconda o terza fila, alcuni addirittura dall'altra parte della strada. Molti hotel si sono dedicati completamente al trattamento all-inclusive, ma ci si può sottrarre a questa sorta di dittatura affittando un appartamento. Tutti gli alloggi sono più convenienti se prenotati all-inclusive piuttosto che sul posto. In inverno la zona è praticamente morta, quasi tutti gli alberghi sono chiusi tra novembre e marzo.

Lussuoso – **Parc Natural**: Crta. Alcúdia–Artà, s/n, Platges de Muro, tel. 971 89 20 17, www.grupotelparcnatural.com, doppia da circa 250 € (alta stagione, mezza pensione). Sulla spiaggia di fronte all'ingresso del parco nazionale, albergo a 5 stelle con camere spaziose ed eleganti suite. Giardino curato all'ombra degli alberi e grande piscina, specializzata in trattamenti-benessere.

Classico – **Palace de Muro:** Crta. Alcúdia–Artà, s/n, Platges de Muro, tel. 971 89 42 24, doppia da 214 € (alta stagione). Lussuoso albergo a 5 stelle in stile classico, sulla spiaggia accanto al parco naturale. 143 camere e suite eleganti con tutti i comfort, poche hanno la vista diretta sul mare.

Per tutta la famiglia – **Condesa de Bahia:** Carrer Roselles, 4, tel. 902 20 82 09, www.marhotels.com, doppia da 70 €. Grande hotel all-inclusive sulla spiaggia. Animazione anche per i bambini, quasi tutto il giorno. Non adatto a chi desidera tranquillità.

Mangiare e bere

Ci sono molti caffè e birrerie, ma pochi ristoranti degni di nota, almeno sinora.

Tipico e creativo – **Mesón Los Patos:** Camí de Can Blau, 42, tel. 971 89 02 65, www.mesonlospatos.com, me–lu 13–15.30, 19–23.30, gen/feb chiuso. Specialità maiorchine (come anatra secondo la ricetta della casa o anguilla) in un edificio storico. Primo o secondo da 15 €. Sul sito si trovano anche le ricette!

Informazioni

O.I.T. Port d'Alcúdia: Crta. Artà, 68, tel. 971 89 26 15.

Can Picafort e Son Bauló ► H 3

Can Picafort e Son Bauló sono la prosecuzione della zona turistica che parte da Port d'Alcúdia, interrotta solo dalla zona protetta Es Camú che arriva fino al mare e fa parte del Parco nazionale di S'Albufera (v. pag. 202). Orlata da pinete e dune di sabbia, la spiaggia porta anche il nome di **Platges de Muro** (Platja de Muro) ed è una popolare meta di escursioni per gli ospiti degli alberghi vicini, perciò in estate è piuttosto affollata. Tuttavia a causa delle forti correnti fare il bagno è piuttosto pericoloso. Le correnti spingono la sabbia verso nord, a tutto vantaggio della spiaggia di Alcúdia.

Can Picafort ► H 3

A Can Picafort sono stati fatti grandi investimenti per il turismo, e tra le altre cose è stato creato un lungomare dove si trovano alcuni ristoranti con terrazza sul mare. Inoltre i tratti di spiaggia adiacenti sono stati trasformati in aree verdi e chiuse al traffico, e di conseguenza anche gli alberghi che non si trovano in prima fila sul mare non sono disturbati dai rumori del traffico.

Pernottamento

Can Picafort è una delle roccaforti del turismo di massa, di conseguenza vi si trovano soprattutto grandi alberghi di media categoria, più economici se prenotati mediante un'agenzia.

In campagna – **Casal Santa Eulàlia:** Ctra. Santa Margalida–Alcúdia, km 1,8, tel. 971 85 27 32, 971 85 27 33, http://casalsantaeulalia.com, doppia da 240 €. *Finca* a gestione ecologica con orto e una vasta tenuta. Ambiente molto curato, diverse piscine, servizio attento.

Per chi cerca tranquillità – **THB Gran Playa:** Paseo Colon, 126, tel. 971 85 00 50, www.thbhotels.com, doppia con colazione da 95 €. Curato e internazionale (non per bambini). Stanze e piscina molto piccoli ma spiaggia e ristorante a due passi. All-inclusive o mezza pensione.

Accogliente – **Es Bauló Petit Hotel:** Av. Santa Margalida, 28, Can Picafort, tel. 971 85 00 63, www.esbaulo.com, nov–apr chiuso, doppia da 92 € (mezza pensione). Piccolo albergo tradizionale in una pineta un po' lontana da spiaggia e centro, monolocali e appartamenti.

Mangiare e bere

Le cose davvero particolari sono rare, anche se sul lungomare non mancano le occasioni per placare la fame e la sete.

Per famiglie – **Vinicius:** Av. José Trias, 27, tel. 971 85 07 06, www.restaurante vinicius.es. Popolare ristorante di lunga tradizione con vasta scelta di piatti. Buono anche per gli amanti del calcio. Primo o secondo da 12 €.

Curato – **Mandilego:** C. Isabel Garau, 49, tel. 971 85 00 89, ma–do 12–16, 19–23, metà dic–feb chiuso. Vicino al porto, piatti di pesce da ca. 14 €.

Creativo – **La Pinta:** Avinguda Josep Trias, 1, 12–22, in inverno chiuso. Ristorante nuovo con cucina internazionale. Buoni il servizio e il rapporto qualità-prezzo. Primo o secondo da ca. 10 €.

Caraibico – **Jamaica:** C. Isabel Garau/Via de França. Cocktail bar un po' sopra le righe sulla spiaggia con proprietario italiano. Ovviamente, musica reggae.

Informazioni

O.I.T. Can Picafort: Plaça Gabriel Roca, 6, tel. 971 85 03 10, lu–ve 10–13, 17–23, in inverno chiuso.

Pullman: collegamenti con Port d'Alcúdia, Alcúdia, Pollença e Sa Pobla (da qui coincidenza per Inca e Palma), in estate 2v/giorno corse per Port de Sóller via Santuari de Lluc, tranne do anche per Sa Calobra.

Son Bauló ► H 3

L'ex villaggio di **Son Bauló** confina con Can Picafort, da cui è diviso solo da un piccolo porto. Qui termina anche la spiaggia di sabbia che inizia a Port d'Alcúdia e inizia la costa rocciosa che annuncia il principio della Serra de Llevant. La Serra segue l'andamento della costa occidentale e poco più in là si butta nel mare al **Cap de Ferrutx (► J 1)**.

Necrópoli son Real ► H 3

Su una lingua di terra situata circa 1 km a est di Son Bauló, nella Necrópoli son Real si sono conservati gli interessanti resti di un insediamento preistorico (ingresso libero dalla Finca Son Real, dove si può parcheggiare, sulla MA-12). Su una superficie di 800 m^2 sono distribuite 110 tombe con 300 morti, che sono stati seppelliti qui tra l'età del ferro e l'epoca romanica (circa 700 a.C.–XII secolo d.C.). Poiché mancava un vero e proprio insediamento si è dedotto che lo spazio venisse usato come cimitero dalla popolazione maiorchina. Le tombe sono a pianta quadrata, ottagonale o rotonda, e seguono i modelli dell'età dei talaiot.

Un'altra necropoli si trova sull'isoletta di fronte, **S'Illot de Porros**. Qui sono stati rinvenuti i resti di 269 morti. Le tombe più antiche risalgono al IV secolo a.C. Probabilmente l'isola è servita come cimitero fino al Medioevo.

Per fortuna questo tratto di costa assieme al territorio retrostante, appartenente alla Finca Son Real, è stato acquisito dallo Stato e posto sotto tutela ambientale, perciò i progetti di costruire un altro campo da golf e nuovi alberghi sono rimasti sulla carta.

È possibile fare una bella **escursione** dalla Necrópoli Son Real lungo la costa interrotta da piccole spiagge di sabbia fino alla località di **Son Serra de Marina**, a 3,5 km di distanza.

A est della Badia de Alcúdia

Dopo Can Picafort la strada, che in passato era molto stretta, è stata ampliata e livellata, e questo ha certamente facilitato la circolazione, ma purtroppo impedisce lo stretto contatto con il paesaggio circostante. Dopo circa 5 km presso un antico talaiot si gira a sinistra e inizia la strada per la località di Son Serra de Marina.

Son Serra de Marina ▶ H 3

Questa piccola località, situata ai margini del Parc Natural de s'Albufera (v. pag. 202) è un nuovissimo insediamento caratterizzato da strade a scacchiera. Qui sorgono soprattutto le case per le vacanze dei maiorchini.

A est di **Son Serra de Marina** inizia la bella e ampia **Platja de sa Canova**, una spiaggia di sabbia lunga circa 1 km. Poiché non ci sono grandi alberghi la spiaggia è meno affollata di quelle di Can Picafort e Muro, più a ovest. L'estremità orientale della baia arriva fino alla località di Colònia de Sant Pere.

Una volta tornati sulla strada principale si procede in direzione di Colònia de Sant Pere. Dopo 1 km scarso conviene lasciare la strada principale e continuare sulla **strada vecchia** che serpeggia nella tenuta di Son Serra, la quale deve il suo nome all'Oratori de Sant Joan, situato all'interno della tenuta e ornato da capitelli romanici. Dopo aver superato la tenuta si torna sul tracciato della strada nuova. Percorsi altri 6 km si gira a sinistra per Colònia de Sant Pere.

Colònia de Sant Pere ▶ J 3

Si tratta di una località turistica tipicamente spagnola con una minuscola baia di sabbia, un piccolo porto e una passeggiata lungo file di tamarischi. È un ottimo punto di partenza per escursioni nella zona poco conosciuta di Cap de Ferrutx. Se volete esplorare meglio la zona è preferibile prendere una macchina a noleggio, perché i pullman sono molto rari.

Se si prosegue lungo la costa in direzione Cap des Pinar si incontrano ancora alcuni luoghi molto solitari sul mare. Dopo 5 km la strada conduce alla località di Betlem. Qui, all'entrata del paese, inizia una ripida salita (circa 1 ora e 20 min) per l'**Ermita de Betlem**, raggiungibile anche dalla strada che parte da Artà (v. pag. 271).

Pernottamento

Molto tranquillo – **Hotel Solimar:** C. les Margalidas, Urbanització Mont Ferrutz, Colònia de Sant Pere, tel. 971 58 93 47, www.hotelsolimar.eu, doppia da 60 €. Hotel gestito da tedeschi in un'ottima posizione tra mare e montagne e immerso in un giardino esotico con piscina. Ideale per il relax e le escursioni.

Mangiare e bere

Vasta scelta – **Sa Xarxa:** Passeig del Mar, s/n, Colònia de Sant Pere, tel. 971 58 92 51, www.sa-xarxa.com, ma–do 12–23 (lug/ago lu–do), nov–feb chiuso. La proprietaria Sabine Hagström incanta tutti con i suoi piatti, dalle tapas ai gamberi. Primo o secondo da 18 €, con vista sul mare compresa. Il rapporto qualità prezzo potrebbe essere migliore.

207

Es Pla, la pianura centrale

Approfondimento

Puig de Randa: l'imponente massiccio offre un magnifico panorama ed è il luogo di elezione degli eremiti di Maiorca. Dalle originarie caverne degli eremiti sono nati monasteri che sono ancora oggi attivi. P. 222

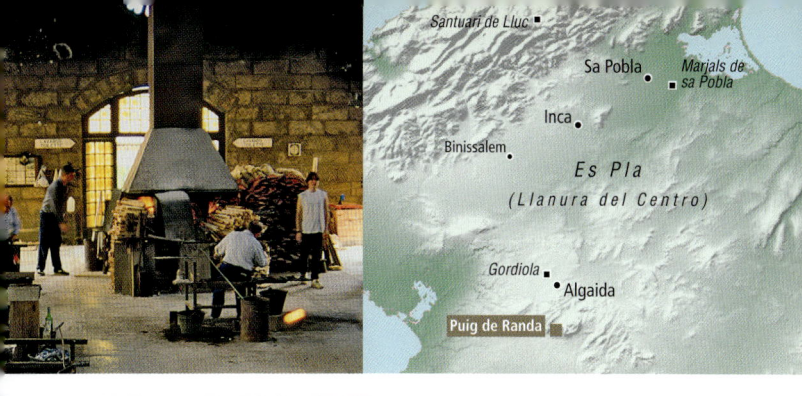

Da non perdere

Vetreria Gordiola: con abilità da acrobati i vetrai dell'officina situata vicino ad Algaida riescono a creare dalla massa incandescente oggetti fragili e colorati, a volte anche troppo leziosi. P. 220

A piedi e in bicicletta

Pellegrinaggio storico al Santuari de Lluc: il sentiero, oggi in buone condizioni, parte dalla pianura e sale tra l'ombra dei boschi fino al più importante monastero dell'isola. P. 215

Tour serale in bicicletta tra i Marjals de sa Pobla: questo giro in bicicletta porta dalle affollate spiagge della costa nord-occidentale all'entroterra rurale, tra stretti sentieri nelle campagne e storici mulini. P. 217

Vivere Maiorca

Degustazioni di vino a Binissalem: con un "wine express tour" o in bici, passando da una degustazione all'altra, ci si può rendere conto di come Maiorca possa confrontarsi con altri produttori internazionali, e abbia scelto di puntare sulla qualità prima che sulla quantità. P. 213

Al mercato di Sa Pobla: al mercato settimanale di Sa Pobla gli orologi rallentano. Qui le persone, soprattutto abitanti del luogo, si incontrano non solo per vendere e comprare. P. 215, 216

Di sera e di notte

Le birrerie di Inca: questi locali sono la controparte dei ristoranti eleganti e propongono gustosa cucina casalinga su lunghe tavolate sistemate davanti ai barili di birra. Un'atmosfera di cui si sentirà la mancanza una volta tornati a casa. P. 214

Es Pla, la pianura centrale

L'area più grande dell'isola è occupata dalla pianura centrale: Es Pla (Llanura del Centro). Es Pla confina a nord con il massiccio della Serra de Tramuntana, a est con la catena montuosa della Serra de Llevant e infine, a sud-ovest e a nord-est, la pianura si getta in mare in corrispondenza delle baie di Palma e Alcúdia, interrotta dal massiccio del Randa, alto 500 m. Questa zona agricola fertile e pianeggiante è infatti intercalata solo qua e là da qualche rilievo, su cui si trovano spesso chiese, eremi e insediamenti isolati. Le sole precipitazioni non sarebbero però sufficienti a rendere così

fertile questo territorio, perciò è una vera e propria fortuna che le falde freatiche siano a un livello facilmente raggiungibile. Nell'antichità gli abitanti si dovevano accontentare della *noria* azionata dagli asini. Si tratta di un pozzo che forniva l'acqua necessaria utilizzando delle ruote dentate di legno e dei secchi d'argilla ad esse fissati. Fino alla metà del XX secolo e oltre, per pompare l'acqua da profondità maggiori si utilizzarono le pale eoliche. Ma con la frenesia dell'era moderna la richiesta d'acqua è aumentata in maniera esponenziale e perciò sono stati introdotti i motori elettrici e a diesel. I mulini a vento, da sempre emblemi dell'isola, sono oggi conservati in fase di decadimento, ridotti a meri relitti del passato. A Sa Pobla (nella parte settentrionale di Maiorca), a Campos (nella zona meridionale dell'isola) e alle porte di Palma è ancora possibile vedere alcuni importanti esemplari.

La pianura centrale è il posto ideale per allontanarsi un giorno dalle località balneari. Chi ha tempo di percorrere la strada secondaria più stretta e vuole visitare i paesini non contemplati dalle guide turistiche dovrebbe attraversare la Llanura, dove si ha la possibilità di entrare in contatto con la Maiorca contadina di un tempo. Ma anche qui sono già in corso significativi cambiamenti. Alcune fattorie hanno infatti proprietari nuovi, che in brevissimo tempo e con grandi investimenti hanno trasformato questi edifici da quello che erano, ovvero un cumulo di rovine e macerie, in residenze principesche. E così, dietro l'antichissimo nome di *finca* (piccola fattoria), si nascondono oggi strutture costate milioni di euro con tanto di piscina e campi da tennis. Della tradizionale fattoria maiorchina, quindi, è rimasta ormai soltanto la pianta.

Infobox

Organizzazione del viaggio

La pianura centrale è ben collegata con le zone circostanti tramite l'autostrada Ma-13 (Palma–Port d'Alcúdia, parallela alla Tramuntana) in direzione nord-est e l'autostrada Ma-15 (Palma–Manacor) in direzione est, che si prevede di allungare fino ad Artà. Inoltre c'è un'efficiente linea ferroviaria che porta da Palma via Inca e Sineu fino a Manacor, con una deviazione per Sa Pobla (www.tib.org/web/ctm/tren).

Alcune mete lungo la strada Palma–Alcúdia

L'autostrada che porta da Palma verso nord e la strada statale parallela collegano alcuni luoghi degni di nota. Strade affascinanti e poco battute portano a mete nell'entroterra, verso la Tramuntana, e da qui oltre le montagne fino alle località della costa a nord-est, come ad esempio Pollença o Sóller, ma anche a monasteri ricchi di fascino, come Valldemossa e il Santuari de Lluc (p. 167).

Pecore su un prato della pianura Es Pla

I dintorni di Sa Cabaneta ▶ D 4

Sa Cabaneta è famosa per la produzione dei *siurell*, fischietti di ceramica bianchi con tocchi di rosso e verde e un aspetto piuttosto arcaico. La loro origine viene fatta risalire ai bronzi fenici dell'epoca precristiana. Anche il pittore e scultore Joan Miró fu affascinato dall'originalità di questi oggetti, tanto che per passione iniziò a collezionarli. Nonostante il passare dei secoli, le forme di questi oggetti sono rimaste invariate. Si trovano in commercio soprattutto donne, uomini, cavalli e tori. Un *siurell* è senza ombra di dubbio il souvenir più caratteristico di Maiorca. Il paese vicino, **Pórtol**, si è invece specializzato nella produzione di articoli in ceramica per uso quotidiano. Nel **Museu del Fang** nella vicina **Marratxí** (C. del Molí, 4, il museo è segnalato con cartelli, necessaria prenotazione, tel. 971 79 76 24, Oficina de Cultura) ci si può fare una vera e propria cultura sulla lavorazione della ceramica.

Eventi

Fira del Fang: inizio di marzo. Fiera della ceramica di più giorni dove si trovano prodotti di ogni genere.

Santa Maria del Camí ▶ D 4

La località nota per la sua produzione artigianale, in particolare per i **tessuti Ikat**, oggi è continuamente minacciata dall'ampliamento della capitale dell'isola, Palma, che da qui a poco la ingloberà completamente. Già i Romani avevano creato un piccolo centro intermedio sul tragitto che collegava le due città maggiori (Palma e Pollentia) e che poi fu sviluppato dai Mori con il nome di Canarossa.

Particolare attenzione meritano l'imponente chiesa parrocchiale di **Santa María del Camí**, con la torre rivestita di piastrelle e il retablo gotico risalente al 1384 "Maria con il Bambino" del pittore Joan Massana, e l'ex mona-

Consiglio

Shopping al Festival Park ▶ D 4
I negozi di questo enorme complesso, che si vede già dall'autostrada, sono aperti tutti i giorni compresa la domenica fino alla sera tardi. Il nome Festival non si riferisce a manifestazioni culturali di qualche genere, ma allo shopping sfrenato che si scatena nei numerosi outlet presenti in questo centro commerciale. Nei negozi si trovano a prezzi convenienti soprattutto vestiti di tutti i tipi e scarpe di marche famose, ma il centro ospita anche ristoranti, bar, una sala da bowling e perfino un cinema. Un vero tempio del consumismo su modello dei grandi mall americani (www.festivalpark.es, raggiungibile anche in treno da Plaça de Espanya a Palma, lu–sa 10–22, do in estate 10–22, in inverno 11–21).

stero dei frati minori **Monestir de Nostra Senyora de la Soledad**, sulla strada principale, che risale al XVII secolo.

Pernottamento

Relax allo stato puro – **Torent Fals**: Ctra. Santa Maria Sencelles, km 3,5, tel. 971 14 45 84, www.torrentfals.com, doppia con colazione da 159 €. Hotel con camere, bungalow e piscina ricavato da una *finca* in mezzo ai vitigni. Si raggiunge comodamente in macchina pur essendo appartato dalla realtà urbana.

Mangiare e bere

Al vecchio mulino – **Moli des Torrent:** Ctra. de Bunyola (MA-2020), 75, tel. 971

14 05 03, ve–ma 13–15.30, 19.30–23.30, in inverno chiuso. Cucina creativa (ad es. gamberi con insalata di patate) proposta dai coniugi Himpert tra i muri di un vecchio mulino sotto tutela storico-artistica. Molto popolare, meglio prenotare. Primo o secondo da 20 €.
Oasi benessere – **Bistro 19:** Plaça Hostals, 19, tel. 971 14 00 16, me–do 11–23. Ristorante bistrot in un edificio storico che è anche sede di "Livingdreams", showroom di mobili da giardino fatti su misura. Tapas dalle 16; è necessario prenotare per cena. Primo o secondo da ca. 16 €.

Acquisti

Stoffe raffinate – **Artesanìa Textil Bujosa:** C. Bernardo Santa Eugenia, 53, tel. 971 62 00 54, www.bujosatextil. com. Uno dei posti migliori dell'isola per acquistare stoffe di lino e di cotone in stile Ikat. Per la produzione vengono ancora utilizzati telai di 100 anni fa.
Mercato della domenica – Grande **mercato** con articoli e specialità locali.

Binissalem ▶ E 4

5 km dopo Santa Maria del Camì l'autostrada Ma-13 e la statale parallela Ma-13A incontrano la cittadina di Consell, da dove parte una strada per Alaró. Dopo altri 5 km si raggiunge Binissalem, la località più importante di Maiorca per la coltivazione della vite.

Questa cittadina, famosa per la produzione di vini e liquori, sorge intorno a una casa di campagna moresca dell'XI secolo. Già nel XIV secolo qui si coltivava la vite, e il vino di queste zone è l'unico ad avere la Denominazione di Origine Controllata (Denominacion de Origen). Pertanto la maggiore festa del paese non è dedicata al santo patrono, ma alla vite (Festa des Vermar, ultima domenica di settembre). Quando si entra nella *plaça* si vede la bella **chiesa parrocchiale L'Asunçion**, che fu iniziata nel XIII secolo ma assunse la forma attuale solo nel XVIII secolo. In essa è custodito un bellissimo retablo.

Per conoscere la tradizione secolare di questo paese non ci si deve accontentare di visitare il **monumento alla viticoltura** posto di fianco alla chiesa. Molti viticoltori, infatti, invitano i turisti nelle loro **tenute** per gustare il risultato del loro lavoro. Ogni venerdì, giorno di mercato, alle 11 la *plaça* di fronte alla chiesa si trasforma in una sorta di **palco folkloristico**.

Pernottamento

Rurale – **Finca es Castell:** C/Binibona s/n, Caimari, tel. 971 87 51 54, www.fincaes castell.com, aperto tutto l'anno, doppia da 165 € (alta stagione). *Finca* in posizione da sogno ai piedi della Tramuntana, ospitata in una vecchia fortezza.

Consiglio

Tour con degustazioni di vino
Alcuni produttori di vini, tra cui Ferrer, hanno deciso di collaborare per proporre diverse tipologie di tour all'interno delle loro cantine, naturalmente con degustazioni (www.mallorcawine tours.com). La soluzione più popolare è il "Wine-express", un trenino per turisti (3–4 ore, 49 €). In alternativa si può fare un tour in bicicletta (75 €) o anche un tour in barca, che però costa molto di più (225 €).

Grande giardino, piscina e vista panoramica. Lontano dallo stress.

Inca ►F 3

La tappa successiva che si incontra proseguendo verso nord-est è Inca, che con 20.000 abitanti è considerata una delle città più grandi dell'isola e un importantissimo centro industriale. Questa città moderna, piuttosto anonima, deve la sua popolarità come meta turistica soprattutto al **mercato del giovedì**, alle pelletterie e alle tradizionali cantine.

Il mercato, che ogni giovedì occupa i vicoli della città vecchia, nasce principalmente con l'intento di soddisfare la curiosità dei turisti. Esso offre infatti un'ampia scelta di souvenir. Sono sempre molto affollate anche le bancarelle che vendono abbigliamento, articoli per la casa come posate e stoviglie, e CD di artisti locali. Chi cerca i tantissimi e coloratissimi prodotti dell'agricoltura maiorchina e vuole sentire il tipico odore del pesce, delle olive e dell'aglio, deve visitare il **mercato coperto** che si tiene in Carrer Miquel Duran tutte le mattine dal lunedì al sabato.

Le **pelletterie** sono concentrate nei pressi della stazione. Da tempo non si limitano più alla semplice produzione. È infatti più redditizio organizzare autobus di potenziali clienti, piuttosto che andare a distribuire faticosamente i prodotti nei singoli negozi. I prezzi non variano molto da quelli proposti a Palma o nelle maggiori località balneari, ma la grande quantità di offerte è insuperabile.

Non bisogna però dimenticare di visitare la bella **chiesa di Santa Maria Major** (XIII secolo), restaurata da alcuni anni, che è stata eretta sulle fondamenta di una moschea (aperta di giovedì durante il mercato). Molto in-

Consiglio

Sanctuari de Santa Magdalena

La collina alta poco più di 300 m, situata ca. 6 km a nord-est di Inca, è zona protetta e qui si trova l'ex Eremitage Santa Magdalena.

Nel 1434 l'eremo divenne luogo di pellegrinaggio; nel 1491 le monache vi fondarono un monastero, che nel 1964 è stato definitivamente chiuso. Oggi il luogo è frequentato dalle famiglie maiorchine come meta ideale dove fare un picnic domenicale, non da ultimo per il bellissimo panorama sulla pianura sottostante (ristorante 12–16, 19–23, chiuso lu sera e ma).

teressante è anche la centrale **Plaça d'Espanya**, che offre alcuni significativi esempi di edifici in stile Art Nouveau. Anche nelle vie commerciali che sono disposte attorno alla zona pedonale e nei pressi della plaça si possono osservare le facciate storiche di alcuni palazzi risalenti agli anni '20.

Mangiare e bere

Una peculiare e piacevole attrazione di Inca sono senza dubbio i *cellers*, locali rustici derivati dalle antiche cantine della città. I *cellers* sono arredati ancora oggi in stile rustico con vecchie botti a vista.

La prima cantina – **Ca'n Amer:** C. Pau, 39, nel mercato coperto, www.cellercanamer.es, lu–do 13–16.30, lu–sa anche 19.30–23.30, mag–ott sa/do chiuso. Cantina ormai divenuta un'istituzione, perciò spesso sovraffollata. Tempio della gastronomia maiorchina ospitato

in una ex cantina con soffitto a volta. Primo o secondo da ca. 15 €. Specialità della casa: *sopes mallorquines* (zuppa di verdure).

Autentico – **Celler C'an Ripoli:** C. Jaume Armengol, 4, tel. 971 50 00 24, lu–sa 13–16, 19.30–23. Gustosa cucina maiorchina (ad esempio *tumbet*). Primo o secondo da 12 €.

Vale la strada – **Santi Taura Restaurante:** Joan Carles I, 48, Lloseta, tel. 656 73 82 14, www.restaurantsantitaura.com, me–lu 13.30–15–30, 19.30–22.30. Non si ordina alla carta ma c'è un ottimo menù completo di 6 portate (ca. 40 €). Consigliata la prenotazione.

Acquisti

Sportivo e chic – **Recamper Factory Outlet:** PG Industrial, s/n, www.camper.com, lu–sa 10–20. Outlet della famosa fabbrica maiorchina di scarpe.

Elegante – **Barrats:** General Luque, 480, www.barrats1890.com, lu–sa 10–20. Articoli di pelletteria realizzati con buon gusto.

Giacche – **Munper:** Ctra. Palma–Alcúdia, km 30, uscite 27 e 30, www.munper.com, lu–sa 10–20. Outlet della fabbrica di prodotti in cuoio Munper.

Informazioni

Ajuntament Inca: Plaça d'Espanya, 1, tel. 971 880 150, www.ajinca.net. Piccolo punto informazioni nel municipio.

Giovedì grasso: un gi di metà nov. Questo mix tra una fiera agricola, un mercato e un festival attira migliaia di persone a Inca. Un'occasione per conoscere le specialità locali.

Treni: lu–sa 6–22 ogni 25 min ca., do e festivi ogni 45 min. collegamenti con Palma, meno frequenti in direzione Manacor e Sa Pobla (www.tib.org).

Pullman: collegamenti con il Santuari de Lluc e con Alaró, Alcúdia e Port de Pollença (orari: www.tib.org).

Verso il Santuari de Lluc

Da Inca parte una delle più belle strade di Maiorca, che sale sulla Serra de Tramuntana seguendo un antico sentiero di pellegrinaggio oggi rimesso in sesto che corre parallelo alla strada. Il sentiero viene spesso utilizzato dagli escursionisti (è parte del sentiero GR 222 Artà–Lluc), ma anche i ciclisti più intraprendenti si cimentano con questa ripida salita a tornanti.

Selva ▶ F 3

Dopo 4 km si raggiunge **Selva**, dove si trova la chiesa gotica di **Sant Lorenç**, che custodisce importanti dipinti dell'artista maiorchino Antoini di Veri i Salas e preziose opere di arte sacra. Per il resto questo paese situato in cima a una collina offre un bel panorama sulle vicine montagne.

Informazioni

www.ajselva.net: informazioni.

Sul sentiero dei pellegrini

Quando si giunge a **Caimari** le montagne sono ormai vicinissime e le strade cominciano a salire a tornanti sulla Tramuntana fino al monastero di Lluc. La strada costeggia l'antica **via di pellegrinaggio** (▶ E 2/3), ripristinata e provvista di segnaletica. Questo percorso fa anche da sfondo alla leggenda del "Salt de la Bella Donna" (il salto della bella donna). Mentre si dirige con sua moglie al monastero di Lluc, il contadino Palóu di Selva passa davanti a un dirupo. Stanco della bella donna, decide di approfittare del momento, spingendola e facendola precipitare nel vuoto. Grandissimo è però lo spavento dell'assassino quando, il giorno dopo, egli vede sua moglie inginocchiata davanti all'altare e immersa in una preghiera di ringraziamento alla Santa Vergine che ancora una volta le ha salvato la vita. Non si sa con esattezza quale sia il punto esatto a cui si riferisce questo episodio. Si pensa alla scarpata vicina, dove la strada si arrampica verso le cime, e da dove si gode un ampio panorama sulla pianura circostante prima che la strada prosegua tra i fitti boschi. Al **Coll de sa Batalla** la C-2130 incontra la strada che sale sulla Tramuntana, la Ma-10. Se si gira a destra si arriva al vicino monastero di Lluc (v. pag. 167), mentre a sinistra si raggiunge Sóller (v. pag. 154).

Sa Pobla ▶ F/G 3

La cittadina di Sa Pobla è oggi un vivace centro che si avvantaggia dei buoni collegamenti stradali con la capitale. L'autostrada per Palma conduce fino all'entrata della località, e ultimamente anche la ferrovia, che è stata ampliata fino a raggiungerla.

Sicuramente già i Romani praticavano l'agricoltura in questa zona, dato che Alcúdia e Pollença non sono lontane, e gli Arabi possedevano qui una tenuta chiamata Huayar Alfahs.

Il mercato

Il centro e luogo di mercato di Sa Pobla è Plaça de la Constitució (Plaça Major), ombreggiata dagli alberi, dove si trovano anche il bel **municipio** e la chiesa

I luoghi del cuore

Sa Pobla: il mercato settimanale

Al mercato di Sa Pobla non si trovano souvenir kitsch o i soliti oggetti in cuoio, al contrario. Qui gli abitanti del posto si riforniscono di tutto quello che serve per cucinare le gustose specialità isolane. Nei piccoli caffè attorno alla piazza gli anziani sorseggiano il loro *cortado* o una bottiglia di vino. Tutti parlano tra di loro, si sentono a casa. Il turista è quasi un voyeur, come se si trovasse in un mondo sconosciuto, come in effetti può apparire l'altra Maiorca, quella più autentica, che non si vede quasi più perché è stata spazzata via dal turismo di massa.

di **Sant Antoni Abat** del XIV secolo. Prima della sua costruzione i fedeli andavano nella vicina chiesa di Crestatx, sulla strada per Pollença.

Bisognerebbe venire a passeggiare per Sa Pobla la domenica mattina, quando la piazza si riempie di bancarelle del mercato, che ancora oggi offrono prodotti regionali per i clienti del posto. Nei piccoli caffè della piazza si affollano i vecchi del paese, che si godono lo spettacolo settimanale del mercato.

Il complesso museale

C. Antoni Maura, 6, ma–sa 10–14, 16–20, do 10–14, 4 €

Lo storico palazzo **Can Planes** è stato trasformato in una sede di due musei. Il più insolito è il **Museu de Sant Antoni i el Dimoni**, dedicato alla Festa de Sant Antoni Abat (v. sotto). Qui si possono vedere i costumi usati per la festa e si può guardare un video proiettato per coloro che non possono assistere alla festa dal vivo. Il secondo museo, il **Museu d'Art Contemporani**, si dedica con esposizioni temporanee all'arte moderna dell'isola.

Mangiare e bere

Prezzo imbattibile – **Mare Nostrum:** C. Ric, 35, tel. 670 51 46 87, lu, me–ve 17–23, sa/do 12–23. Di locali così se ne trovano anche altrove, ma qui servono un menù da 7 portate a meno di 20 €. Prenotare in anticipo.

Informazioni ed eventi

Festa de Sant Antoni Abat: 16/17 gen. La festa in onore del santo patrono è celebrata a Sa Pobla in modo spettacolare. I fuochi infuriano nelle strade e i simulacri del diavolo che aveva indotto il santo in tentazione, i *dimonis*, bruciano

per le strade durante la notte. I falò sono accompagnati da musica e balli.
Treno: collegamenti da Palma via Inca ca. ogni 30 min. tra le 6 e le 22 (tempo di percorrenza 1 ora, www.consorcide transports.org).
Pullman: 2 v/giorno collegamenti con Can Picafort, Port d'Alcúdia e Alcúdia, più volte al giorno con Pollença e Port de Pollença.

Nella piana di Sa Pobla

La striscia di terra che si collega a sud-ovest alla zona costiera di Port d'Alcúdia era in passato una parte delle paludi di Albufera, che si estendevano in epoca preistorica fino a Sa Pobla e alle porte di Alcúdia. Più tardi questa zona paludosa è stata trasformata in un'area intensamente coltivata, caratterizzata da mulini a vento che ancora oggi esistono, anche se la loro funzione di pompaggio è stata ormai da tempo sostituita da più efficienti motori diesel.

Tutta la regione è attraversata da sentieri di campagna ed è particolarmente adatta per escursioni in bicicletta, partendo dalle località balneari di Can Picafort e Port d'Alcúdia. Bisogna mettere in conto qualche salita un po' faticosa, se si vuole visitare le località situate in cima alle colline.

Marjals de sa Pobla ▶ F/G 3

Da Sa Pobla la strada per Muro attraversa la zona dei mulini detti Marjals de sa Pobla. Qui ci si può inoltrare tra le numerose stradine di campagna che portano alle fattorie per avvicinarsi il più possibile a uno dei mulini storici, un'eredità maiorchina dei tempi dei Mori. Molti di essi oggi sono in rovina, ma spesso può capitare di vedere girare ancora le loro pale, alcune rivestite con delle vele. Il ritorno fra i campi è particolarmente suggestivo al tramonto.

Se siete in bicicletta potete tornare verso la costa attraversando il Parc Natural de s'Albufera, seguendo la strada 3431 per Can Picafort e utilizzando per l'ingresso una delle entrate laterali del parco.

Sport e tempo libero

In bici fra i mulini – Idea per un'escursione: noleggiare una bicicletta (v. pag. 201) e pedalare nel crepuscolo tra i Marjals de sa Pobla.

Muro ▸ G 3

La cittadina piuttosto anonima, caratterizzata da lunghe strade rettilinee, è dominata dalla **chiesa di Sant Joan Baptista** sulla Plaça Comte d'Empúries. La chiesa originaria risale al 1300, ma ha assunto il suo aspetto odierno nel XVI secolo. Il santuario ha la forma di una vera e propria fortezza, e non senza motivo, perché ai pirati dell'epoca non era sfuggita la grande ricchezza della cittadina, che era costantemente minacciata dai saccheggi.

Una particolarità della chiesa è il campanile isolato, aggiunto solo in epoca successiva e collegato con l'edificio principale da un ponte. Sull'ingresso laterale si trovano una meridiana del XVIII secolo e un portale riccamente decorato. Se il campanile è aperto vale la pena di salire per godersi lo splendido panorama.

Museu Etnològic de Muro
C. Major, 15, ma–sa 10–15, gi anche 17–20, do fino alle 14, ago chiuso, ingresso libero

La passata ricchezza della città è testimoniata anche dalla presenza di numerose case padronali. Una di esse, il **Casal dels Simó** del XVII secolo, ospita il museo etnologico, che ha preso origine da una collezione privata. Il museo, che è amministrato oggi dal Museo de Mallorca di Palma, è allestito con cura e fornisce un'idea dell'antico stile di vita dell'isola. Nelle sale sono infatti esposti mobili storici e oggetti di uso quotidiano utilizzati per le attività più disparate. Si possono poi osservare diversi *siurell*, la farmacia storica dell'ex proprietario del palazzo e nel giardino una ruota per l'estrazione dell'acqua dal sottosuolo (*noria*) che in passato veniva azionata da un asino.

Informazioni ed eventi

www.ajmuro.net: sito del comune con informazioni sulla zona (in spagnolo). **Treno:** ca. ogni ora collegamenti con Palma via Inca e con Sa Pobla.

Santa Margalida ▸ G 3

Solo 8 km separano la strada costiera Port d'Alcúdia–Artà dalla località di Santa Margalida, che rappresenta ancora oggi la Maiorca tradizionale. La strada principale sale ripida fino alla piazza del mercato, fiancheggiata da alcuni piccoli caffè. Questo insediamento fu abitato prima dai Romani e in seguito sotto la dominazione araba divenne il centro di una tenuta. Con il tempo divenne uno dei primi luoghi in cui arrivarono e si stabilirono i monaci catalani. Dalla chiesa, situata un po' sopra la piazza e costruita poco dopo la Reconquista, si offre l'ampio panorama su tutta la pianura, coltivata intensamente e tappezzata di orti e vigne.

Sineu ►F4

I resti della cultura dei talaiot rinvenuti a Son Creixell e a Sa Ritxla e di un insediamento romano chiamato Guium testimoniano la ricchezza storica di questa cittadina, che costituisce il centro geografico dell'isola. Sia durante la dominazione araba sia sotto il potere dei primi re di Maiorca, Sineu rappresentò un importante centro amministrativo, che per un certo periodo ospitò persino la residenza reale. Ancora oggi Sineu, che ha poco più di 5000 abitanti, ha un aspetto medioevale ed è stata poco coinvolta nel vorticoso sviluppo dell'isola.

Església de Santa Maria de Sineu

Questa grande chiesa sorge in centro in posizione elevata e risale al 1248. A seguito di un devastante incendio, nel 1505 è stata ristrutturata in stile gotico. Con i pilastri di sostegno simili a portici e il campanile separato ricorda molto la chiesa di Muro (v. pag. 218).

Davanti alla facciata spicca il leone alato di Sineu, posto qui solo nel 1945, che come a Venezia simboleggia San Marco. Il fianco della chiesa è caratterizzato da una meridiana del 1783. All'interno sono conservati arredi liturgici di grande valore, come antichi ostensori e crocifissi, un altare dedicato a Maria del XV secolo e rappresentazioni espressive di artisti maiorchini che riproducono la Passione di Cristo.

Attorno a Plaça d'Espanya

Uno stretto passaggio tra la torre e la chiesa porta nella Plaça d'Espanya, che ospita anche il **mercato**. A nord dell'edificio sacro sorge la **Casa Consistorial** (municipio), che in passato faceva parte del monastero francescano e che oggi è caratterizzata da un cortile interno circoscritto da belle arcate. Qui

accanto si trova anche il convento di **Sant Francesc**. A ovest della piazza si trova l'ex palazzo reale, detto **El Palau**. Fino al 1349, quando Maiorca divenne parte del Regno di Aragona, questo palazzo fu la residenza di Giacomo II. Oggi invece è diventato un convento di monache francescane (Convent den Monjas).

Mercato settimanale

Vale sicuramente la pena visitare il mercato settimanale che si tiene ogni mercoledì a Sineu. A differenza di tutti gli altri mercati frequentati dai turisti (come quello di Andratx e di Inca), questo è infatti indirizzato più che altro agli abitanti del posto. In vendita si trovano anche graziosi oggetti di ceramica, moto adatti come souvenir. Interessante è anche il mercato del bestiame che si tiene poco fuori dal centro.

Pernottamento

Romantico e confortevole – **Hotel Son Cleda**: Plaça de Fossar, tel. 971 52 10 27, www.hotelsoncleda.com, doppia da ca. 108 €. Piccolo hotel centrale con camere arredate con buon gusto.
Economico – **Celler de Ca'n Font**: Sa Plaça, 18, tel. 971 52 02 95, www.canfont.com, doppia 85 €, singola 59 €. Accogliente albergo di piccole dimensioni in centro, con cinque camere doppie e due singole (tutte climatizzate). Il ristorante non è un granché (do sera e gi chiuso).

Mangiare e bere

Nel vecchio magazzino – **Sa Pamboleria**: Santa Margalida, 1, tel. 638 10 00 55, ma–ve 11–15, ma–do 19–24. Insolito ambiente retrò allestito in un enorme padiglione di un ex magazzino per la farina, situato nella vecchia stazione. Il proprietario è un francese che propone cucina maiorchina raffinata. Primo o secondo da 12 €.

Nel vecchio mulino – **Moli d'en Pau:** Ctra. Santa Margalida, 25, sulla strada per Inca, tel. 971 85 51 16, www.moli denpau.es, ma–do 13–15.30, 19.30–23. Propone specialità maiorchine in porzioni abbondanti, ad esempio agnello e paella. Il locale è allestito in un vecchio mulino. Primo o secondo da 9 €.

Informazioni ed eventi

Ufficio turistico: Edifici s'Estació, s/n, tel. 971 52 00 27, lu–ve 10–17, sa fino alle 13.

Sa Fira: la festa della primavera che si svolge la prima domenica di maggio, il cui tema è l'agricoltura. È considerata una delle più antiche feste dell'isola ed è una delle più importanti dopo quella di Inca.

Treno: collegamenti lu–do 6–22, ca. ogni 30 min., con Palma via Inca e con Manacor via Petra.

Costitx ▶ F 4

Nella piccola località di **Costitx**, situata a lato della strada che porta da Sineu a Inca, passato e presente si incontrano. Il villaggio è diventato famoso per via delle tre teste di bronzo rinvenute durante uno scavo nel 1894 (*caps de Bou*), riconducibili alla cultura dei talaiot e databili attorno al VI secolo a.C. Gli originali sono conservati nel Museo Nazionale di Madrid, mentre le copie sono esposte all'ingresso della **Casa Cultura**, nella quale si trova anche un piccolo museo (www.museu ciences,com, ma e gi 10–13, 1 €, agosto chiuso).

Molto particolare l'**Observatorium**, specializzato in asteroidi, con planetario annesso e una significativa collezione di meteoriti (www.mallorcapla netarium.com, ve e sa dalle 19, 10 €). Per una pausa c'è anche un piccolo bar.

Algaida ▶ E 5

L'attrazione di questa località è sicuramente la vetreria di Gordiola, a 2 km dal centro in direzione Palma.

Vidrios de Arte Gordiola
www.gordiola.com, lu–sa 9–19.30, do fino alle 13.30, presentazioni lu–sa 9– 13.30, 15–18 ca., do 9–12, ingresso libero
La vetreria, i cui ambienti ricordano molto una fortezza medioevale, permette di immergersi in una tradizione artigianale secolare. Al piano terra è possibile vedere gli artigiani che soffiano il vetro e lasciarsi incantare dalla loro abilità. In pochi minuti, infatti, riescono a dare alla materia grezza le forme più bizzarre. Anche qui non poteva mancare un negozio di souvenir un po' kitsch, dove però si possono scovare opere d'arte. Notevoli le splendide imitazioni di vasi antichi. Gli originali sono nel **museo** del primo piano, che fornisce moltissime informazioni sull'arte del vetro.

Mangiare e bere

Algaida è una delle capitali della cucina tipica maiorchina.
Dannatamente buono – **Ca'l Dimoni**: Ctra. Palma–Manacor (Ma-15), km 21, tel. 971 66 50 35, www.caldimoni.es, ma–do 13–17. Ristorante rustico e molto popolare sia tra i turisti sia tra gli abitanti del posto. Specialità maialino arrosto (16 €). Primo o secondo da 12 €.

Nella vetreria di Gordiola si porta avanti l'antica tradizione artigianale

In ogni caso non ci si dovrebbe aspettare troppo.

Maiorchino – **Es 4 Vents:** Ctra. Palma–Manacor (Ma-15), km 21,7, tel. 971 66 51 73, ve–me 12.30–17, 19–24, 15 giu–15 lug chiuso. Piatti alla griglia a prezzi convenienti. Primo o secondo a partire da 14 €, menù da 27 €.

Informazioni ed eventi

www.ajalgaida.net: informazioni.
Festa de Sant Honorat: 16 gen. Festa in onore del vescovo e santo Onorato di Arles (V secolo). In quest'occasione si eseguono danze *cossiers* con simulacro del demonio.

Puig de Randa e Randa ▶ F 5

Visibile da lontano, il **Puig de Randa** (v. pag. 222), un monte a tavola alto 542 m su cui si trovano diversi monasteri, domina la pianura tra Algaida e Llucmajor.

Il massiccio ha un ruolo di spicco nella storia religiosa dell'isola, perché è stato il luogo di abitazione del santo Ramon Llull, che visse qui nel XIII secolo.

Ai piedi del massiccio si trova il grazioso villaggio di **Randa**, caratterizzato da case in pietra, da cui parte la strada che porta in cima al monte.

Pernottamento

Rurale ma elegante – **Es Reco de Randa:** Randa, C. Font, 13, tel. 971 66 09 97, www.esrecoderanda.com, doppia da ca. 90 €. Albergo rurale molto curato, con atmosfera familiare, situato in posizione tranquilla. Dispone di una piscina e di un popolare ristorante (v. pag. 225) prenotabile anche con pacchetto all-inclusive, ma in questo caso è più caro.

Monastico – **Santuari de Nostra Senyora de Cura:** tel. 971 66 02 60, www.santuaridecura.com, doppia con colazione da 72 €. Camere moderne con bagno, riscaldamento, televisore e accesso a internet, possibili anche ▷ pag. 225

Approfondimento

Puig de Randa, il rifugio dei primi eremiti

Il massiccio di 542 m, che si innalza dalle pianure centrali dell'isola, ospita tre ex eremi ed è considerato la culla del rinnovamento religioso avvenuto sull'isola dopo la Reconquista spagnola.

Mappa: ▶ F 5
Info: www.santuaridecura.com.
Punto di partenza: Randa.
Pernottamento e mangiare: è possibile pernottare nel monastero (p. 221); c'è anche un semplice ristorante aperto tutti i giorni (p. 225).

Dopo la piccola località di Randa, dove si trova l'incantevole albergo Es Reco de Randa, la strada sale rapidamente e porta al centro religioso più importante di Maiorca, il Puig de Randa.

Ai tempi della Reconquista nel XIII secolo la tradizione dell'eremitaggio in Europa godeva di grande popolarità e si diffuse anche a Maiorca. Il Puig de Randa, grazie alla sua posizione isolata, si dimostrò da subito un luogo di contemplazione ideale. Le prime tracce degli eremi, consistenti in buche lunghe circa 2 m che servivano come spartani giacigli, risalgono al XIV secolo. Finora ne sono state localizzate circa una decina. Sul Puig de Randa, a partire dai primi semplici eremi degli inizi, sono poi sorti tre monasteri: il Santuari de Nostra Senyora de Gràcia, il Santuari de Sant Honorat e il Santuari de Nostra Senyora de Cura.

Llull, il santo della montagna

L'importanza religiosa del Puig de Randa, mantenutasi fino ai nostri giorni, è collegata con la vita del santo Ramon Llull, nato attorno al 1232 da una famiglia benestante di Palma. Dopo una vita agiata, lasciò le gioie terrene a causa di una sfortunata avventura amorosa, rinunciò al suo incarico di consigliere reale e lasciò la sua famiglia.

Trascorse un certo periodo sulla cima del Puig, dopodiché si dedicò a una vita di missionario, studioso, filosofo e poeta (v. sotto). Il risultato più importante della sua vasta opera letteraria fu l'uso del catalano come lingua letteraria. Secondo la tradizione il santo morì martire in Algeria a 80 anni.

Il Santuari de Nostra Senyora de Gràcia

Già solo per la posizione di cui gode, il Santuari de Nostra Senyora de Gràcia può essere considerato stupendo (v. foto a sinistra). Simile a un nido, anche questa struttura aderisce alla parete rocciosa, diffondendo quell'atmosfera di serena profondità e intimità spirituale che dovrebbe caratterizzare ogni eremo. In quest'area si è inserito anche uno splendido giardino di fiori dal quale la vista può spaziare sui bianchi alberghi della costa orientale, dove dominano uno spirito e uno stile di vita completamente diversi.

Nel 1440 il francescano Antonio Caldés scelse una grotta sul versante orientale della montagna come luogo di contemplazione. Poco dopo, sempre qui, egli creò una modesta dimora con una piccola cappella che dedicò a Sant'Anna. Con la morte dell'eremita, l'eremo passò nella mani di un altro monaco, che alla struttura aggiunse una statua della Madonna raffigurante la Nostra Senyora de Gràcia. In seguito alla sua morte, nel 1504, il luogo fu però abbandonato e a questo punto subentrò la città di Llucmajor, che affittò il complesso religioso a un prete volenteroso di insegnare a leggere e a scrivere a chi desiderasse imparare.

Sia la chiesa sia l'eremo furono sottoposti a frequenti opere di ampliamento nel corso degli anni. E quando nel 1776 il vescovo ordinò di porre la statua della Madonna sull'altare maggiore, l'eremo non solo divenne un nuovo punto di riferimento religioso, ma acquisì anche il nome attuale. Entrando nella chiesetta, sul lato sinistro della cappella laterale si riconoscono ancora i resti di quella originale, abbellita da una raffigurazione di Sant'Anna. Meritano uno sguardo anche gli azulejos artistici su cui sono rappresentati episodi biblici. La vista più bella si gode da una piccola sporgenza rocciosa nei pressi dell'eremo.

Ermita de Sant Honorat

Solo pochi tornanti separano il visitatore dal secondo eremo di Randa: l'Ermita de Sant Honorat. Le origini di questa struttura risalgono al 1395, quando i proprietari del massiccio cedettero una parte dei loro possedimenti all'eremita Arnaldo Desbrull affinché vi costruisse un eremo. Nel frattempo il vescovo di Palma concesse l'autorizzazione a erigere la piccola cappella di Sant Honorat, dedicata al vescovo di Arles. Di questo primo edificio in stile gotico è rimasta solo una lapide sulla parete laterale su cui sono incise lettere gotiche.

Durante il XVI secolo l'eremo rimase disabitato per molto tempo. Poi la città di Algaida si interessò a ristrutturarlo, considerando anche la possibilità di farlo sorvegliare da un custode fisso. Nel 1661 la vecchia cappella ormai in rovina fu sostituita da una nuova costruzione sopravvissuta fino a oggi.

Un luogo di pellegrinaggio: il Santuari de Nostra Senyora de Cura

Nascosto dietro la stazione trasmittente, il complesso conventuale circoscritto da mura e dall'aspetto somigliante a una fortezza domina l'altopiano del Puig de Randa. Questa località è indissolubilmente legata alla vita di Ramon Llull, lo studioso, poeta e missionario del XIII secolo che è divenuto eroe nazionale catalano. Nel 1275, a circa 30 anni e dopo una vita trascorsa all'insegna della sregolatezza, Llull decise di ritirarsi in una grotta sul Puig de Randa per cambiare vita e condurre l'esistenza solitaria e devota di un mistico.

Tuttavia l'eremo che il turista può visitare oggi sul Puig de Randa non rispecchia più la semplicità della vita e il quotidiano di privazioni ai quali ambivano i primi pellegrini di un tempo. Nel corso dei secoli, infatti, il complesso religioso è stato sottoposto a continue opere di ampliamento, e fino al 1828 ha ospitato una delle scuole di lingua più famose di Llull. La secolarizzazione significò anche per questo eremo decadenza e rovina. Memore del significato storico del Puig de Randa, il vescovo Pedro Campins avviò nel 1913 la ricostruzione dell'edificio e passò ai francescani l'amministrazione del luogo di pellegrinaggio da sempre molto visitato.

Sulla facciata laterale della chiesa conventuale una maiolica raffigura la Madonna di Cura, che fino al 1549 era venerata con il nome di Nostra Senyora de Randa. All'interno della chiesa si trova una grotta di Betlemme tipica di Maiorca, come ad esempio quella dell'eremo di Nostra Senyora de Bonany (v. pag. 228). L'edifico principale è caratterizzato da illustrazioni dipinte su vetro che narrano la vita dell'eroe popolare. Un suo monumento domina anche il cortile interno del monastero. Preziosissima è la ricca raccolta di manoscritti e libri conservata nella biblioteca del convento.

Gli eremiti però non vivevano solo dentro grotte scure con lo sguardo rivolto verso l'interno. Sicuramente anche loro, come i turisti di oggi, avranno goduto della meravigliosa vista che abbraccia più della metà dell'isola. Forse perfino più dei turisti di oggi, perché allora non c'erano le antenne che oggi sorgono nelle immediate vicinanze del convento, testimonianza delle nuove esigenze della modernità. Se comunque trascorrerete la notte nell'eremo, riuscirete a percepire ancora un po' della potenza spirituale che da sempre pervade questo luogo.

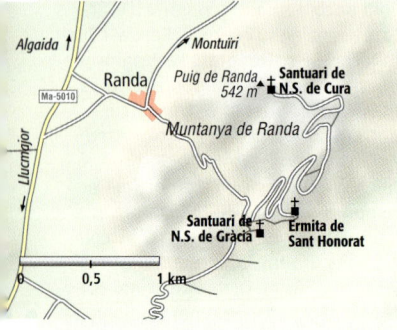

la pensione completa o la mezza pensione. Ristorante aperto lu–do, v. sotto.

Mangiare e bere

Bella atmosfera – **Reco de Randa:** Randa, C. Font, 13, tel. 971 66 09 97, nell'omonimo hotel (v. pag. 221), lu-do 10–23.30, cucina 12.30–16.30, 19.30–23.30. Raffinata cucina casalinga maiorchina, nel fine settimana molto frequentato dai maiorchini. Primo o secondo da ca. 20 €.

Per pellegrini affamati – **Ristorante del Santuari de Nostra Senyora de Cura:** ma–do 10–18, cucina 12–16. Piatti semplici ed economici in porzioni abbondanti da ca. 8 €.

Llucmajor ▸ E 6

Questa città abbastanza importante non impressiona positivamente il turista che sopraggiunge dalla trafficatissima strada tra Palma e Santanyí. Le porte della città furono però teatro di un avvenimento decisivo nella storia dell'isola. Il 25 ottobre 1349, infatti, nei dintorni di questa località che i Romani chiamavano Lucus Maior (grande bosco), infuriò la battaglia decisiva tra Giacomo III e le truppe di Pietro IV di Aragona, che si concluse con la morte del re maiorchino e la fine dell'indipendenza dell'isola. Una **croce** all'ingresso della città, vicino alla Ma-19, e un **monumento** che raffigura il re in punto di morte ricordano quel triste momento per Maiorca.

Il **monumento al ciabattino** vicino a Plaça d'Espanya è invece una testimonianza di momenti più sereni. È infatti all'impegno e alla capacità di questi artigiani, oltre che all'agricoltura intensiva, che Llucmajor deve gran parte del suo benessere. I negozi da en-

trambi i lati della strada principale mostrano che a Llucmajor si è sviluppata notevolmente anche l'industria del mobile.

Il centro del paese è Plaça d'Espanya, dove sorgono il **municipio** (1882) e il **mercato coperto** in stile modernista, risalente all'inizio degli anni '20. Il centro religioso è la **chiesa di Sant Miquel**, dedicata alla santa dell'isola Catalina Tomás. Sul portale laterale si trova una statua della santa.

Mangiare e bere

Nostalgico – **Cafè Colon:** Plaça d'Espanya, 17, lu–do 7.30–24, chiuso in inverno. Ristorante popolare fra la gente del posto e con un fascino d'altri tempi. Primo o secondo da ca. 10 €.

Porreres ▸ F/G 5

La cittadina di Porreres si trova solo pochi chilometri a est del Puig de Randa, ma si può raggiungere solo facendo un lungo giro. Il modo più semplice è passare da Llucmajor o Felanitx. Poiché si trova lontano dalle grandi strade trafficate, qui gli orologi girano più lentamente, e i turisti possono godersi un'atmosfera ancora autentica.

Mare de Déu de la Consolació

La chiesa parrocchiale, un edificio del 1666 affiancato da una torre, domina sui tetti del paese. Al suo interno sono conservate maioliche dipinte e nella sacrestia un importante tesoro della chiesa con una croce per la processione risalente al 1400, che in passato appartenne all'ordine dei Templari.

Santuari de Monti-sion

Un percorso che parte dalla zona sud del paese sale fino al Santuari de

Monti-sion, che già nel XIV secolo era sede di un eremo. Questa cappella era stata costruita in onore del mistero di Maria. Qui si venerava infatti una Madonna di legno in stile bizantino che gli abitanti chiamavano Nostra Senyora de Monti-sion (Nostra Signora del monte Sion). Nel 1734 questa scultura fu sostituita con una statua di marmo. Già nel 1551 questo santuario ospitava una scuola religiosa in cui gli insegnamenti erano in latino. Il seminario iniziò presto a godere di una fama tale che fu necessario ampliarne la struttura. In seguito alla secolarizzazione dei primi anni del XIX secolo, questo eremo fu però abbandonato e cadde in rovina. Solo verso il 1900 si avviarono le opere di ricostruzione di questo semplice luogo di pellegrinaggio poco frequentato dai turisti. Come da quasi tutti gli eremi, anche da qui si gode un bel panorama sulla regione circostante. Inoltre c'è la possibilità di pernottare nei dormitori dell'eremo (tel. 971 64 71 85).

Sant Joan e dintorni ▶ G 5

Il paese di Sant Joan si trova distante dalla strada principale ed è considerato una delle località più antiche dell'isola. Tuttavia è solo una questione di tempo prima che gli speculatori allunghino le mani anche su questo paesino, che si trova sulla strada Palma–Manacor, oggi grande via di comunicazione.

Sant Joan Baptista

Sopra il paese domina incontrastata la chiesa parrocchiale con il suo campanile a cinque piani. La costruzione è stata iniziata nel XIII secolo, ma la forma attuale è il risultato di numerose ricostruzioni che arrivano fino al XX secolo. All'interno si trovano il crocefisso del Sant Crist de la Sang del XVII secolo e un altare a forma di tabernacolo.

Santuari de la Consolació ▶ G 5

Anche questo piccolo eremo sulla collina, a solo pochi chilometri da Sant Joan, esprime l'intensa religiosità del popolo maiorchino. Attenzione quindi a non confonderlo con l'omonimo santuario di Santanyí (v. pag. 248). Secondo la leggenda uno schiavo moro di Solanda, l'attuale Sant Joan, notò una luce divina provenire da un'immagine sacra nascosta tra i cespugli. Nella sua cella modesta, lo schiavo innalzò un altare in onore di quest'immagine, che in seguito fu riposta nella chiesa del paese, e poi nella chiesa costruita appositamente nel 1416. Nonostante sia stata restaurata, l'effige non ha perso il suo splendore originale.

Els Calderers ▶ G 5

Fuori da Sant Joan, indicato, tel. 971 52 60 69, www.elscalderers.com, lu–do 10–17.30, in inverno solo fino alle 17, 9 €
Sul modello di Sa Granja, tra Sant Joan e Villafranca una casa padronale è stata trasformata in uno splendido museo, Els Calderers, che permette al visitatore di scoprire la vita della nobiltà di campagna di 200 anni fa. La tenuta, con l'edificio principale in stile *finca* rustica, risale al XIII secolo, e qui i visitatori possono rendersi conto di come era fatta una tenuta completamente autonoma. Qui vi sono una cantina, un granaio, le stalle e le officine, ma anche la camera per la musica e i guardaroba delle signore. Tutte le stanze, che si possono visitare anche senza visita guidata, sono accuratamente arredate con tutti gli accessori e gli oggetti di uso quotidiano tipici dell'isola.

Eventi

La località è famosa in tutta la regione per le sue feste.

Festa des Pa i des Peix: 4ª do di Quaresima. La festa ricorda la moltiplicazione miracolosa dei pani e dei pesci di Gesù.

El sol que balla: notte di San Giovanni, 24 giu. Il culmine della festa del sole è un pellegrinaggio mattutino al Santuari de la Consolació (v. pag. 226).

Festa des Butifarró: 1ª do di ottobre. Festa in onore del sanguinaccio, che qui è particolarmente gustoso.

Petra ▶ G 4

Caratterizzata da un labirinto di strette viuzze, questa tranquilla cittadina 8 km a nord-est di Sant Joan ricorda un po' una medina araba. Tale somiglianza è più spiccata nella strada principale che corre tutta curve intorno al centro della città. Nel centro di Petra si trova l'imponente **chiesa di Sant Pere** (1724) con il suo campanile esagonale.

La fama di questa località va oltre confine. Qui nacque nel 1713 Josep Miquel Ferrer, che a 30 anni, come frate francescano e con il nome di Juníper Serra, partì per il Messico con lo scopo di diffondere il cristianesimo in California. Il 17 luglio 1769 pose su una collina sopra la baia di San Diego le basi della sua prima missione in Alta California, poi seguita da molte altre. A partire dalla fondazione della sesta missione nella baia di San Francisco (giugno 1776) Juníper Serra è comunemente considerato il fondatore della pacifica città portuale. Morì il 28 agosto 1784 a Carmel, oggi residenza di molti californiani ricchi e famosi. La città di Petra ricorda il suo illustre figlio con un monumento sulla Plaça Padre Serra. Alcune **illustrazioni su piastrelle** raffiguranti le missioni fondate da Serra indicano la

Le piastrelle con l'immagine della missione di Capistrano che ricordano Serra

strada per la sua casa natale, oggi un museo.

Museu i Casa Natal de Fra Juníper Serra

C. Barracar, 6, tel. 971 56 11 49, www.juniperserra.info, ingresso con il biglietto "Spiritual Mallorca" (5 €, www.spiritualmallorca.com). Modellini, piante, quadri e documenti testimoniano l'attività del missionario. Il museo è stato fondato nel 1959 su iniziativa degli Amics de Fra Juníper Serra. Interessante è la residenza (non si sa se sia davvero la sua casa natale), che dà una vivida impressione della vita modesta dei normali cittadini di allora.

Pernottamento

Piccolo – **Sa Plaça Hotel Turismo d'Interior:** Plaça Ramon Llull, 4, tel. 971 56 16 46, www.petithotelpetra.com, nov chiuso, doppia 110 €. Tre camere in stile rustico arredate con gusto, ottimo ristorante (v. sotto).

Mangiare e bere

Raffinato – **Plaça:** Plaça Ramon Llull, 4, me–lu 10–15.30, 18.30–22.30, nov e gen chiuso. Si mangia in una piccola sala con tavoli apparecchiati con eleganza oppure sulla Plaça. Il servizio potrebbe essere migliore, primo o secondo da 17 €.
Tipico – **Es Celler:** C. de l'Hospital, tel. 971 56 10 56, ma–do 12–17, 19–24. Ex cantina che propone ottima cucina casalinga maiorchina a partire da 9 €. Menù di mezzogiorno 12 €.

Acquisti

Vino – **Bodega Miquel Oliver:** C. de sa Font, 26, tel. 971 56 11 17, www.mi

queloliver.com, lu–ve 10–18, sa 11–13.30. La vigna, fondata nel 1912, è tra le più importanti dell'isola. La sua recente ascesa si deve alla proprietaria Pilar Oliver, che ha studiato viticoltura in Spagna e in Francia.

Informazioni ed eventi

Festa de Beat Juníper Serra: 3ª do di sett, corteo con carri decorati.
Treno: dalle 6 alle 22 collegamenti ogni ora con Palma via Inca.

Ermita de Nostra Senyora de Bonany

▶ G 5

Da Plaça Cruz a sud di Petra parte una stradina costeggiata dalle stazioni della Via Crucis che porta all'eremo di Bonany, costruito in cima a una collina alberata alta 300 m. Secondo una leggenda l'eremo fu chiamato "Nostra Senyora de Bonany" (Nostra signora dell'anno benefico) nel 1600, quando la Vergine della cappella ascoltò le suppliche dei contadini e donò la pioggia alle campagne sofferenti per la siccità. Ecco perché gli abitanti di Petra definirono quell'anno "benefico".

Dalla terrazza alberata, che invita a una breve sosta per godersi la vista, ideale per un picnic, parte un sentiero che porta alla chiesa. All'inizio c'è un **arco** su cui sono incastonate delle maioliche. Sul lato esterno a sinistra le piastrelle raffigurano il ritrovamento della statua della Madonna, mentre a destra ricordano l'anno benefico della grande pioggia. All'interno si trovano invece le rappresentazioni di San Paolo e di Sant'Antonio Abate. Il **santuario** in stile barocco fu costruito nel

1920. Da non perdere l'immagine miracolosa e la "grotta di Betlemme". L'eremo offre anche possibilità di pernottamento senza pretese: cinque doppie con cucina a disposizione (tel. 971 82 65 68).

Manacor ►H 5

Manacor, con 37.000 abitanti, è la terza più grande città dell'isola, e si trova nel punto di congiunzione tra la Serra de Llevant ed Es Pla (Llanura del Centro). L'immagine della città è abbellita da alcuni monumenti storici, anche se in generale non è una località particolarmente degna di nota. La storia di Manacor risale addirittura a epoche preistoriche e romane, quando questo centro si chiamava Cunici.

Església de Santa Maria dels Dolors

La chiesa parrocchiale (chiamata anche Església de la Mare de Déu dels Dolors) ha un aspetto imponente, con il suo campanile del XV secolo. L'edificio sacro sorge sulle fondamenta di una moschea che per parecchio tempo svolse la funzione di chiesa.

Museu d'Historia de Manacor

Torre de Enagistes, in direzione di Calas de Mallorca, http://museu.mana cor.org, in estate 9.30–14, 18–20.30, ma e do chiuso, in inverno 10–14, 17–19.30, ma chiuso, ingresso libero Assolutamente da non perdere è il **museo di storia** ospitato in un'antica torre di difesa situata a sud del centro e ristrutturata nello stile dell'epoca. Nel museo sono esposti reperti archeologici, mosaici della chiesa paleocristiana di San Peretó, ceramiche, miniature di mobili e alcuni modelli di navi molto interessanti.

Pernottamento

Rustico ed elegante – **La Reserva Rotana:** Cami de s'Avall, km 3, tel. 971 84 56 85, www.reservarotana.com, doppia 330 € (alta stagione). Dietro l'aspetto esterno piuttosto semplice di questa tenuta di campagna del XVII secolo si nasconde una delle più belle *finca* dell'isola, che dispone di un campo da golf privato (9 buche) e di un eccellente ristorante.

Mangiare e bere

Ideale per pranzo – **Moli den Sopa:** Carretera de Manacor a Porto Cristo, km 4, tel. 971 55 01 93, www.moliden sopa.com, lu–do 12.30–24. Il menù del pranzo, conveniente e di qualità, è da tempo popolare (ca. 18,50 €), ma anche di sera, alla carta, si mangia molto bene. Prenotazioni anche online.
Tradizionale – **C'an March:** C. Valencia, tel. 971 55 00 02, www.canmarch.com, ma–do 12.30–16, set–giu ve/sa anche 20.30–23. Cucina maiorchina di alto livello, frequentato soprattutto da abitanti del posto, che approfittano del menù di mezzogiorno molto buono e conveniente (da 15 €).

Informazioni

www.visitmanacor.com: informazioni generali, solo in parte in inglese.
Officina d'Informació Turística de Manacor: Plaça Ramon Llull, s/n, tel. 971 84 72 41, lu–ve 10–15, in inverno solo fino alle 13.30.
Treno: dalle 7 alle 22 treni ogni ora per Palma via Petra, Sineu e Inca.
Pullman: collegamenti con Cala Rajada (L 441), Cala d'Or (L 425) e Palma (L 415, solo in estate). Informazioni: www.tib. org.

La costa meridionale

Highlight !

Platja des Trenc: la spiaggia naturale più lunga di Maiorca, che gli ambientalisti difendono con le unghie e con i denti, è l'ideale per le famiglie con bambini e molto popolare anche tra i nudisti. P. 233

Approfondimento

Capocorb Vell: l'insediamento meglio conservato della civiltà talaiotica, testimoniata fin dal XIV secolo a.C., presenta ancora oggi alcuni enigmi. Qui si può studiare la cultura abitativa di 4000 anni fa, affrontando un tour nel passato tra muri e torri di pietra grezza. P. 234

Da non perdere

Cabrera: in passato l'isola è stata un rifugio per i pirati e luogo di esilio per i detenuti politici, oggi invece si può visitare senza pericolo. P. 239

Salines de Llevant: in queste saline l'estrazione tradizionale del sale e la protezione ambientale procedono di pari passo. P. 239

Botanicactus: qui gli amanti della botanica possono ammirare diverse specie di cactus, ma la vasta tenuta riserva anche altre sorprese per i visitatori. P. 240

A piedi e in bicicletta

Tour in bicicletta: una pista ciclabile segnalata vi permetterà di pedalare rilassati senza avere problemi di orientamento. P. 238

Escursione alle spiagge del Cap de ses Salines: lungo la spiaggia si può arrivare all'estremità sud dell'isola, tra vecchi bunker e baie sabbiose. P. 238

Vivere Maiorca

Banys de Sant Joan: trattamenti benessere nelle terme più antiche di Maiorca, dove già i Romani venivano a curarsi. P. 239

Es Pinaret: un idilliaco ristorante rurale immerso in una pineta tra Colònia de Sant Jordi e Campos, meta molto popolare per le escursioni domenicali delle famiglie. P. 238

Di sera e di notte

Questa parte di Maiorca non è la più adatta per gli amanti della vita notturna.

la costa meridionale

La costa meridionale di Maiorca, tra Palma e il Cap de ses Salines, la punta più meridionale dell'isola, è una terra di forti contrasti.

Le vivaci località turistiche come Platja de Palma e S'Arenal si fondono quasi senza interruzioni con la capitale dell'isola, e sono diventate una sorta di periferia di Palma. Solo dove la spiaggia finisce nel porto di S'Arenal e la costa si innalza in una ripida scogliera che si butta nel mare, la città, con i grattacieli e i grandi alberghi, trova finalmente un termine. Tuttavia anche qui, lungo il bordo della scogliera, sorgono sempre nuovi quartieri residenziali, come Cala Blava ed Es Palmeres, che offrono una splendida vista sulla baia.

Solo dopo la strada diventa meno trafficata e si restringe fino a diventare una strada di campagna che attraversa aree rurali, sempre con un magnifico panorama sul mare.

Nel sud, a causa dell'aridità e della mancanza di porti, le località grandi sono piuttosto rare; nell'entroterra si trova Llucmajor. Tuttavia è proprio qui che si insediarono i primi abitanti dell'isola, e a Capocorb Vell hanno lasciato le testimonianze meglio conservate della cultura talaiotica a Maiorca.

Dopo il Cap Punta Plana l'immagine della costa cambia bruscamente. La Platja des Trenc, che si estende sulla baia di Sa Ràpita fino al porto di Colònia de Sant Jordi, è la più bella e la più lunga spiaggia di sabbia di Maiorca, la sola importante tra Palma e l'estremità sud dell'isola. Ovviamente anche il turismo di massa ha scoperto già da tempo questo paradiso. Tuttavia la lezione dei disastri compiuti nel sud della Spagna è forse servita a qualcosa, e la spiaggia è stata protetta dall'edificazione selvaggia. Si è perfino demolito un complesso di appartamenti che era già stato iniziato. Di conseguenza anche a Colònia de Sant Jordi l'ambiente è decisamente migliore rispetto a località come Platja de Palma, Calla Millor o Can Picafort, dove gli alberghi arrivano quasi fino alla spiaggia. È il posto ideale per una vacanza nella natura, non solo per i fanatici della vita da spiaggia. Anche i ciclisti possono trovare spiagge solitarie e percorsi ciclabili divertenti, come un giro tra le saline, che sono anche un parco naturale. Per gli escursionisti ci sono percorsi solitari lungo la costa che portano fino al Cap de ses Salines.

Di fronte alla costa si trova l'isola di Cabrera (Illa de Cabrera), in passato rifugio di pirati, poi luogo di esilio per i prigionieri politici, oggi un paradiso naturale protetto.

Cala Pi ▶ E 7

Questa località, che si estende per alcuni chilometri, è caratterizzata principalmente da case vacanza e ville. Sorge su uno sperone di roccia dal fascino straordinariamente pittoresco, che da una parte sprofonda nel mare, mentre dall'altra crea una baia stretta e rocciosa che penetra nell'entroterra per poi terminare con una spiaggia sabbiosa. Sul promontorio domina esclusivamente una **torre di vedetta** di epoca medievale ancora in ottimo

Infobox

Arrivo

Dal punto di vista dei mezzi di trasporto il sud di Maiorca è meno favorevole delle altre zone dell'isola. Solo da Llucmajor, Campos e Colònia esistono regolari collegamenti in pullman con Palma.

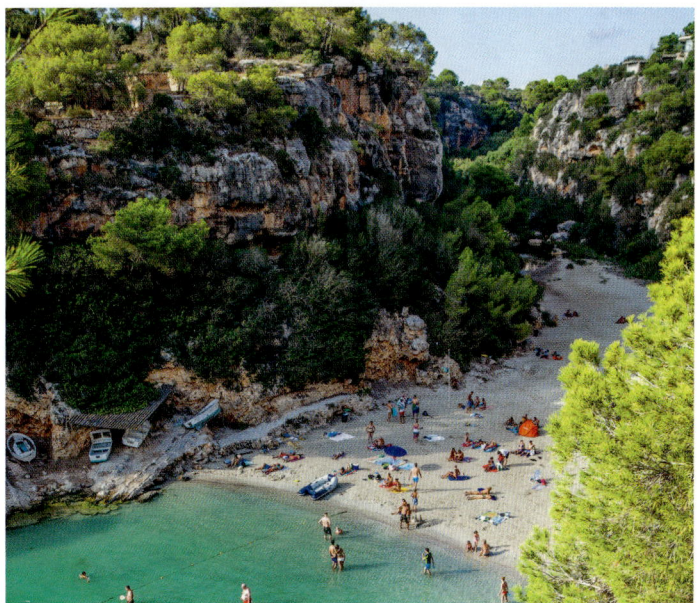

Una delle baie più belle di Maiorca, Cala Pi

stato. Da qui è possibile godersi un panorama unico su tutta la costa verde a picco sul mare, fino a Punta de Cala Beltran (Punta Capocorb).

Il vero centro di questa località è costituito da molti appartamenti costruiti con buon gusto e progettati nel rispetto del paesaggio. Dal centro, una scala scende verso la spiaggia, riscaldata dal sole poche ore al giorno. Per questo motivo si consiglia Cala Pi soprattutto come meta per una gita suggestiva piuttosto che per un soggiorno prolungato; ci sono solo due o tre ristoranti.

Informazioni

Pullman: 2v/giorno per Palma passando per Llucmayor (L 525, 502, 501).

Sa Ràpita e la Platja des Trenc ▶ F 7

Sa Ràpita ▶ F 7

La prima impressione di Sa Ràpita e della sua passeggiata non è delle migliori. Tuttavia i due porti sono apprezzati dai velisti. Poche case di villeggiatura si susseguono lungo la bassa costa scoscesa con piccole spiagge a macchia di leopardo.

Platja des Trenc! ▶ F 7

Totalmente diverso è il paesaggio di **Ses Covetes**. Lo si può raggiungere facilmente da Sa Ràpita, ▷ pag. 236

Approfondimento

Capocorb Vell, un villaggio di 4000 anni fa

Un viaggio nel passato tra muri e torri di pietra grezza. Si tratta del villaggio della civiltà talaiotica meglio conservato di Maiorca.

Mappa: ▶ E 7

Una buona descrizione della civiltà talaiotica si trova su: http://it.wikipedia.org/wiki/Civiltà_talaiotica.

Arrivo: Capocorb Vell si trova sulla strada di collegamento Cap Blanc–Llucmajor, ca. 500 m dopo la deviazione per Cala Pi. Soprattutto i ciclisti apprezzeranno il chiosco di bibite all'ingresso.

Orari di apertura: ve–me 10–17.

Ingresso: 3 €.

Torri, muri e stanze di pietra grezza si raccolgono in un insediamento simile a un pueblo sudamericano, che rimane per molti aspetti ancora un mistero da svelare. La parola castigliana *talayot* (in catalano *talaiot*) deriva dall'arabo *atalaya* (torre) e si riferisce alla tipica forma architettonica di questi insediamenti preistorici delle Baleari, che sono stati ritrovati anche a Minorca, anche se in forme diverse.

Sebbene la presenza umana a Maiorca sia documentabile già a partire IV millennio a.C., la cultura dei talaiot con le sue caratteristiche costruzioni apparve solo a partire dal XIV secolo a.C., l'epoca del passaggio dall'età del bronzo all'età del ferro. Il suo tratto caratteristico furono le ciclopiche torri e le stanze in pietra. Le torri circolari presentano un ingresso al pianterreno e una colonna centrale, sulla quale poggiava il tetto. Da questo si è dedotto che gli edifici avessero soprattutto uno scopo sacro.

Il fatto che anche in Corsica e in Sardegna siano stati trovati edifici megalitici simili testimonia che già in quell'epoca preistorica, il Talaiotico I e II (1300–800 a.C.), ci furono contatti con altre terre del Mediterraneo occidentale. Solo nel Talaiotico III e IV (800–123 a.C.), però, si stabilirono contatti più stretti con i popoli marinari del Mediterraneo. Soprattutto i Fenici e i loro discendenti, i Cartaginesi, utilizzarono le Baleari come punto di approdo nella loro vasta rete commerciale fino all'arrivo dei Romani e l'instaurazione della loro supremazia, anche se non le colonizzarono mai.

I primi scavi

I primi scavi archeologici eseguiti nel villaggio di Capocorb Vell risalgono al 1919, ma non sono stati di particolare importanza, dato che i risultati delle ricerche non furono mai analizzati.

Il centro, che esiste da più secoli, e che con ogni probabilità fu fondato già intorno al 1400 a.C., è formato da tre talaiot a pianta circolare e due a pianta quadrangolare. È inoltre circondato da edifici costruiti sulle stesse fondamenta. Delle mura della città, che cingevano l'intero complesso, sono rimasti oggi solo pochi resti, poiché in seguito servirono come cava di pietra per costruire le case circostanti e la cattedrale di Palma.

Una nuova architettura

I talaiot a pianta circolare potrebbero risalire al primo periodo dell'insediamento, mentre quelli a pianta quadrangolare, che sono meglio conservati, si pensa siano stati costruiti nel VI secolo a.C. La torre quadrangolare di sinistra a due piani, alta 6 m, è quella che meglio chiarisce il sistema di costruzione di questi edifici. Al pianterreno si trova un vano a cui si può accedere tramite un passaggio stretto. Sebbene durante i primi scavi qui sia stato scoperto uno scheletro, non si può dichiarare con certezza che tale spazio fosse effettivamente sfruttato e fungesse come camera sepolcrale. Una colonna centrale in pietra sostiene il soffitto intermedio costituito da due grandi lastre di pietra. Anche il tetto del secondo piano è piatto. Tale sistema di costruzione perdurò fino al XX secolo. Non si sa esattamente se questa sia l'altezza massima dei talaiot, poiché, in realtà, sono state scoperte anche strutture a tre piani. Nell'ultima fase i ritrovamenti di piccole ceramiche, armi e utensili testimoniano l'esistenza di stretti rapporti culturali con i popoli vicini, dai quali derivò tra le altre cose anche il culto del toro.

prendendo la prima diramazione a destra dopo essere usciti dal paese e, poco dopo, girando ancora a destra in direzione del mare.

Di punto in bianco ci si trova sulla Platja des Trenc, che si estende per molti chilometri verso sud-est. Non c'è da meravigliarsi che questa zona, ancora così naturale, sia la più amata dai nudisti. Comunque, durante l'alta stagione, l'area viene invasa anche da villeggianti spagnoli e da turisti stranieri (collegamenti giornalieri in pullman da Palma), tanto che il paesaggio ha perso il suo candore originale. La strada che porta alla spiaggia è costeggiata per chilometri da macchine parcheggiate (posteggi a pagamento) e purtroppo la spiaggia non è più così pulita come sarebbe auspicabile. Risulta più facile godere della bellezza di questo tratto di costa se si sceglie Colònia de Sant Jordi, all'estremità meridionale, o prendendo un minibus che esce da Sa Ràpita. È previsto l'allestimento di un parco naturale a ridosso della spiaggia, per cui in futuro verrà a mancare il parcheggio principale presso Ses Covetes. I parcheggi più vicini a disposizione saranno allora a 2–3 km di distanza.

Colònia de Sant Jordi ▶ F 8

Non bisogna lasciarsi ingannare dall'immagine anonima che comunica la località al suo ingresso. Questo **porticciolo**, col lungomare affiancato dalle palme, non è privo di un certo fascino romantico. Non ci sono vistosi yacht, ma la baia pullula di barche da pesca. Inoltre, Sant Jordi può vantare la spiaggia naturale più bella dell'isola, la Platja des Trenc descritta sopra. Chi vuole, facendo una passeggiata più o meno lunga, può godersi la tranquillità

direttamente sul mare, cosa decisamente inusuale a Maiorca.

Gli **alberghi** di Colònia de Sant Jordi sono concentrati nella zona nord, abbastanza distanti dal centro, ma sono collegati al paese con un viale pedonale. Prima o poi le zone non edificate finiranno per riempirsi di nuove costruzioni, ma per ora la situazione è ancora decisamente vivibile.

Se Platja des Trenc è troppo affollata, ci si può spostare in direzione opposta verso **Platja dels Dols** e **Platja de Ses Roquetes**, due spiagge di sabbia finissima.

Dopo Colònia de Sant Jordi si incontrano soprattutto turisti svizzeri. Qui la

In alta stagione la lunghissima Platja des Trenc non è così deserta

vita notturna è meno sfrenata rispetto a Magaluf o S'Arenal. Da alcuni anni il **Centro Cabrera** (Centro de Interpretació de Cabrera i Raixa, www.cvcabrera. es, lu–do 10–14, 15–18, ultimi accessi alle 13 e alle 17, 8 €, dic e gen chiuso) è aperto ai turisti per illustrare flora e fauna dell'arcipelago con video, acquari e uno zoo (a causa di problemi finanziari è però a rischio chiusura).

Pernottamento

C'è una grande disponibilità di alloggi; alcuni alberghi, diversamente da quelli di Cala Millor e di Platja de Palma, si differenziano gli uni dagli altri con un tocco del tutto personale.

Piccolo e raffinato – **El Coto:** Av. Primavera, 9, tel. 971 65 50 25, www.hotelelcoto.es, doppia da 200 € (alta stagione, mezza pensione), prenotabile anche all-inclusive. Albergo molto accogliente, arredato con gusto, gestito da proprietari spagnoli e svizzeri. Per chi cerca la tranquillità sulla Platja des Trenc, atmosfera personale, 55 camere e una piccola area benessere.

Elvetico – **Don León:** C. Sol, tel. 971 65 55 61, in inverno chiuso, doppia da 150 € (alta stagione, mezza pensione), anche all-inclusive. Albergo di lunga tradizione, molto curato, sulla baia sabbiosa vicino al centro, piscina coperta, proprietari svizzeri.

Per famiglie – **Isla de Cabrera Aparthotel:** C/ Rocio s/n, tel. 971 65 50 00, www.hotelislacabrera.com, doppia con mezza pensione da ca. 120 €/giorno. Vicino al porto, grande tenuta con appartamenti e albergo, tre piscine, diversi ristoranti, area gioco e menù speciali a misura di bambino.

Mangiare e bere

Nella pineta – **Es Pinaret:** Ctra. Ses Salines–Colònia de Sant Jordi, km 10, tel. 971 64 92 30, apr–ott me–lu 19–23, mar

Escursione alle spiagge solitarie verso il Cap de ses Salines ▶ G 8
La zona sud di Maiorca è ancora poco interessata dal grande afflusso del turismo di massa. È possibile raggiungere l'estremità meridionale dell'isola con una strada secondaria, ma non si può deviare dal percorso della strada perché attraversa le proprietà della potente famiglia March.

Poiché però è in vigore la legge spagnola chiamata "Ley de Costas/Llei de Costes", secondo la quale la striscia della costa è accessibile a tutti, si può raggiungere il capo a piedi. Il percorso inizia alla **Platja de ses Roquetes** (p. 236), oltrepassa alcuni bunker risalenti all'epoca della Guerra civile spagnola e arriva dapprima alla **Platja des Caragol**, di sabbia finissima, e poi al **capo**. Per l'escursione bisogna calcolare un tempo di 4 ore tra andata e ritorno e portare acqua a sufficienza.

ve/sa 19–23, do 13–23, nov–feb chiuso. Ristorante della coppia di tedeschi Peter ed Elli Umbach, conosciuto per l'atmosfera molto accogliente, il servizio attento e l'eccellente cucina (il menù varia ogni settimana). Primo o secondo da 20 €, c'è perfino la piscina.

Nascosto – **Mirador de Cabrera:** Vallgomera (un po' a est di Cala Pi), tel. 971 12 33 38, www.mirador-de-cabrera.com, ma–do 12–15.30, 18–22, gen/feb chiuso. Qui Jörg Klausmann coccola i suoi ospiti con cucina tedesca e mediterranea e con il bel panorama sul mare. Menù di mezzogiorno a 18,50 €, primo o secondo a partire da 18 €.

Piccolo ma raffinato – **Sa Foganya:** Avenida Primavera, 35, tel. 697 51 70 45, www.sa-foganya.com, me–lu 12–15, 18–24, dic–feb chiuso. Ristorante gestito con cura da tedeschi, ottima cucina e atmosfera accogliente.

La moglie del pescatore – **Sal de Cocó:** C/es Carreró, tel. 971 65 52 25, www.restaurantsaldecoco.com, mar–mag me–do 13–15, 18–23, giu–ott me–lu, in inverno chiuso. Marta Rossello prepara piatti di alto livello e prezzi civili. Menù a 7 portate 40 €.

Sport e tempo libero

Tour in bicicletta – **teamdouble-j:** Av. Primavera, 9A, www.teamdoublej.com. Qui e presso molti alberghi è possibile affittare biciclette per fare piacevoli passeggiate. Ad esempio nell'entroterra si trova la pista ciclabile di ca. 15 km chiamata **Ruta dels Molins de Campos** (indicata).

Informazioni

Ufficio turistico: C. Dr. Barraquer, 5, Centre Civic, 1° piano, tel. 971 65 60 73, lu–ve 9–13, 15–17.

Pullman: più v/giorno collegamenti con Palma, L 502 (www.tib.org) e Manacor.

Illa de Cabrera ▶ F 9/10

Oltre l'orizzonte, in direzione sud-ovest, spuntano le cime frastagliate delle montagne dell'Illa de Cabrera, un avamposto roccioso, il cui nome "isola delle capre" risale ai Romani. A causa delle capre, infatti la vegetazione è così rada, limitata a pochi cespugli di rosmarino. I pirati del Medioevo, che scelsero l'isola come loro rifugio, potevano pianificare indisturbati, tra le baie della costa, come invadere Maiorca, distante solo 18 km. La costruzione di un castello, ordinata dalle autorità, costrinse i pirati a lasciare l'isola e da allora Cabrera iniziò a servire come campo di prigionia, soprattutto durante i conflitti con i francesi nel 1808. Più di 6000 detenuti trovarono qui la loro ultima dimora.

Le forze militari possiedono ancora oggi una piccola guarnigione sull'isola, aperta (limitatamente) anche agli estranei. Il parlamento delle Baleari, su iniziativa degli ambientalisti, ha dichiarato Cabrera e tutte le isolette circostanti **Parc Nacional Marítim-terrestre de l'arxipèlag de Cabrera**, riuscendo a frenare l'azione intrusiva dell'esercito e delle lobby edilizie.

Molto bella è la strada che conduce al **castello**, merita una visita anche il piccolo **museo** allestito in una vecchia *finca*. Per il resto non è consentito girare liberamente sull'isola, ma le guardie del parco offrono **visite guidate** gratuite ai turisti interessati. L'attrazione maggiore è la **Cova Blava** (grotta blu), raggiungibile solo dal mare. Si tratta di una grotta dai riflessi blu e dall'atmosfera magica. Durante il ritorno in barca solitamente si fa una pausa per fare il bagno.

Pernottamento

A contatto con la natura – C'è un piccolo albergo aperto di recente, 12 doppie a 51–61 € (a seconda della stagione), dic e gen chiuso, http://cvcabrera.es/albergue-de-cabrera/.

Informazioni

Barche: apr–ott gite in barca da 40 € (www.excursionsacabrera.es) e con barche veloci 6 v/giorno, da 45 € (www.marcabrera.com), biglietti anche al molo.

L'entroterra

Banys de Sant Joan ▶ F 7

È l'unica **fonte termale** di Maiorca, probabilmente già nota ai Romani, e si trova direttamente sulla strada che collega Campos a Colònia de Sant Jordi, circa 3 km a nord del porto. L'acqua, leggermente radioattiva, raggiunge i 38°C e viene utilizzata soprattutto per curare i reumatismi, l'artrite e la gotta. Nell'area della fonte termale è stato costruito un moderno **albergo con spa** (www.fontsantahotel.com) a cui possono accedere i non clienti. Sulla strada di accesso all'hotel si trova un cartello che indica la Ruta dels Molins de Campos (v. Sport e tempo libero pag. 238).

Salines de Llevant ▶ F 7

Oltre la fascia di dune si estendono le saline, oggi zona protetta con il nome di **Parc Natural Salobrar de Campos**. Quest'area è ciò che rimane di una palude che era già stata in parte prosciugata nel XIX secolo. Popolata da alcune rare specie di uccelli, è particolarmente adatta a chi vuole cimentarsi con una bella escursione in bicicletta. Si accede al parco attraverso una stradina che inizia a sud dei Banys de Sant Joan, oltrepassa gli impianti di estrazione del sale e termina presso un parcheggio a pagamento vicino alla Platja des Trenc. Nelle saline si estrae anche il leggendario Flor de Sal (v. pag. 78), che si può acquistare ad esempio nell'omonimo negozio di specialità gastronomiche Flor de Sal (v. pag. 241).

Botanicactus ► G 7

www.botanicactus.com, lu–do nov–feb 10.30–16.30, mar 9–18.30, apr–ago 9–19.30, set/ott 9–19, 9,50 €
Il più grande giardino botanico d'Europa ha un'estensione di circa 18 ha e

si trova circa 500 m fuori dalla località Ses Salines (segnalato da un piccolo cartello), sulla strada che porta a Cala Llombards e Santanyí. Oltre ai cactus, un giardino in stile maiorchino, uno stagno artificiale, una macchia rigogliosa di buganvillee e un palmeto creano un paradiso che lascerà a bocca aperta tutti gli appassionati di botanica.

Campos ► F/G 6

A Campos si respira ancora oggi l'antico timore per gli attacchi da parte dei temutissimi pirati. Possenti muri senza finestre e un **campanile** fortificato, unico resto della chiesa costruita nel XVI secolo, caratterizzano il centro della località, che conserva ancora un aspetto medioevale. La chiesa di **Sant Julià** (risalente al XIX secolo) si trova in

Piante cariche di frutti in un agrumeto vicino a Campos

Carrer Major e al suo interno, nella prima cappella a destra, è conservata nientemeno che un'opera di Murillo ("El Sant Cristo de la Paciència/El Santo Cristo de la Paciencia"). Nel caso in cui la chiesa fosse chiusa, si possono richiedere le chiavi alla Casa de la Rectoria, situata proprio di fronte all'edificio.

Mangiare e bere

Stravagante e creativo – **Ca'n Calent:** Ronda Estació, 44, tel. 971 65 14 45, www.cancalent.com, ma–do 18–24, feb chiuso. Il locale propone cucina creativa in un contesto di provincia. Ad esempio è possibile gustare un ottimo maialino in salsa alla cannella (18 €). Buono l'assortimento di vini. Primo o secondo da 18 €, menù serale ca. 45 €.

Giardino paradisiaco – **Moli de Vent:** Calle norte, 34, tel. 971 16 04 41, www.moli-de-vent.com. Cucina fantasiosa e creativa sotto gestione tedesca, buoni prezzi e ambiente da sogno, servizio professionale. Primo o secondo da ca. 25 €, menù a partire da 58 €.

Acquisti

Sale – **Tienda oficial Flor de Sal d'Es Trenc:** nelle saline di Es Trenc, Ctra. De Campos, Colònia Sant Jordi, km 10, www.flordesaldestrenc.com. Qui si può comprare del sale pregiato maiorchino come souvenir o prenotare una visita guidata.

Formaggio – **Formatges Burguera:** Ctra. de Campos–Colònia Sant Jordi, km 6,8, www.formatgesburguera.com, lu–ve 8–17.30. Propone formaggio fresco e stagionato di ottima qualità.

Sport e tempo libero

Tour in bicicletta: v. pag. 238.

Informazioni ed eventi

Festa de Sant Blai: 1ª do dopo il 3 feb. Antico pellegrinaggio all'Ermita Sant Blai, situata tra Campos e Colònia de Sant Jordi. L'eremo è dedicato a San Biagio, il vescovo del III secolo dell'odierna città di Sivas (Turchia), che morì dopo aver subito il martirio. Si racconta che prima di morire si sia rifugiato in una grotta e che gli animali della foresta abbiano vegliato su di lui.

Pullman: più volte al giorno collegamenti da/per Palma e Colònia de Sant Jordi.

I luoghi del cuore

I mulini nei pressi di Campos
▶ F/G 3

A pochi passi dal caos delle località turistiche si trova un paesaggio degno di Don Chisciotte e del suo fedele servitore Sancho Pansa, che sembra possano spuntare in qualunque momento da dietro i mulini sparsi nella pianura. Bisognerebbe arrivare in bicicletta nel tardo pomeriggio, quando il blu-smaltato del cielo cede il passo ai colori più tenui del crepuscolo. Le montagne sono immerse nella luce della sera, si sente odore di cipolla e di cavolo, le pale dei mulini scricchiolano, e ogni tanto un gallo canta. Un vero idillio rurale.

La costa orientale

Highlights !

Cala Figuera: questo piccolo porto è incastonato tra due baie rocciose simili a fiordi. Il paesaggio circostante è ricoperto di pinete. P. 250

Artà: un borgo fortificato dall'aspetto medioevale, tra campi e giardini, caratterizzato da stretti vicoli che si stendono al di sotto della fortezza e della chiesa, meta di pellegrinaggio. Chi scala il sentiero dei pellegrini fino in cima sarà ricompensato da una magnifica vista sul paese. P. 268

Approfondimento

Le caverne di Porto Cristo: nelle grotte di Drac e Hams le stalattiti e le stalagmiti vengono presentate al pubblico con un emozionante spettacolo di luci e musiche. P. 264

Da non perdere

Santuari de Sant Salvador: il grande complesso del monastero, simile a una fortezza, domina il paesaggio da una sporgenza rocciosa situata circa 4 km a est di Felanitx con vista sul Castello di Santueri. P. 262

Capdepera: camminando sui bastioni si può girare attorno alla fortezza meglio conservata di Maiorca. P. 272

Sport e tempo libero

Escursioni sulla spiaggia: molte spiagge, come Caló des Moro (p. 249) o Cala Sanau (p. 256) sono raggiungibili solo a piedi e sono ancora piccoli angoli tranquilli lontani dal turismo di massa.

Immersioni a Portocolom: una scuola d'immersione fornisce i primi rudimenti e propone interessanti percorsi subacquei per i più esperti. P. 260

Vivere Maiorca

Relax a Cala s'Almonia: la Maiorca di 50 anni fa, senza case, con canti di uccelli, profumo di pini, mare turchese e sabbia bianca. P. 249

The Port Pub a Cala d'Or: l'ambiente ideale per stare seduti davanti a un drink ad ascoltare le chiacchiere dei marinai, sognare i prossimi viaggi o la vincita al lotto che ci farà acquistare la barca dei sogni. P. 256

Il mercato settimanale di Felanitx: qui non si trovano le solite cianfrusaglie, le imitazioni e gli orologi scadenti, bensì verdure fresche, salumi e prosciutti profumati. P. 261

Di sera e di notte

Cala Rajada, il tempio dei nottambuli: nella località balneare più a est di Maiorca ci sono diverse discoteche, club discreti e bar eleganti. P. 277

la costa orientale

Dal punto di vista della ricchezza culturale e paesaggistica la costa orientale tra Santanyí e Cala Rajada non ha nulla da invidiare alle altre regioni dell'isola. A nord è delimitata dalla Serra de Llevant, che scorre parallelamente alla Serra de Tramuntana, anche se non raggiunge la sua stessa altezza. La zona sud, invece, chiamata in catalano Migjorn, è caratterizzata da uliveti, piantagioni di mandorli e pascoli. In passato c'erano anche delle saline, i cui resti sono stati trasformati in un'area protetta presso Ses Salines (Salines de Llevant, v. pag. 239).

La costa si articola in numerose piccole e romantiche baie, le più grandi delle quali sono state trasformate in porti, che però da molto tempo hanno perso la loro importanza tecnica e commerciale. I pescatori del luogo e i velisti stranieri li sfruttano oggi come punti di approdo protetti. Solo a Cala Millor si trova un'ampia spiaggia di sabbia, che naturalmente è già stata colonizzata dal turismo di massa. Le rocce calcaree della Serra de Llevant sono caratterizzate dalla presenza di numerose grotte, che fanno parte delle più interessanti mete da esplorare a Maiorca.

Nel tratto più meridionale della costa, dove si trovano Santanyí e Cala Figuera, ci sono alcune delle più belle spiagge della costa orientale. Il tratto centrale tra Portocolom e Cala Millor presenta invece un aspetto molto vario. Qui graziosi porticcioli si alternano a lunghe spiagge, e nell'entroterra si trovano grandi sistemi di grotte calcaree con laghi sotterranei e volte a stalattiti, che si possono visitare con l'accompagnamento di uno spettacolo di luci e musiche. Infine il nord-est della penisola incanta con la sua molteplice offerta culturale e la varietà paesaggistica. Tutti i visitatori trovano il luogo adatto per le loro esigenze: gli amanti delle spiagge, gli escursionisti, i ciclisti, i velisti e gli appassionati dei viaggi culturali. I primi insediamenti risalgono a epoche preistoriche, delle quali si trovano numerosi resti immersi nel paesaggio. In tempi molto antichi anche i primi eremiti si stabilirono sulle montagne. Sulle colline sorsero borghi fortificati lontani dagli attacchi dei pirati, che per secoli terrorizzarono la popolazione dell'isola spingendola a costruire i paesi lontano dalle coste.

Santanyí ▸ G 7

Questa località, leggermente spostata nell'entroterra, è il primo centro per la coltivazione di ulivi e mandorli della punta meridionale dell'isola. Il paese è famoso per la pietra di Santanyí, di colore marrone-dorato e particolarmente dura, che è stata impiegata anche per costruire gli edifici del centro storico.

Le numerose pietre di dimensioni ciclopiche, utilizzate poi per la costruzione delle case, sottolineano la presenza di centri abitati risalenti all'epoca dei talaiot. Il nome Santanyí è riconducibile al toponimo romano

Infobox

Arrivo e mezzi di trasporto

Pullman: la regione è ben collegata con i mezzi di trasporto pubblici. Da quasi tutte le località si può raggiungere direttamente Palma più volte al giorno. In estate la linea L 445 collega Costa del Pins con Port de Pollença.

Barca: tra Cala Rajada e Porto Cristo in alta stagione è in funzione un collegamento regolare via mare. Orari e prenotazioni: http://excursionenbarco.com.

Santi Annini, che a sua volta deriva dal latino Sanctus Agnus (agnello santo), sinonimo di Gesù Cristo come agnello sacrificale.

Dell'immagine storica della città è rimasto poco o nulla, poiché Santanyí nel XVI secolo subì feroci attacchi da parte dei pirati. Nascosti sull'isola di Cabrera, essi erano praticamente a un tiro di schioppo dalle baie di Cala Figuera o Cala Santanyí. Il 3 ottobre 1531 il paese fu dato alle fiamme e gran parte degli abitanti fu costretta alla schiavitù. In seguito la città fu provvisoriamente abbandonata e poi fortificata con robuste mura. Tra il 1546 e il 1571 i pirati attaccarono nuovamente l'isola e fecero prigioniere decine e decine di persone.

Església de Sant Andreu Apòstol

Plaça Major, lu, ma, gi, ve 18–19.30, me, sa 10–13, 18–19.30, do 8.30–12, 18–19.30

Il centro del paese è la chiesa, completata solo nel 1811 dopo 25 anni di lavori di costruzione. Il campanile è stato aggiunto in seguito e ultimato nel 1850. La chiesa deve la sua importanza principalmente al suo **organo** di **Jordi Bosch** (1739–1800), che all'epoca era il più importante costruttore di organi della Spagna. Bosch aveva costruito lo strumento per il monastero di Sant Do-

Le vecchie case di Santanyí sono costruite con una pietra arenaria dorata

Consiglio

Escursione al Santuari de la Consolació ► H 7

Un po' sotto il Puig Gros (270 m) situato a nord di Santanyí, dove la Serra de Llevant inizia a sollevarsi dalla pianura, nell'entroterra vicino alla località di S'Alqueria Blanca si trova questo piccolo eremo, fortificato per difendersi dai pirati. Nel santuario si trovano un bel cortile interno e un'immagine di Santa Scolastica, qui venerata come Mare de Déu de la Consolació. La sorella di San Benedetto è considerata, come la Madonna di Bonany (v. pag. 228), la protettrice contro la siccità.

mènec a Palma, ma nel 1837, dopo la secolarizzazione del monastero, l'organo fu trasportato in nave a Cala Figuera. In seguito lo strumento arrivò su un carro nel suo nuovo luogo di destinazione. Probabilmente l'organo è stato rimpicciolito per essere adattato alla chiesa, perché oggi presenta solo due tastiere. Già dall'esterno è visibile la sua estrema ricchezza.

Sul lato della chiesa si trova la **Capella Roser**, risalente alla prima metà del XIV secolo. Per offrire riparo alla popolazione durante gli attacchi dei pirati, nel 1310 la cappella fu fortificata e nel XVI secolo fu ampliata.

Porta Murada

Il burrascoso passato di Santanyí è testimoniato anche dalla **Porta Murada**, situata a nord della chiesa parrocchiale. La porta faceva parte delle mura della città e in seguito fu usata anche come prigione.

Mangiare e bere

Creativo – **Goli**: C/Portell, 14, www.goli-santanyi.com, me–sa 18–22, me e sa anche 10–15. Combinazione di ristorante, caffè e galleria d'arte a gestione tedesca. Primo o secondo da 18 €.

Coccoloso – **Sa Botiga**: C/ del Roser, 2 (vicino alla chiesa), tel. 971 16 30 15, www.sabotiga-santanyi.com, lu–sa 9–23, do 12–23. Caffè-ristorante a gestione tedesca. Si può mangiare al primo piano, in un ambiente che ricorda un accogliente salotto, oppure al secondo piano nella "biblioteca" (una sala delimitata da scaffali di libri), o ancora seduti fuori ai tavolini all'aperto nella via. Primo o secondo da 15 €.

Acquisti

Arte moderna – Santanyí è rinomata per le gallerie d'arte. Ricordiamo ad esempio la **Galeria Sailer** (Calle Bisbe Verger, 6, www.galeriasailer.com), la **Galeria Klee** (Carrer de Palma, 28, www.galeria-klee.com) e la Casa de Arte di **Gemma Leys** (Calle Mayoral, 3, http://gemmaleys.com).

Eventi

Festa de Sant Jaume: in luglio. Processione di barche alla Cala Santanyí, cortei in paese con carri trainati da cavalli ed enormi statue, ritrovo sulla piazza del mercato con musica e folklore.

Festa de Sant Andreu: 3 dic. Festa in onore del patrono locale, l'apostolo Andrea. Dopo la messa, ha luogo una processione con le statue giganti di Bernat Cinclaus e Maria Ramis. In conclusione è organizzato un banchetto collettivo nel centro della piazza del municipio.

Le baie a sud di Santanyí

Cala Santanyí ▶ H 8

La spiaggia di sabbia fine di Cala Santanyí si estende lungo una baia contornata da ripide rocce, circa 2 km a ovest di Cala Figuera. La spiaggia misura approssimativamente 70 m di larghezza e 100 m di lunghezza e costituisce principalmente la destinazione giornaliera dei turisti che alloggiano a Cala Figuera; non mancano comunque gli alberghi e le ville estive, che si spartiscono la costa a picco sul mare raggiungibile con alcune scalinate. Purtroppo due complessi alberghieri deturpano l'immagine così romantica di questo insediamento a cui manca un centro cittadino vero e proprio.

Cala Llombards ▶ G 8

Più a sud inizia la Cala Llombards, che a causa della sua distanza è meno affollata di Cala Santanyí anche in alta stagione. Nonostante nelle immediate vicinanze si trovi un piccolo insediamento turistico frequentato soprattutto da turisti locali e servito dai mezzi di trasporto pubblici, la situazione è tranquilla. La spiaggia è lunga 60 m e ampia 150 m, quindi è un po' più grande di quella di Cala Santanyí. Nei mesi estivi ci si può rifocillare in un chiosco sulla spiaggia.

Cala de sa Comuna e Cala s'Almonia ▶ G 8

Chi preferisce la solitudine, può proseguire da Cala Llombards in direzione sud per altri 2 km e godersi le piccole baie di Cala s'Almonia e Cala de sa Comuna, dove non c'è quasi nulla. **Cala de sa Comuna** si raggiunge con una scalinata che parte dall'estremità della località di Cala Llombards, **Cala s'Almonia** con una strada che porta all'insediamento turistico di Almonia e parte da Cala Llombards. Alla fine della strada c'è una scalinata che porta fino alla spiaggia. Da Cala s'Almonia parte un sentiero che porta a **Caló des Moro**, a poco più di 200 m di distanza, una baia circondata da ripide pareti rocciose con una piccola spiaggia lunga 40 m e larga 20 m.

Pernottamento

Sul mare – **Hotel Pinos Playa:** Costa d'en Nofre, 15, tel. 971 16 50 00, www.pinos playa.com, doppia da 90 € (alta stagione), in bassa stagione molto più economico. Un albergo di vecchia data, gradevole e conveniente, situato nella baia più bella dell'isola. Frequentato spesso da famiglie. Non c'è il climatizzatore e il Wifi è a pagamento. Le ca-

Consiglio

L'arco di Es Pontàs ▶ H 8
Questo arco naturale di pietra, molto fotogenico, si può raggiungere dalla baia, girando a destra (salita) al supermercato della località di Cala Santanyí, situata sopra la baia. Alla strada successiva (vicolo cieco) si gira a sinistra (indicato). Percorrendo un sentiero si arriva poi a un punto panoramico, dal quale si può anche scendere, facendo un po' di fatica, fino ad arrivare sulla riva del mare.

mere sono piccole, gli appartamenti più grandi.

Panoramico – **Apartamentos Playamar:** Costa d'en Nofre, prenotare attraverso l'Hotel Rocamar di Cala Figuera, tel. 971 61 51 25, www.rocamar playamar.com, 82 € (2 persone, alta stagione). Bella posizione con panorama sulla baia, a ca. 300 m dal mare.

Mangiare e bere

Romantico – **Café Bar Restaurant Drac:** Cova des Drac, 15, tel. 629 79 13 41, ludo 12–1, in inverno chiuso. Cucina curata con prodotti freschi. I lunghi tempi d'attesa e il menù ristretto sono ripagati dall'ambiente a lume di candela e dalla meravigliosa vista sulla baia. Primo o secondo da 20 €.

Informazioni

Mezzi di trasporto: Cala Santanyí si raggiunge con una strada secondaria che parte da Cala Figuera (rotonda) e si dirige a sud. Qui si dirama verso destra anche una stradina per Cala s'Amarador (Cala Font de n'Alis, un pezzo di Cala Mondragó), che fa parte del Parco naturale di Mondragó (v. pag. 252). Tra Cala Santanyí e Palma c'è inoltre un collegamento di pullman. Per arrivare a Cala Llombards bisogna seguire dapprima la strada Santanyí–Ses Salines e poi girare verso la costa (indicato). Il sentiero pedonale da Cala Santanyí invece è lungo poco più di 2 km.

Cala Figuera! ▶ H 7/8

Pochi chilometri distanziano Santanyí da Cala Figuera, da non confondere con Cap de Cala Figuera, vicino a Magaluf (v. pag. 126), anche perché questo ex porto di pescatori non ha simili in tutta Maiorca. Una baia stretta con piccole insenature penetra nella terra e si divide in due ramificazioni bordate da alte rocce calcaree. Le case sono collocate tra gli scogli e, in alcuni punti ripidi del versante ovest, sono a livello del mare, dove attraccano le barche dei pescatori. Il braccio di mare è tanto stretto che le barche sono state graffiate dalla roccia. In nessun altro porto di Maiorca si respira un'atmosfera così suggestiva, e qui anche l'edilizia, con qualche piccola eccezione, è riuscita a inserirsi armonicamente tra le pinete del paesaggio.

L'unico svantaggio è l'assenza di una spiaggia. Chi vuole godersi un bagno deve andare a piedi o in bici a **Cala Santanyí** (ca. 3 km, v. pag. 249). Con la bici si raggiunge anche **Cala Mondragò** (ca. 7 km, v. pag. 252). Cala Figuera è stata a lungo un punto di ritrovo per i giovani, ma oggi a parte la bella passeggiata ha un aspetto un po' desolante. Alcune birrerie provvedono affinché la giornata non finisca al calar del sole.

Pernottamento

Poiché la località non è molto adatta per fare il bagno, gli alberghi di Cala Figuera sono pochi e piuttosto semplici.

Posizione da sogno – **Villa Sirena:** C. Virgen del Carmen, 37, tel. 971 64 53 03, www.hotelvillasirena.com, appartamenti aperti tutto l'anno, hotel nov–mar chiuso, doppia 86 € (alta stagione). Situato sopra l'ingresso del porto (45 camere), con magnifico panorama, piscina con solarium, molti ospiti giovani. Appartamenti (18 camere) dall'altra parte della strada a partire da 91 € (2 persone, alta sta-

Gli stretti moli di attracco sono stati ricavati dalla roccia

gione). Di sera l'albergo può essere molto rumoroso.

Ampia vista – **Hotel Rocamar:** C. Joan Sebastià Elcano, 38, tel. 971 64 51 25, www.rocamarplayamar.com, nov–apr chiuso, doppia 60 € (alta stagione). Tranquillo hotel 2 stelle a conduzione familiare con 42 camere senza grandi pretese in splendida posizione sopra l'hotel Villa Sirena. C'è anche una piccola piscina.

Centrale – **Hostal Can Jordi:** C. Virgen del Carmen, 58, tel. 971 64 50 35, www.hostalcanjordi.webs.com. Posti letto in un ostello al porto di Cala Figuera, appartamenti a 100–200 m dal porto e ville (alcune in campagna). Doppia in ostello per tutto l'anno 45 €. Appartamento per 2 persone 60 € senza colazione (min. 3 notti). Villa intera a Cala Figuera con vista mare fino a 4 persone 95 €, 8 persone 143 € (min. 5 notti); monolocale nella villa 49 € (min. 2 notti).

Mangiare e bere

Per chi ha pazienza – **Es Port:** C. Virgen del Carmen, 88, tel. 971 16 51 40, in alta stagione lu–do 13–15, 18–1. Famoso per la cucina italiana. Molto frequentato per il panorama e la velocità di preparazione, bisogna mettere in conto lunghe attese, dato che non si accettano prenotazioni. Primo o secondo da 18 €.

Vista sul porto – **Mistral:** C. Virgen del Carmen, 42, tel 971 64 51 18, www.mistral-restaurante.com, fine mar–fine ott ma–do dalle 18.30. Piccolo ristorante situato un po' sopra il porto, propone ottimi piatti a prezzi ragionevoli. Primo o secondo da 18 €.

Acquisti

Galleria d'arte – **Atelier Camargo (ex-Sirena):** C. Virgen del Carmen, 31.

L'atelier e negozio di Hein Driessen è stato rilevato dal pittore Camargo. Le opere di Driessen (acquarelli e stampe) si trovano nella sua galleria a Emmerich (Germania).

Informazioni

O.I.T. Cala Figuera: C. Pintor Bernareggi, 26, tel. 971 64 50 10, mar–ott lu-ve 9–13, 16–19.
Pullman: più volte al giorno collegamenti con la linea L 502 con Palma, via Cala Santanyí e Cala Llombards.
Barche: barche con il fondo di vetro per le spiagge di Cala d'Or e Cala Mondragò (http://starfishboat.com).

Cala Mondragó ► H 7

La zona balneare forse più bella di tutta l'isola è la doppia baia di Cala Mondragó/Cala S'Amarador. Le pinete sulle colline alle spalle fanno ombra su queste due ampie baie sabbiose molto frequentate, collegate una all'altra da un sentiero (aperto lu–do 9–16). Cala s'Amarador si può raggiungere anche con una strada che parte da Cala Figuera, inizia all'ingresso del paese e termina presso un parcheggio, dal quale bisogna poi camminare ancora per circa 10 minuti.

Grazie all'intervento del gruppo GOB (v. pag. 48), che è riuscito a mandare a monte altri progetti edilizi, finora qui sono stati costruiti solo due piccoli alberghi, anche se nuovi progetti sono già stati pianificati. Nel frattempo le baie sono state dichiarate parte del **parco naturale di Mondragó** e pertanto sottratte allo sfruttamento economico. Anche per questo motivo molte specie di volatili, tra cui l'aquila di mare, hanno scelto come rifugio le pinete della fascia costiera.

Pernottamento

Nel parco naturale esistono solo i due semplici alberghi menzionati, che però, a causa della loro posizione, sono molto richiesti. Solo i loro ospiti possono arrivare in macchina fino all'albergo.
Nella natura – **Hostal Playa Mondragó:** tel. 971 65 77 52, www.playamondrago.com, nov–metà mar chiuso, doppia da 110 € (alta stagione, con colazione). Piccolo albergo con 41 camere direttamente sulla spiaggia di Cala Mondragó.
Nel parco naturale – **Hostal Condemar:** tel. 971 65 77 56, www.hostalcondemar.com, nov–apr chiuso, doppia ca. 72 € con colazione, mezza pensione 85 €. Situato un po' sopra Cala Mondragó, semplice hostal con 45 camere.

Portopetro ► H 7

Portopetro si divide in due pittoreschi porti, nei quali attraccano le barche dei pescatori e le barche a vela. Inoltre ci sono piccoli ristoranti frequentati dai turisti che arrivano per una gita in giornata dalla vicina Cala d'Or. Non esiste una spiaggia degna di nota. Dal limite della scogliera a sud della baia si vede l'albergo di lusso Blau PortoPetro che domina la baia.

Pernottamento

Lussuoso – **Puravida Resort Blau Porto-Petro:** Av. des Far, 12, tel. 971 64 82 82, www.blauhotels.com, nov–gen chiuso, doppia da ca. 260 €. Grande e moderno albergo con oltre 300 camere situato sull'estremità di una penisola in alto sopra il paese, con vista sul porto. Tre piscine, campi da tennis, vasta area benessere.
Solo per adulti – **Varadero Porto Petro:** C. Patrons Martina, 3, tel. 971 65 72 23,

www.hoteldeluxvaradero.com, chiuso ott–apr, doppia da ca. 62 €. Accogliente pensione che dispone anche di una piccola piscina.

Mangiare e bere

Non ci sono ristoranti particolari, ma è bello sedersi nell'atmosfera del porto. *Gestione famigliare* – **La Aventura:** C/Punto Mitjana, 11, 12–15, 19–23, in inverno chiuso. Piccolo ristorante al porto. Bella vista, buone tapas e ottimo pesce a buon prezzo: tutto ciò che si può desiderare in vacanza. Primo o secondo da ca. 12 €.
Popolare – **La Caracola:** Av. del Port, tel. 971 65 70 13, lu–do dalle 12. Locale frequentato dagli abitanti del posto. Piatti di pesce a prezzi convenienti e vista sul porto. Primo o secondo da ca. 12€.

Informazioni

Pullman: L 501 (tib), collegamenti più volte al giorno da/per Cala d'Or e Palma.
Mini-treno: in alta stagione corse per Cala d'Or e Cala Mondragó.

Cala d'Or ►H 7

Cala d'Or è il secondo centro turistico per estensione della costa sud-est di Maiorca. Rispetto a Cala Millor (v. pag. 266) con la sua grande spiaggia bianca, qui predomina una costa a picco frastagliata e intervallata da spiaggette. Sono poche le zone in cui l'unione tra terra e mare è tanto armoniosa e il carattere mediterraneo è così predominante. A questo impatto positivo contribuisce molto anche l'assenza di grossi centri abitati. Gli alloggi bianchi simili a ville e immersi in meravigliosi giardini rendono testimonianza, in-

sieme alla piacevole area pedonale, di un'urbanizzazione dell'isola rispettosa dell'ambiente.

Ulteriori esempi di questa realtà sono, tra gli altri, il piccolo centro e la **Marina Porto Cari** nella Cala Llonga con i suoi pontili, i numerosi bar, i ristoranti raffinati e le boutique alla moda. All'estremità meridionale della baia si trova inoltre una fortezza da poco restaurata, il **Forti** (ingresso libero), che in passato difendeva l'ingresso del porto dai nemici. Il complesso non è particolarmente spettacolare, ma la vista sulla baia è molto piacevole.

L'unico svantaggio è la capacità ridotta delle spiagge rispetto al numero di turisti che può pernottare in questa località. Pertanto, in estate, durante l'alta stagione, la costa si trasforma in una sorta di piscina affollatissima. Un'alternativa può comunque essere recarsi nelle vicine spiagge già descritte, come ad esempio Cala Mondragó; molti alberghi dispongono inoltre di piscine private. Questa località è consigliabile, quindi, ai turisti più esigenti, che danno più valore all'atmosfera e all'ambiente incontaminato rispetto alle spiagge chilometriche con tutti i comfort tipiche delle zone turistiche.

Pernottamento

La località offre numerosi alloggi, che appartengono principalmente alla categoria medio-alta. La prenotazione con pacchetto all-inclusive è spesso più conveniente rispetto a quella fatta sul posto.
Giardino dell'Eden – **Melia Cala d'Or Boutique Hotel:** Portinatx, 16–18, tel. 971 64 81 81, www.melia.com, doppia da ca. 216 € (alta stagione). Albergo situato in uno splendido giardino con una nota personale (solo 49 ca- ▷ pag. 256

I luoghi del cuore

Cala S'Amarador, un paradiso naturale ▶ H 7

La spiaggia si trova piuttosto lontano dagli alberghi di Cala Figuera e Portopetro, e questo è un bene. Fortunatamente la doppia baia di Mondragó (Cala Mondragó/Cala S'Amarador) con le sue due spiagge e l'entroterra è stata dichiarata zona protetta nel 1992, su iniziativa delle organizzazioni ambientaliste. Secondo me la spiaggia più piccola, Cala S'Amarador, è una delle più belle di Maiorca. Non si vedono case e nemmeno macchine, che devono fermarsi a un parcheggio posto a 10 minuti a piedi dalla spiaggia. Qui si trovano sabbia bianca, mare turchese e una natura incontaminata, in poche parole il sogno della vacanza perfetta. Il piccolo bar della spiaggia ha sempre pronte bibite fresche e dissetanti.

Consiglio

Cala Sanau,
una spiaggia isolata ► H 7
Chi si sente troppo allo stretto sulle minuscole spiagge di Cala d'Or può raggiungere Cala Sanau, situata ca. 5 km più a nord, anche se non è più un consiglio per "pochi intimi". Da Cala Ferrera, la spiaggia più a nord di Cala d'Or, parte un sentiero segnalato che arriva a Cala Sanau, percorribile anche in bicicletta. Qui c'è un piccolo chiosco che durante l'estate fornisce cibo e bevande. La spiaggia non viene regolarmente pulita, come avviene invece a Cala d'Or, perciò sarebbe meglio non lasciare nei cestini le carte dei panini e le bottiglie di plastica, ma piuttosto riportarle via con sé.

mere), vicino al centro e a Cala Gran. Servizio attento, belle camere, piscina coperta riscaldata.
Ricco di tradizione – **Cala d'Or:** Av. de Bélgica, 33, tel. 971 65 72 49, www.hotelcalador.com, doppia da ca. 167 € (minimo 5 giorni). Albergo in stile mediterraneo con 95 camere sorto nel 1935, prima del paese. Si è assicurato una posizione senza dubbio privilegiata sulla baia di Cala d'Or. Ristrutturato più volte senza perdere il suo charme, oggi è sicuramente uno dei più belli dell'isola.
Sulla spiaggia – **Rocador:** Av. Marquès de Comillas, 3, tel. 971 65 70 75, feb–ott, doppia 147 € (mezza pensione, alta stagione). Grande complesso sulla Cala Gran in raffinato stile spagnolo con piscina coperta. Da non confondere con l'albergo non altrettanto bello **Rocador Playa** (tel. 971 65 77 25)

situato proprio accanto, che appartiene allo stesso gruppo.

Mangiare e bere

Grazie alla presenza del porto turistico e degli alberghi lussuosi ci sono anche alcuni buoni ristoranti.
Francese – **Port Petit:** Av. Cala Llonga, tel. 971 64 30 39, www.portpetit.com, me–lu 15.30–19, ago aperto anche ma sera. Cucina francese di alto livello, servita su una terrazza con vista sul porto. Ad esempio filetto d'agnello con salsa ai funghi (22 €). Primo o secondo da 20 €, menù da 38 €, più conveniente il menù di mezzogiorno al bistrot (19,50 €).
Atmosfera marittima – **Sei Ani:** Av. de Cala Llonga, 5, tel. 635 52 39 46, in inverno chiuso. Dopo uno sguardo un po' invidioso agli yacht ci si dedica alle squisite tapas e alla paella. Primo o secondo da ca. 18 €.
Maiorchino – **Can Trompe:** Av. de Bélgica, 12, tel. 971 65 73 41, me–lu 13–15.30 e dalle 19, nov–mar chiuso. Cucina spagnola con ingredienti freschi, anche paella, a prezzi convenienti. Primo o secondo da ca. 15 €.

Di sera e di notte

Discoteca hightech – **Farah's:** Av. Bien Venidos (Bén Vinguts), 44, tel. 971 65 74 93, alta stagione lu–do dalle 22. La migliore discoteca del paese, attrezzatura moderna e top-DJ.
Marittimo – **The Port Pub:** Port Petit, tel. 971 65 90 06. Ritrovo molto trendy al porto turistico.
Musica varia – **El Cotton Club:** Club Edifició del Pueblo (Club Edifici de Poble), tel. 699 76 25 25. Popolare locale che propone musica di vario tipo, dalla salsa al rock.

Per teen-ager – **Chic-Palace:** C. Puntetes, 5, tel. 971 64 35 57, in alta stagione dalle 22. Discoteca preferita dai giovanissimi.

Golden Sixties – **The Sound House:** C. Antonio Costa, 22, tel. 971 58 03 35. Pub con musica degli anni '60–'80.

Informazioni ed eventi

Informazioni
Ufficio turistico O.I.T.: C. Perrios Pomar, 10, tel. 971 65 74 63, ajuntament@aj santanyi.net, lu–ve 9–13, 15–17.

Eventi
Jazz festival: ultima settimana di maggio; band famose suonano nei pub e nelle piazze.

Mezzi di trasporto
Pullman: L 501 (tib) più volte al giorno per Palma (via Portopetro e Santanyí); con la linea A 51 si va direttamente in aeroporto.
Mini-treno: corse per le spiagge più isolate come Portopetro e Cala Mondragó (solo in estate).
Barche: collegamenti via mare (solo in alta stagione) per Cala Figuera e Cala Llombards.

Portocolom ▶ H/J 6/7

La tranquilla città portuale di Portocolom, una delle località più affascinanti della costa sud-est, deve la sua esistenza alla grande baia che penetra nella terra, offrendo una protezione naturale dal vento e dagli agenti atmosferici.

La zona a nord di questo paese tradizionale, caratterizzato dai vialetti suggestivi in salita, dalla chiesa di forma piuttosto tozza e dalle barche al porto, è uscita quasi incolume dallo sviluppo frenetico che ha colpito Maiorca. Il versante ovest della baia è costeggiato da un ampio viale di platani, dal quale è sempre possibile godere un panorama meraviglioso sul mare aperto e sulle moltissime barche ancorate qua e là. Le grandi barche informi che attraccano a Port Portals o a Palma non fermano qui, e perciò si respira ancora un'atmosfera marinara autentica, ormai sparita nella maggior parte degli altri porti dell'isola. Sulla riva orientale, una stradina parte dalla città vecchia e, oltrepassando una spiaggia di sabbia poco frequentata, attraversa il quartiere residenziale di Sa Punta per arrivare all'omonimo faro, che troneggia sull'estremità della penisola.

Il porto
Il porto di Portocolom ha raggiunto il suo periodo di massimo splendore alla fine del XIX secolo, quando era il porto principale per il commercio del vino proveniente da Felanitx e diretto in Francia. Le vigne francesi a quell'epoca erano state quasi completamente distrutte dalla filossera, introdotta dagli Stati Uniti a partire dal 1860, e Maiorca aveva acquisito improvvisamente una posizione di primo piano (v. pag. 72). Dal nome si evince che la città vanta di aver dato i natali a Cristoforo Colombo, anche se le prove portate a supporto di questa tesi sono piuttosto scarse.

Cala Marçal ▶ H/J 7

Dall'altro versante della montagna si riesce a raggiungere la baia di Cala Marçal a sud di Portocolom. Qui i pochi turisti si concentrano su una spiaggia di sabbia lunga 150 m e larga 90 m, la sola veramente degna di questo nome che si trova a Portocolom.

La città di Portocolom ha ancora un aspetto tranquillo

Tutti gli hotel si trovano nella zona più alta del paese e un percorso a piedi più o meno lungo li separa dalla spiaggia. Le proposte di intrattenimento notturno sono piuttosto limitate. Si sentiranno a proprio agio i turisti cui piace l'idea di trascorrere una vacanza tranquilla immersi nell'atmosfera tradizionale di un piccolo porto sviluppatosi in modo naturale. È necessario noleggiare un'automobile se si intende organizzare delle gite nei dintorni; ma anche chi preferisce fare escursioni a piedi avrà pane per i suoi denti, ad esempio andando a prendere il sole in due baie isolate dai nomi inconsueti: **Cala Brafi** (a sud) e **Cala Arsenau** (a nord).

Pernottamento

A causa della ridotta "capacità" della spiaggia, l'offerta di alberghi è piuttosto limitata.

Panoramico – **Cape Colom:** C. Assumpció, 1, tel. 971 82 52 52, www.jshotels.com, nov–apr chiuso, doppia da ca. 140 € (alta stagione), prenotabile anche all-inclusive. Direttamente sulla scogliera, ampia vista sulla baia e sul mare, 133 camere.

Accogliente – **Hostal Portocolom:** C. Cristofòr Colom, 5, tel. 971 82 53 23, www.hostalportocolom.com, doppia 70 €. In centro, lontano dal caos dei turisti, ristorante dallo stile moderno, buoni gli stuzzichini e la pizza.

in un ambiente coloniale. Atmosfera da club. Da quando qui lavora l'austriaco Dieter Sögner, un allievo di Alfons Schuhbeck, il ristorante è entrato nella Top Ten dei ristoranti migliori dell'isola. Primo o secondo a partire da 30 €. Si può anche scegliere il menù a 10 portate a ca. 100 €, a volte c'è addirittura il Tafelspitz, e gli esperti dicono "Più buono che a casa!".

Buona media – **VoraMar:** C/ Cristobal Colom N 27, tel. 971 82 40 84, lu–do 8.30–24, in inverno lu chiuso. Ristorante a gestione famigliare offre una buona cucina locale a prezzi moderati e un ottimo servizio. Anche qui la specialità sono i piatti di pesce. Primo o seconda da ca. 10 €.

Pesce squisito – **La Llotja:** C. Pescadores, s/n, tel. 971 82 51 65, www.restaurantsallotjaportocolom.com, ma–do dalle 10, cucina 13–15, 19–22.30, in inverno lu e ma chiuso. Filiale del ristorante Stay di Port de Pollença (v. pag. 190). Si può mangiare nella grande sala interna (un po' anonima) al primo piano oppure su una terrazza con vista sul porto e sulla città vecchia. Anche qui il pesce fresco è il protagonista della cucina, ad esempio merluzzo o nasello (ca. 23 €). Il menù di mezzogiorno, con scelta tra piatti a base di pesce o di carne, costa 38 € inclusi il vino e il caffè.

Specialista delle tapas – **Florian:** C. Cristofòr Colom, 11, tel. 971 82 41 71, www.restaurant-florian.com, lu–do 11–22, in bassa stagione gi chiuso, nov–22 dic chiuso. Il posto ideale per una lunga siesta, da passare davanti a una ricca scelta di tapas sulla terrazza con vista sulla baia, a pochi metri dal Colón. Il proprietario Florian Billig è originario della Baviera. Tapas da 5 €, menù di mezzogiorno 18 € (il menù cambia tutti i giorni), il vino della casa è molto conveniente. Il servizio potrebbe essere migliore.

Sportivo – **Hostal Bahia Azul:** Rda. Crucero Balear, 78, tel. 971 82 52 80, doppia 72 €. Hostal che lavora in collaborazione con una scuola di immersione. Possiede 15 camere semplici e funzionali e una piscina con vista sulla baia.

Mangiare e bere

La città può vantare una quantità sorprendente di ottimi ristoranti.

Ottima cucina mediterranea – **Colón:** C. Cristofòr Colom, 7, tel. 971 82 47 83, www.restaurante-colon.com, gi–ma 11–23.30, in agosto solo dalle 19, inverno chiuso. Cucina creativa servita

Sport e tempo libero

Scuola di immersione – **Bahia Azul:** nell'hostal Bahia Azul (v. pag. 259), corsi di immersione di livello internazionale.

Informazioni

O.I.T. Portocolom: Av. Cala Marçal, 15, tel. 971 82 50 84, lu–ve 10–15, sa 10–14. **Pullman:** collegamenti con la linea L 490 (tib) più volte al giorno via Algaida e Felanitx per Palma.

Felanitx ►H 6

Il territorio tra Felanitx e la costa, caratterizzato dalle vallate e le colline della Serra de Llevant e dalla presenza di diversi fiumi, da sempre sfruttato per le coltivazioni intensive, è stato a lungo una zona di produzione di uva. Tra il 1870 e il 1890 l'uva prodotta veniva esportata soprattutto in Francia passando per Portocolom. Oggi il territorio presenta piantagioni di mandorli, campi di cereali e ancora molti vigneti, come in passato.

La cittadina Felanitx si trova circa 12 km a ovest di Portocolom e per via della sua posizione geografica ai piedi della Serra de Llevant presenta un'immagine pittoresca e affascinante, che riporta il visitatore al tempo passato. In passato, quando i 25 mulini a vento che si notano sulla destra prima di entrare in città erano ancora in funzione, la città doveva essere ancora più suggestiva. I ritrovamenti dell'epoca preistorica testimoniano che gli insediamenti sulla collina sono molto antichi. Il nome della cittadina dovrebbe essere di origine romana, derivato da Fenalicus (luogo dove si produce fieno). Sotto la dominazione araba Felanitx divenne un importante centro per la produzione degli azulejos, le tipiche piastrelle di ceramica dipinta, poi durante la Reconquista fu ridotta a cumulo di macerie, finché arrivò Giacomo II che ne ordinò la ricostruzione. Anche la produzione della ceramica fu riportata in vita e sopravvive tuttora.

Església de Sant Miquel

Le case del centro sono tutte raccolte intorno alla chiesa parrocchiale in stile barocco (1551–1603), raggiungibile con un'ampia scalinata che parte dalla Plaça Font de Santa Margalida. Nella piazza si trova la **fontana di Santa Margherita**, la cui acqua che sgorga ininterrottamente è un simbolo di vita eterna e avrebbe perfino un potere terapeutico.

Come è avvenuto anche in altri luoghi, probabilmente la chiesa di Sant Miquel è stata costruita sulle mura di una ex moschea. Il portale principale, aggiunto solo nel 1746, è decorato con una statua di San Michele che uccide il drago, simbolo della sconfitta delle forze oscure e nemiche di Dio. Si tratta dello stesso santo che ha scacciato Adamo ed Eva con la spada dal Paradiso terrestre. Sulla parete laterale della chiesa una tavola ricorda la tragica morte di 411 persone sotterrate da un muro pericolante durante la processione di Pasqua tenutasi nell'anno 1844.

Es Calvari

A sud-est del paese, su una collina di 218 m (Monte del Calvario), si trova una **chiesa meta di pellegrinaggio** eretta nel XIX secolo per iniziativa del sindaco di Felanitx, dove si arriva percorrendo un sentiero che inizia alla fine di Carrer des Call. La piccola chiesa è il punto centrale della festa di ringraziamento per il raccolto che si svolge ogni anno il 3 maggio. Durante la festa vengono benedetti tutti i prodotti dei campi.

Castell de Santueri ► H 6

www.santueri.org, orari di apertura irregolari, in estate lu–do 10.30–17.30, dic–feb solo do/festivi 10–17, 4 €

Circa 2 km a sud di Felanitx, dalla strada che porta a Santanyí parte una stretta strada secondaria che si arrampica tra molte curve fino alla **fortezza**. Durante la Reconquista le truppe arabe si asserragliarono nel castello per un anno, prima di arrendersi all'assediante Giacomo I. In seguito i re maiorchini usarono la fortezza dapprima come bastione nella battaglia contro gli Aragonesi e poi come riparo dai pirati che partendo dall'isola di Cabrera facevano continue incursioni lungo la costa.

Dei numerosi edifici che sorgevano sull'altopiano non è rimasto quasi nulla, ma si vedono ancora i resti delle mura e si può godere dello splendido panorama che arriva fino all'Illa de Cabrera.

Pernottamento

Un idillio rurale – **Finca Es Pla Nou:** Carretera Felanitx–Petra, km 6 (ca. 1 km dalla strada), tel. 600 69 62 40, doppia da 82 €, appartamento da 102 €. Un'oasi di pace con piscina in una vasta tenuta ancora oggi coltivata. Per le escursioni c'è la possibilità di noleggiare una macchina.

Mangiare e bere

Alta qualità – **El Castillo de Bosque:** Ctra. Felanitx–Portocolom, km 8, tel. 971 82 41 44, https://elcastillodelbosque.wordpress.com, gi–ma 12.45–15.45, 19–22.30, metà dic–fine gen chiuso. Nel castello vengono preparati piatti squisiti con prodotti freschi, buona anche la scelta di vini. Menù se-

rale a ca. 35 €, menù di mezzogiorno a ca. 14 €.
Gustoso – **Es Mercat:** C. Major, 26, tel. 971 58 00 08, do–ve ca. 11–16. Nei giorni di mercato questo è il posto giusto per un piccolo spuntino o anche per un pasto completo. Si serve cibo casalingo tipico di Maiorca, con primo o secondo a partire da 9 € e un menù a 8 €.

Acquisti

Ancora autentico – **Mercato domenicale:** il mercato che si svolge attorno alla chiesa parrocchiale è uno dei meno turistici dell'isola, frequentato soprattutto dagli abitanti del posto. Anche molti negozi rimangono aperti in occasione del mercato.
Fragili e preziose – **Cerámicas Mallorca:** C. Augusti, 50–58, tel. 971 58 02 01, www.ceramicasmallorca.com, lu–ve 9–13, 15.30–19, sa 10.30–13. Ceramiche lavorate a mano e dal design raffinato.

Informazioni ed eventi

Informazioni turistiche
www.visitfelanitx.es: informazioni su dove alloggiare, dove mangiare, come arrivare, baie e spiagge, itinerari per escursioni a piedi e in bicicletta, ecc.

Eventi
Festa Patronal de Santa Margalida: 19/20 luglio. Festa patronale con le tipiche *cavaletts* (danze dei cavalli): due giovani del posto vestiti da cavalli eseguono una danza tradizionale nella cornice della processione religiosa. Durante la festa si svolge anche un mercato annuale.

Mezzi di trasporto
Pullman: collegamenti con la linea L 490 (tib) più volte al giorno via Algaida

Da Sant Salvador ed Es Picot lo sguardo abbraccia quasi tutta Maiorca

per Palma, nella direzione opposta per Portocolom.

Santuari de Sant Salvador ▶ H 6

Su uno sperone di roccia ca. 4 km a sud-est di Felanitx domina il grande complesso del santuario di Sant Salvador, che offre una splendida vista sul castello. La struttura a più piani non ha nulla da spartire con la tranquillità che accomuna molti eremi minori. Il santuario ha infatti cambiato volto in seguito alla costruzione del nuovo e grande ingresso per le automobili e al parcheggio per i pullman, per agevolare le visite dei turisti.

Nel 1348 i proprietari del castello di Santueri autorizzarono la costruzione di una cappella sull'altopiano in onore di San Salvatore, che aveva dato il nome alla montagna quando alcuni eremiti vi si erano stabiliti. Ovviamente anche questo santuario nasce da un miracolo: una luce divina attirò un pastore verso una grotta, dove scoprì un'immagine di Maria che i primi cristiani avevano nascosto qui durante la conquista araba. La **statua della Madonna**, risalente al XIII secolo, è conservata nella chiesa del convento, eretta nel 1716. Sebbene sia stato realizzato solo nel 1942 come copia di un'opera del 1794, il **retablo in alabastro** in una delle cappelle laterali è un vero un capolavoro artistico che riproduce la Passione di Cristo in stile gotico.

In seguito alla secolarizzazione, nel 1851 il monastero fu abbandonato, e solo 40 anni dopo i monaci tornarono a viverci, quando l'edificio passò di nuovo nelle mani della Chiesa.

A fianco del monastero sorge una **torre** alta 37 m su cui domina una statua di Cristo di 7 m aggiunta nel 1937. Un sentiero conduce alla gigantesca croce di pietra **Es Picot** (1957), vittima della tempesta una prima volta nel 1897 e poi di nuovo nel 1927.

Il panorama dal monastero è tra i migliori di Maiorca. In caso di bel tempo, lo sguardo spazia addirittura su quasi tutta l'isola.

Pernottamento

Panoramico – **Petit Hotel Hostatgeria Sant Salvador:** Puig Sant Salvador, tel. 971 51 52 60, www.santsalvadorhotel. com. Ex alloggio del monastero, ancora oggi ha camere semplici ma moderne. Doppia da 62 € (alta stagione, senza colazione). Nel monastero si trova un ristorante turistico. Specialità maialino arrosto (12 €).

Calas de Mallorca/ Cala Murada ▶ J 6

A nord di Portocolom si estendono le zone alberghiere di Calas de Mallorca e Cala Murada, frequentate soprattutto da turisti in cerca di tranquillità. Purtroppo la bella costa rocciosa di Cala de Mallorca è stata deturpata da enormi alberghi, uno spaventoso esempio di uno sviluppo senza controllo.

Anche la zona a sud, Cala Murada, nonostante le belle ville, non regge il confronto con le altre località balneari.

Per gli amanti degli animali nelle vicinanze c'è il **Jumaica Parque Tropical** (Ctra. Portocolom–Porto Cristo, km 4,5, 7 €), dove si possono ammirare perlopiù piante tropicali.

Porto Cristo ▶ J 5

Porto Cristo è un porto sviluppatosi in un ambiente naturale, uno dei centri turistici più recenti. Considerando il fatto che la baia penetra così profondamente nell'isola, è impossibile pensare che questo perfetto porto naturale possa essere sfuggito all'attenzione dei navigatori. Ne sono testimonianza i resti di un'antica torre di guardia del XVI secolo, destinata a difendersi dagli attacchi pirateschi: la **Torre del Serral dels Falcons**, in Avinguda Joan Severa Camps in direzione Coves de Campanet. Il porto mantenne la sua importanza militare fino all'epoca della Guerra civile spagnola, quando, nell'estate del 1936, le truppe repubblicane tentarono lo sbarco per liberare l'isola dai sostenitori di Franco e vennero sanguinosamente respinte con il sostegno dell'aeronautica italiana. Un monumento fatto erigere dal Generale Franco in memoria dei caduti è stato rimosso nel 2005.

Oggi Porto Cristo è una cittadina stimata e un punto di attracco rinomato per le barche a vela, che fanno bella mostra di sé nel porto turistico. Per chi non ama solo la vita balneare, non offre grandi attrazioni eccetto la **passeggiata al porto** e il lungomare. È comunque il punto di partenza per visitare il vicino sistema di grotte chiamato Coves del Drac.

Approfondimento

Le grotte di Porto Cristo, una cattedrale sotterranea

Le caverne situate nei pressi di Porto Cristo sono delle vere cattedrali sotterranee, scavate nel corso di milioni di anni nella roccia carsica dall'acqua piovana.

Mappa: ▶ J 5
Arrivo: da Porto Cristo pullman L 412 o L 414 (tib) per le grotte (pullman in direzione di Palma) oppure con un'escursione organizzata.
Coves del Drac: tel. 971 82 07 53, www.cuevasdeldrach.com, estate lu–do 10–17, ingresso 10, 11, 12, 14, 15, 16, 17, nov–15 mar lu–do 10.45, 12, 14, 15.30 con concerto, 16.30 senza

concerto, ingresso 15 €. Coordinate del navigatore per non sbagliare grotta seguendo cartelli fuorvianti: N39.535825, E3.330342.
Coves dels Hams: www.cuevas-hams.com, estate lu–do 10–18, visite guidate (1 ora, ca. ogni 20 min.) con concerto, inverno fino alle 17, ingresso 21 €.

Le montagne di Maiorca, composte prevalentemente da roccia calcarea, si sono formate in seguito al corrugamento del fondo marino dovuto allo scontro della placca africana con quella euroasiatica. Anche grazie alle particolarità climatiche in queste montagne si sono originate numerose grotte carsiche, in cui è penetrata l'acqua piovana che, ricca di acido carbonico, ha determinato il formarsi di depositi di calcite e quindi di stalattiti (pendenti dal soffitto) e stalagmiti (sul pavimento). Finora a Maiorca sono state scoperte cinque di queste grotte, e le più importanti sono quelle di Porto Cristo.

Coves del Drac

Il più grande complesso di grotte delle Baleari era già noto anticamente e serviva come rifugio durante gli attacchi dei pirati, ma come suggerisce il nome (grotte del drago) era già un luogo ammantato di leggenda. Qui nel XIV secolo fu effettuata una ricerca, su iniziativa del governatore, per trovare il tesoro dei Templari, il potente ordine monastico soppresso dal Papa nel 1312. In seguito anche i pirati avrebbero utilizzato questo labirinto per i loro bottini.

L'intero complesso fu esplorato solo alla fine del XIX secolo, su ordine del francese Martel e con il finanziamento del perseverante arciduca Ludwig Salvator. Il tesoro che venne ritrovato è oggi molto più prezioso di tutti i gioielli e le monete che si cercarono invano. È un vero mondo delle meraviglie, il cui valore di mercato, dato il continuo flusso di turisti che accorrono alle grotte, appare incalcolabile.

Attraversando le sale ricche di stalattiti e dai nomi altisonanti si scende al lago sotterraneo, il più grande del mondo nel suo genere.

Le tecniche di luci e suoni fanno da sfondo, con magnificenza, a questo specchio d'acqua lungo 180 m, largo 40 m e profondo 5–8 m. Barche con a bordo musicisti spuntano in silenzio dal buio e l'ambiente si riempie di musica classica, mentre fantastici effetti di luce completano il quadro. L'acustica delle grotte non ha nulla da invidiare a quella delle grandi sale da concerto. Alla fine dello spettacolo, pensato per essere apprezzato dalle grandi masse di visitatori, si può salire su una barca e farsi accompagnare sull'altra riva. Purtroppo alla vera attrazione, cioè le stalattiti formatesi nel corso dei millenni, è riservato troppo poco tempo, sacrificato fin troppo a favore dello spettacolo musicale.

Coves dels Hams

A solo qualche chilometro dalla strada principale per Manacor si possono visitare le Coves dels Hams, che devono il loro nome alla forma di amo (hams) assunta dalle stalagmiti al loro interno. Le concrezioni in queste grotte si sono ben conservate, protette dietro a varie grate. Anche qui c'è un lago solcato dai musicisti in barca, ma non può competere con quello delle vicine Coves del Drac (in questo caso il prezzo del biglietto non è giustificato!). Un nuovo show virtuale narra le avventure di Jules Verne, lo scrittore francese che nel suo romanzo *Clovis Dardentor* (1896) scelse come ambientazione le grotte di Maiorca, di cui aveva ricevuto una descrizione dal suo amico ed esploratore delle grotte, Martel, e dagli scritti di Salvator sulle Baleari.

Dalle grotte alla città di Manacor, situata nella pianura centrale dell'isola (v. pag. 229) la distanza è davvero molto breve.

S'Illot
e Sa Coma ►J 5

Circa 3 km a nord di Porto Cristo sorge **S'Illot**, località balneare un tempo popolare cui **Sa Coma**, il paese confinante a nord costruito dal nulla, ha via via rubato il primato grazie alle sue spiagge più belle. S'Illot e Sa Coma sono collegati da un'unica passeggiata lungomare. La loro rivalità si traduce in un'evidente riduzione dei prezzi, ma anche in un calo della qualità. Sa Coma attrae sempre più turisti per la forte espansione delle strutture ricettive, ma rimane comunque più tranquilla e pittoresca di Cala Millor con i suoi cubi di cemento pochi chilometri a nord.

Pernottamento

Tranquillo – **Sentido-Mallorca Palace:** Calle Savines, 148, Sa Coma, tel. 971 81 20 09, www.mallorcapalace.com/en, doppia da ca. 175 € con colazione, prenotabile anche con pacchetto all-inclusive. Hotel 5 stelle a tre piani con 114 camere (99 doppie e 15 suite), parco di 5000 m^2 con giardino e piscine esterne, palestra, spa e centro benessere con piscina interna e sauna, ristorante à la carte e buffet. Le camere si affacciano tutte sulle piscine esterne. Non è prevista l'animazione per gli ospiti.

Sportivo – **Sa Coma Playa & Spa:** C. Abedules, Urbanització El Dorado, Sa Coma, tel. 971 81 01 59, www.protur-hotels.com, doppia da 160 € (alta stagione, mezza pensione), prenotabile anche all-inclusive. Albergo a ca. 400 m dalla spiaggia per ospiti sportivi ed esigenti, con grande piscina in giardino, piscina coperta riscaldata e area benessere. In estate è riunito con altri tre

alberghi dello stesso gestore sotto la denominazione **Club Protur Sa Coma Resort**. Ampia offerta di attrezzature sportive (20 sport; tra le altre cose, 18 campi da tennis), camere spaziose con climatizzatore e balcone.

Informazioni

Pullman: L 412 per Palma, Porto Cristo, Cala Millor; mag–ott L 448 per Port de Pollença; la linea A 42 va direttamente in aeroporto.

Cala Millor
e Cala Bona ►J/K 4/5

Solo la penisola protetta di Es Cubells separa S'Illot da **Cala Millor**, considerata la meta turistica più nota di tutta la costa est. Chi lascia la baia di Artà per scendere in questo insediamento alberghiero non troverà tranquillità, bensì il centro di villeggiatura più vivace di tutta la costa est. File di hotel si susseguono lungo la costa, caratterizzata da una piacevole passeggiata e da un'ampia spiaggia di sabbia fine unica nel suo genere. Molte delle vie lungo la spiaggia sono pedonali. Discoteche, locali da ballo, pub e birrerie sono responsabili del rumore sempre elevato e dell'atmosfera piuttosto caotica. Purtroppo anche in questo caso l'ampia fascia delle dune costiere, un tempo paradisiaca, è caduta vittima dell'edilizia selvaggia.

Verso nord Cala Millor trova la sua continuazione nella recente spiaggia di **Cala Bona**, che però non può competere con quella di Cala Millor. Tuttavia c'è un bel sentiero pedonale che porta nel paese, che perciò si propone come meta piacevole per una passeggiata.

Escursioni

Passeggiata
al Castell de n'Amer ▶ K 5

A piedi o in bicicletta si può visitare la zona protetta di Es Cubells situata a sud del paese (indicata), dove si trova nel punto più elevato un'ex torre di vedetta del XVII secolo circondata da un fossato, chiamata Castell de n'Amer. A completare l'ambiente c'è un semplice ristorante con una bella terrazza. I più restii a muoversi possono arrivare anche in macchina.

Sulla punta sud-orientale della penisola si trova la grotta **Sa Cova de ses Crestes**, abitata in tempi preistorici, che era accessibile sia via terra sia via mare.

Coves d'Artà ▶ K 4

www.cuevasdearta.com, lu–do 10–19, in inverno alle 17, visite guidate ogni 30 min ca., ingresso 14 €
Questo labirinto di grotte situato circa 10 km a nord di Cala Bona e affacciato sul mare è conosciuto già da molti secoli. All'interno si trovano grandi sale con formazioni di stalattiti e stalagmiti e tutto il complesso è circondato da un sentiero di circa 400 m creato per i turisti.

Pernottamento

A Cala Millor non mancano certo gli alberghi di tutte le categorie, soprattutto i grandi hotel con molte centinaia di letti. I migliori e più cari si trovano direttamente sulla spiaggia o sul lungomare. Tutti sono prenotabili anche con pacchetti all-inclusive.
Per golfisti – **Petit Hotel Ses Cases de Pula:** Ctra. Son Servera–Capdepera, km 3, tel. 971 56 74 92, www.pulagolf. com, doppia da 195 € (con colazione, alta stagione). Elegante albergo in una vecchia *finca* presso l'omonimo campo

da golf. Dispone di suite lussuose, piscina coperta, idromassaggio, sauna (compresa nel prezzo), due campi da tennis, golf (compresa green fee). La spiaggia però è piuttosto lontana.
Lusso in grande formato – **Hipocampo Park:** Av. s'Estenyol, Cala Millor, tel. 971 58 70 02, www.hipotels.com, doppia a partire da 125 € (solo pernottamento, mezza pensione). Lussuoso albergo di pregevole architettura ai margini del paese, spaziose ed eleganti camere con moquette e balcone, grande piscina con giardino di 12.000 m^2. Buona cucina.
Rurale – **Residencia Son Floriana:** Av. Magnolia, s/n, Urbanització Son Floriana, Cala Bona, tel. 971 58 75 20, www.protur-hotels.com, doppia a partire da 195 € (colazione, alta stagione). Esclusivo *finca*-hotel ospitato in un edificio di 200 anni fa, a ca. 800 m dalla spiaggia.

Mangiare e bere

Data la presenza di numerosi alberghi all-inclusive, nella zona di Cala Millor e Cala Bona l'offerta di ristoranti di buon livello è piuttosto limitata. In compenso si trova un gran numero di normali ristoranti turistici, caffè e birrerie.
Alla griglia – **Amapola:** Av. Sa Coma, 39, tel. 971 81 33 87, ma–do 11–23.30. L'ambiente non è il massimo ma il cibo sì, soprattutto il pesce e la carne alla griglia. Buona scelta di vini. Menù di mezzogiorno a 12 €.
Paradisiaco – **Es Moli d'en Bou:** Carrer Liles Sa Coma, tel. 971 56 96 63, www.esmolidenbou.es, ma–sa dalle 20, sa anche dalle 13, in inverno chiuso. Nella squisita cucina del cuoco stellato Tomeu Caldentey vengono valorizzati anche i prodotti locali. Menù grande 190 € (incl. vino), menù piccolo (me e sa) 97 € (incl. vino).

Di sera e di notte

Antica discoteca – **Disco Karussel:** Passeig de la Mar, 14, tel. 971 81 31 91. Discoteca che esiste dal 1965, con tre bar, molto frequentata sia dai turisti sia dagli abitanti del luogo.

Informazioni ed eventi

Informazioni turistiche
O.I.T. Municipal Cala Millor (Son Servera): Passeig Marítim, s/n, tel. 971 58 58 64, lu–ve 9–13, sa 10–13.
O.I.T. Municipal Cala Millor (Sant Lorenç): Bada de Llevant, 2, tel. 971 58 54 09, lu–ve 9–13, sa 10–13.

Eventi
Festa Virgen del Carmen: 16 lug. Processione di barche in occasione della festa della patrona dei pescatori.
Setmana de Turista: ultima settimana di settembre. Festival turistico con musica, grigliate ed elezione della reginetta della festa.
Sa Revetla: festa folcloristica nella chiesa incompiuta di Son Servera, ca. 3 km a nord-ovest di Cala Millor, solo in estate tutti i ve dalle 20/21. Appuntamenti aggiornati all'ufficio turistico (O.I.T.) di Cala Millor.

Mezzi di trasporto
Pullman: la linea L 412 effettua più corse al giorno per Palma passando da Porto Cristo, le grotte di Drac e Manacor. La linea L 445 fa servizio nel periodo 2 mag–31 ott lungo la costa fino a Port de Pollença passando per Artà, Can Picafort e Alcúdia. La linea L 441 effettua corse tutto l'anno per Cala Figuera passando per Porto Cristo e le grotte di Drac. La linea A 42 va direttamente in aeroporto. Per informazioni e orari aggiornati consultare il sito www.tib.org.

Artà‼ ▶ J 3/4

Già da lontano è possibile riconoscere questa località, circondata dalle montagne e sviluppatasi in una posizione strategica. Non c'è quindi da meravigliarsi che la storia di questo paese risalga alla cultura dei talaiot. Con gli anni a seguire, lasciarono una traccia del loro passaggio anche Fenici e Romani, deducibile non solo dal nome Jartan (dall'arabo *gertan*, giardino), ma anche da alcuni reperti conservati oggi nel museo. Grazie alle conoscenze degli Arabi in materia di irrigazione, Artà era già ai tempi della Reconquista un centro agricolo importante, in cui sorgeva un'Almudaina, ossia il palazzo del governo, che il re Giacomo I decise di trasformare a suo piacimento in seguito alla conquista dell'isola. La città conobbe periodi di prosperità grazie all'agricoltura intensiva. Comunque, nonostante la distanza che la separava dal mare, non riuscì a sottrarsi all'interesse bramoso dei pirati avidi di bottino. Costruendo robuste fortificazioni intorno al paese e alle case non protette dalle mura, gli abitanti tentarono di prepararsi al pericolo imminente. Le precauzioni prese intimorirono i nemici, tanto che la città non subì mai terribili invasioni e saccheggi. Questo carattere fortificato è ancora oggi riconoscibile camminando negli stretti vicoli fiancheggiati da alte facciate senza finestre.

Il centro
Percorrendo Carrer Ciutat (lungo questa strada si allineano diverse interessanti gallerie d'arte) si arriva nel centro di Artà, **Plaça d'Espanya**, sulla quale si affaccia il municipio. Nelle vicinanze si trova il piccolo **Museu Regional d'Artà** (C. Estrella, 4, tel. 971 83 55 05, ma–sa 10–14, 2 €). Nel museo sono esposti soprattutto ritrovamenti preistorici provenienti in particolare dalla zona del ta-

Artà è dominata dalla fortezza e dalla chiesa

laiot de Ses Païses, che si trova poco lontano. Al folclore locale è dedicato il **Museum ArtArtà** (C. Antonio Blanes, 19, www.artarta.es, lu–ve 10–21 e 10–16, 4 €), con le maschere di cartone dell'artista Pere Pujol (1934–2001).

Església de la Transfiguració del Senyor

Poco sopra la piazza è possibile visitare la **chiesa fortificata**, testimonianza di un passato tormentato dalle minacce. Consapevole della sua importanza, questa chiesa con la sua facciata scandita da tre possenti contrafforti domina sui tetti della piazza. In passato, ai tempi della dominazione araba, in questa piazza sorgeva la moschea.

La chiesa e la fortezza

Dalla chiesa parte un **sentiero di pellegrinaggio** fiancheggiato da cipressi, che in 180 gradini sale fino alla fortifica-zione, dominata dalla chiesa di Sant Salvador, meta di pellegrinaggio. In auto si può raggiungere la rocca su una strada che si dirige a est e arriva da dietro. La **chiesa barocca**, che presenta una facciata del XIX secolo, deve la sua importanza soprattutto ai dipinti in essa conservati, tra cui un ritratto della Madonna del XVII secolo e due rappresentazioni storiche: una descrive la consegna di Maiorca al re Giacomo I, e l'altra la lapidazione di Ramon Llull in Algeria. Se questa lapidazione sia effettivamente avvenuta non è stato ancora del tutto chiarito con certezza. Ramon Llull potrebbe anche essere morto in tarda età a Maiorca, poiché in passato l'attribuzione post mortem del martirio a uomini particolarmente meritevoli e famosi era una tradizione molto diffusa tra i biografi di santi e uomini di chiesa.

Dal davanzale merlato della **fortezza** si gode di un ampio panorama sul paesaggio collinare della Serra de Llevant, sui campi e sugli orti ai quali la località di Artà deve gran parte della sua ricchezza.

Pernottamento

Elegante – **Sant Salvador:** C. Castellet, 7, tel. 971 82 95 55, www.santsalvador.com, doppia da 148 € (alta stagione). Piccolo albergo di lusso in un magnifico edificio del XIX secolo con ottimo ristorante (v. sotto). Otto camere arredate individualmente con tutti i comfort. L'albergo offre anche manifestazioni culturali e mostre.

Rurale – **Finca-Hotel El Encinar:** Ctra. Artà–Son Servera (4041), km 3, tel. 971 18 38 60, www.elencinardearta.com, doppia da 130 € (alta stagione). Edificio del XVIII secolo restaurato con molto gusto, gestito da una giovane coppia molto impegnata. Appartamenti e camere doppie, splendido panorama.

Accogliente – **Jardi d'Arta:** C. Abeurador, 21, tel. 971 60 98 78 46, www.hotel-arta.com, doppia da 145 €. Hotel in città a gestione familiare (l'ex S'Abeurador) con 12 camere arredate individualmente e un piccolo cortile interno.

Mangiare e bere

L'offerta di buoni ristoranti è sorprendente per un paese così piccolo.

Raffinato – **Gaudí:** nell'hotel Sant Salvador, tel. 971 82 95 55, me–lu 12.30–15, 19–22, gen–metà feb chiuso. Ristorante gourmet, erede del non meno popolare C'an Epifanio. Primo o secondo da 18 €, menù di 3 portate ca. 30 €, menù di mezzogiorno 16 €.

Rustico – **Finca Es Serral:** Polígono 18, Parcela 43, tel 971 83 53 36, ma–do 19–23, nov–feb chiuso. Ristorante appartenente all'omonima *finca*, di sera aperto anche ai non ospiti dell'albergo. Il locale propone cucina maiorchina casalinga in un ambiente rurale, con bella terrazza. Primo o secondo da ca. 15 €.

Pasta e pizza – **Vino et Cucina:** Carrer Ciutat, 31, tel. 971 83 55 22, aperto mezzogiorno e sera, me e do chiuso. Ristorante molto originale con cucina prevalentemente italiana. Il menù cambia spesso. Primo o secondo da ca. 12 €.

Informazioni ed eventi

Informazioni turistiche

Ufficio turistico: alla vecchia stazione in Av. Costa i Llobera, tel. 971 83 89 81, www.artamallorca.travel.es, lu–ve 10–14.

Eventi

Festa San Antonio: 16/17 gen. Festa popolare con corteo dei "demoni".
Setmana Santa: settimana di Pasqua. Processione il giovedì santo, trasporto della croce dal monte del Calvario il venerdì santo.

Artà, un labirinto per chi guida

Con i suoi numerosi vicoli a senso unico la città di Artà è un vero labirinto per i chi guida. Per questo il visitatore dovrebbe lasciare la macchina alla vecchia stazione situata sotto il paese (Av. Costa i Llobera). Qui si trova anche l'ufficio turistico (tra il 1921 e il 1977 c'era un collegamento ferroviario con Palma, poi soppresso).

Al piano superiore della stazione c'è una **mostra** sulla flora e la fauna del territorio circostante, mentre nella **galleria** al piano inferiore si svolgono esposizioni artistiche temporanee.

Festa de Sant Salvador: 6/7 ago. Festa patronale con processione.

Mezzi di trasporto

Pullman: collegamenti con Alcúdia, Port de Pollença, Cala Rajada e Palma, 1–2 v/giorno anche con Cala Millor.

Escursioni da Artà

Talaiot de ses Països ▶ J 4

Apr–ott lu–sa 10–13.30, 14.30–18.30, nov–mar lu–ve 9–13, 14–17, 3 €, ridotto 1,50 €

Uscendo dal paese, sul versante sud in direzione di Capdepera, una stradina che attraversa gli orti e corre lungo le rotaie della ferrovia in disuso porta a un boschetto dove si nasconde il Talaiot de Ses Països. Insieme a Capocorb Vell (v. pag. 234), rappresenta il relitto più significativo della civiltà dei talaiot. La prima fase risale al XIII secolo a.C., quando sorsero le prime abitazioni.

Nel periodo intorno al 1000 a.C., l'epoca del Talaiotico II, ai margini dell'insediamento furono costruite delle mura di dimensioni ciclopiche. L'ingresso avviene attraverso una porta costituita da tre monoliti. Dopo altri 500 anni l'influsso dei Fenici raggiunse anche Ses Països. L'influenza straniera è riconoscibile non solo nei blocchi di pietra squadrati con maggiore cura ma anche nelle ceramiche ritrovate nel sito, assieme ad armi e oggetti di uso quotidiano. Alcuni edifici presentano ancora il pilastro centrale che anticamente sosteneva il soffitto e che oggi è considerato l'elemento distintivo di questa architettura preistorica.

Ermita de Betlem ▶ J 3

Artà è anche il punto di partenza per visitare la penisola a nord, che solo poche strade carrozzabili permettono di raggiungere, la **Península de Llevant**.

L'unica strada, tra l'altro a curve, attraversa un passo dal quale è possibile godersi una vista magnifica su un paesaggio incontaminato e arriva al monastero di Betlem, che ha un'origine piuttosto recente e può vantare uno dei panorami più belli dell'isola.

Questo eremo ancora abitato, che in passato comprendeva anche alcune rovine, risale a una donazione fatta ad alcuni monaci nel 1805. Dato che le prime messe venivano celebrate dagli eremiti in una stalla, fu ovvio associare questa tradizione con l'immagine della nascita di Gesù. Da qui deriva il nome assegnato alla nuova residenza dei monaci.

A poco a poco si costruì anche una chiesetta, che i monaci di altri monasteri, generosamente, contribuirono ad arredare. I cappuccini di Palma donarono un Cristo, mentre un certosino di Artà si separò, a malincuore, da otto immagini di santi. Successivamente alcune famiglie benestanti della zona si occuparono dell'allestimento e dell'ampliamento della chiesa. Dai primi rudimenti si sviluppò un vero e proprio complesso che iniziò ad attirare sempre più pellegrini. Nonostante la religiosità sia oggi meno sentita, un fenomeno riscontrabile anche a Maiorca e in generale su tutta l'isola, in questo eremo isolato e tuttora abitato si respira un'atmosfera raccolta.

Non ci si può lasciar sfuggire lo splendido panorama che si vede dal **Mirador Sa Coassa** (raggiungibile in una decina di minuti dal parcheggio del monastero) sulla baia di Alcúdia, da Colònia de Sant Pere fino al profilo inconfondibile del Cap de Formentor. Dall'Ermita de Betlem parte anche un sentiero che, attraversando un passo, porta alla località di **Betlem**, situata vicino all'insediamento turistico di Colònia de Sant Pere (v. pag. 207).

Consiglio

Cala Torta, una spiaggia da sogno ▶ K 3

Fino a pochi anni fa questa spiaggia isolata sulla costa settentrionale era ancora un luogo riservato a pochi eletti, perché la strada di accesso di 10 km su un terreno difficoltoso non era adatta a tutti. Dal 2006 però la gran parte della strada è stata asfaltata, e di conseguenza la bella spiaggia fiancheggiata dalle dune e con la sabbia bianca e sottile attrae sempre più bagnanti. La deviazione (indicata) si trova all'uscita orientale del paese di Artà, in direzione Cala Rajada. Si può raggiungere la spiaggia anche a piedi dalla più conosciuta Cala Mesquida presso Capdepera. In estate c'è anche un piccolo chiosco, inoltre sulla strada di accesso si trova il ristorante rustico Sa Duaia. Arrivare alle due spiagge vicine, Cala Estreta e Cala Mitjana, al contrario, è molto difficoltoso per via delle cattive condizioni della strada.

Capdepera ▶ K 3

Capdepera presenta un aspetto marziale simile a quello di Artà ed è situata 11 km a est di quest'ultima sul dorso di una montagna. La sua importanza dal punto di vista storico si deve al fatto che i Romani la fortificarono per sfruttare la sua posizione strategica.

Gli Arabi la trasformarono in una vera **fortezza** (in estate lu–do 9–20, in inverno solo fino alle 17, www.castell capdepera.com, ingresso 2 €), che riuscì per molto tempo a resistere alle pressioni di Giacomo I. Con Giacomo II si assistette al rinforzo delle mura che cingono il maniero, ancora oggi ben conservato e che da lontano veglia sulla città. Nel 1323 la **cappella di San Pietro** fu integrata nella struttura di difesa della città. Fu inoltre aggiunta una Madonna che mise subito alla prova la sua forza protettiva, poiché venne posizionata sulla torre di vedetta dopo che si era saputo che da Cala Rajada stava sopraggiungendo una flotta di pirati. Fu così che scese una nebbia tanto fitta che i pirati furono costretti a tornare sulle loro navi a mani vuote, senza aver potuto sferrare il loro attacco. Esperança, come venne allora battezzata quella Madonna, fu quindi di buon auspicio per la città, impedendo che venisse distrutta e saccheggiata dai pirati. Oggi i turisti hanno così la possibilità di toccare con mano una delle fortificazioni maiorchine meglio conservate del Medioevo, che servì come guarnigione fino al 1854.

Naturalmente la posizione in cima alla montagna offre un magnifico panorama a 360°. Qui il sabato (10–14.30) ci si trova per osservare gli uccelli rapaci, a pagamento, e il 3° weekend di maggio per una festa medievale (Mercat Medieval).

Informazioni

Informazioni: www.ajcapdepera.net.
Pullman: più volte al giorno collegamenti con Cala Rajada e Palma via Artà o Manacor.

Cala Mesquida ►K 3

Dall'uscita del paese una strada chiusa di 6 km porta a Cala Mesquida, un'ampia baia di dune, dove le infrastrutture si stanno sviluppando gradualmente. Il paesaggio è dominato dall'insediamento turistico di Cala Mesquida. L'entroterra è posto sotto tutela ambientale, ma nel 2011 la spiaggia ha perso la sua "bandiera blu". Ad ogni modo la spiaggia è ancora meno affollata rispetto a quelle che si trovano più vicine a Cala Rajada. Cala Mesquida è raggiungibile in macchina solo da Capdepera, mentre a piedi ci si può arrivare anche da Cala Rajada lungo la costa. Da Cala Mesquida parte anche un sentiero per Cala Torta (v. pag. 272).

Una seconda spiaggia, chiamata **Cala de sa Font (►** K 4), si raggiunge con un'altra strada cieca che parte da Capdepera e si dirige verso sud.

Informazioni

Pullman: in estate c'è un collegamento di pullman da Cala Rajada e Capdepera per Cala Mesquida.

Cala Rajada ►K 3

Come la Serra de Tramuntana, anche la Serra de Llevant termina in una penisola, certamente meno spettacolare di quella a nord, tanto che tale regione è tra le meno sfruttate dell'isola. Sul versante ovest i pendii montagnosi si affacciano sulla baia di Alcúdia e i centri abitati sono distribuiti lungo la costa fino a Colònia de Sant Pere. Sulla costa opposta, invece, di fronte al promontorio del versante est dell'isola, sorge la cittadina di Cala Rajada, apprezzata negli ultimi anni da molti turisti stranieri.

A differenza di tante altre località turistiche, cedute all'urbanizzazione e diventate quindi opere artificiali anonime, qui le case sono tutte raccolte intorno a un suggestivo porto turistico e di pescatori. Sul molo, inoltre, si riesce ancora a respirare l'atmosfera tipica dei paesi mediterranei. Sebbene negli ultimi anni la pesca non realizzi più i risultati di un tempo, Cala Rajada è comunque il secondo **porto di pescatori e turistico** più importante di Maiorca. La località è una delle poche sull'isola che offre ottime possibilità di praticare sport acquatici e nel contempo un'atmosfera tradizionale, buoni alberghi e una vasta scelta di gite ed escursioni. La maggior parte degli alberghi si raggruppa intorno al centro storico di Cala Rajada che, date le poche vie che lo attraversano, non offre grandi possibilità per fare quattro passi serali.

Il centro del paese è il **porto**, molto apprezzato dai velisti, il cui molo offre uno spettacolo di tranquilla operosità. Dal porto, una lunga passeggiata verso l'interno attraversa dapprima i bar e ristoranti del turistico **Passeig Colom**, che invitano a un momento di relax con una birra o una fetta di dolce. Poi, proseguendo nell'entroterra, massi e giardini prendono il sopravvento, finché si raggiunge la vivace **Platja de son Moll**. Anche qui sono proliferati i grandi alberghi, cosicché in alta stagione la zona è spesso sovraffollata. Anche questa spiaggia ha perso la sua certificazione della "bandiera blu".

Casa March (Sa Torre Cega)

Parco delle sculture: tel. 971 81 94 67 (prenotazione visite guidate; Oficina de Informació y Turismo); visite guidate: gen–apr me e sa 11 e 12.30, mag–nov me–ve 10.30 e 12, sa/do 11 e 18, 4,50 € ▷ pag. 276

I luoghi del cuore

Cala Rajada, un pomeriggio al faro di Capdepera ▶ K 3

Dalla vivace località portuale parte una strada tortuosa che attraversando una pineta arriva al capo affacciato perpendicolarmente sul mare e sulla cui estremità si trova un faro. Sedersi sul muretto riscaldato dal sole a osservare le nuvole e le navi di passaggio, portare un po' di cibo per i gatti che vivono qui e aspettare finché cala il crepuscolo è un vero balsamo per l'anima, un trattamento benessere a costo zero. Molto prima che il mare diventi completamente nero il fascio di luce del faro inizia silenziosamente a lampeggiare sopra le onde, e sembra quasi che stia dialogando con il faro di Cap Dartuch, situato dall'altra parte del mare, all'estremità meridionale di Minorca.

Proseguendo a nord si raggiunge **Cala Gat**, dominata dalla **proprietà della famiglia March** (v. pag. 71) che occupa 60.000 m². Fino al nubifragio che ha distrutto il parco nel 2001, la tenuta ha costituito un'importante attrattiva turistica con le sculture di artisti tra cui Rodin e Henry Moore. Oggi si possono ammirare 43 sculture di arte contemporanea prenotando una visita.

Sopra il porto, il **faro** di Capdepera illumina l'estremità orientale di Maiorca. Se il tempo è sereno si gode un'indimenticabile vista sulla costa di Minorca e, per chi è mattiniero, anche lo spettacolo di albe splendide.

Più a nord la penisola termina con l'insediamento alberghiero di **Cala Agulla**, che si affaccia sulla bellissima baia dallo stesso nome, chiamata anche **Cala Guya**.

Pernottamento

È più conveniente prenotare gli alberghi per mezzo di un'agenzia.

Arabeggiante – **Lago Garden:** Av. Bon Passeig, s/n, tel. 971 56 36 16, www.lagogarden.com, doppia da 240 € (mezza pensione, alta stagione). Hotel 5 stelle con spa, molto curato e immerso in un parco dietro la baia di Son Moll. Camere spaziose, molte colonne e archi, piscina all'ombra degli alberi, piscina interna, bagno turco, sauna e ampia offerta di trattamenti benessere.

Affascinante – **Bella Playa:** Av. Cala Agulla, 125, tel. 971 56 30 50, www.bellaplaya.com, doppia da 130 € (mezza pensione, alta stagione). Popolare albergo a Cala Guya, un po' antiquato e con camere piccole, ma pieno di fascino e in una splendida posizione. Offre una grande terrazza con piscina, giardino ombreggiato, piscina coperta riscaldata, sauna, locale biciclette.

Bella posizione – **Sensimar Aguait Spa:** Av. els Pins, 61, tel. 971 56 34 08, www.grupotel.com, doppia da 140 € (mezza pensione, alta stagione). Albergo situato in una posizione splendida sulla costa rocciosa, a ca. 1 km dalla spiaggia di Son Moll e a 2 km dal centro del paese, offre grande terrazza con piscina, idromassaggio, palestra, piscina coperta riscaldata e 11 campi da tennis (a pagamento). Dispone di camere spaziose, alcune di queste anche con vista sul mare.

Intimo – **Cala Gat:** Ctra. del Far, 5, tel. 971 56 31 66, www.hotelcalagat.com, doppia ca. 146 € (mezza pensione, alta stagione). Piccolo albergo a 3 stelle, dispone di 46 camere ed è ospitato in un edificio dall'architettura mediterranea, circondato da pini e in posizione tranquilla sotto il faro vicino a Cala Gat.

Curato – **Ses Rotges:** C. Rafael Blanes, 21, tel. 971 56 31 08, www.sesrotges.com, nov–Pasqua chiuso, doppia da 135 € (con colazione). Curato albergo a 3 stelle in paese, con camere raffinate, splendido giardino e famoso ristorante.

Mangiare e bere

A Cala Rajada ci sono numerosi ristoranti, ma la maggior parte propone solo cucina di livello medio per i turisti senza grandi pretese. In compenso però alcuni possono contare sulle loro bellissime terrazze con panorama sul mare.

Relax – **Café Son Moll:** Av. América, 36, tel. 971 56 50 38. Locale a gestione tedesca offre tapas spagnole, pizza italiana e torte tedesche sotto lo sguardo silenzioso di alcune statue di Buddha. Primo o secondo da ca. 17 €.

Familiare – **Coll d'Os:** Hernan Cortes/ Verge de l'Esperanza, tel. 971 56 48 55, www.escolldos.com. Cucina maiorchina di alto livello preparata con ingredienti freschi di produzione propria (orto). A volte bisogna attendere a lungo. Menù variabili a 30 €, buona scelta di vini, bel locale.

Specialità pesce – **Restaurante del Mar:** Passeig America, 31 (vicino alla spiaggia di Son Moll), tel. 971 56 58 36, www.mallorca-delmar.com, nov–mar chiuso, 11–15, 18.30–22.30, lug/ago solo di sera. Ottimi piatti, bella posizione con vista sul mare e servizio attento sono gli ingredienti del successo di questo ristorante. La specialità del locale sono i piatti di pesce. Primo o secondo a partire da ca. 17 €.

Pizza e pasta – **Mama Pizza:** Av. America, 6, tel. 971 56 37 40, www.mamapizza.com, apr–ott lu–do 12–0.15. Una pizzeria sul lungomare che è già diventata un'istituzione. Serve una grande scelta di pizze e pasta a partire da 11 € e ha una bella terrazza con vista panoramica. Con il tempo il ristorante è diventato una sorta di barlounge, e forse non incontrerà il gusto di tutti.

Di sera e di notte

La vita notturna a Cala Rajada è molto vivace e animata, anche se non arriva ai livelli di Platja de Palma o di Palma. I locali sono tutti aperti solo in alta stagione.

After-hour location – **Café Noah's:** Av. America, 2, tel. 971 81 81 25, www.cafenoahs.com, lu–do dalle 10. Di giorno funziona come bistrot, mentre di notte è un punto di incontro prima o dopo la discoteca. Dalla terrazza si gode di una bella vista, soprattutto al tramonto. Un posto perfetto per veri romantici!

Per chi cerca un flirt – **Chocolate:** C. Elionor Servera (Plaça dels Pins), tel. 971 56 48 64, www.chocolate-calarajada.com, apr–ott lu–do 20–4. Bar all'aperto con giardino, da anni ritrovo dei giovani, dalle 21 è molto difficile trovare un posto. I drink sono piuttosto cari, ca. 6,50 €.

Nuovo locale – **Coconar 17:** Calle Coconar, 17, tel. 971 81 86 45, www.coconar17.com, lu–do 20–4. Dopo la chiusura del popolare Cocos Pool, qui si è stabilito un nuovo locale, il Coconar, che resta aperto anche in inverno.

Up to date – **Physical:** C. Coconar, 17, tel. 971 56 52 00, www.grupo-physical. com, in alta stagione lu–do 23–6. La più popolare discoteca hightech della regione, con go-go-girls e diversi spettacoli, soprattutto chart-hits, techno e black music.

Classico – **Bolero:** Leonor Servera, 36, tel. 971 55 55 55, discoteca un po' in là con gli anni, molto buia e con cattiva areazione, divanetti negli angoli, mix di musiche vecchie e nuove.

Informazioni

O.I.T. Municipal Cala Rajada: C. Hernán Cortez, tel. 971 81 94 67, www.ajcapdepera.net, lu–ve 9–17, sa solo 9–12.

Pullman: più volte al giorno collegamenti via Artà e Capdepera per Can Picafort e per Palma, in estate più volte al giorno collegamenti con Cala Mesquida.

Minitren: il trenino turistico fa la spola più volte al giorno tra Cala Agulla (Cala Guya) e Cala Son Moll.

Barche: in estate vengono organizzate diverse **gite in barca**, alcune anche con barche con il fondo di vetro. Le barche di **Barcelo**, www.crucerobarcelo.com, partono ogni giorno per Porto Cristo e Cala Millor e lungo il tragitto prevedono soste sulle spiagge più importanti di questo tratto di costa.

Lessico catalano/castigliano

Quale lingua scegliere?

Nelle località di vacanza più grandi e in molte mete turistiche, negli alberghi, nei ristoranti ecc. le persone parlano e/o capiscono quasi sempre l'inglese. Anche molti dei giovani parlano inglese anche se non lavorano direttamente nell'industria del turismo. La lingua corrente in ampie parti dell'isola è ancora oggi lo spagnolo (castigliano). Con qualche conoscenza di base di spagnolo è possibile cavarsela in tutte le situazioni. È comunque utile imparare la pronuncia giusta (ad esempio dei toponimi) e almeno qualche formula di cortesia: l'accento cade di solito sulla penultima sillaba, altrimenti spesso si trova l'accento indicato sulla sillaba che deve essere accentata.

c davanti a a, o e u si legge k
c davanti a e e i si legge ss
ç di legge ss
g davanti a a, ue, ui, o e u si legge j come in abat-jour
j si legge j come in abat-jour
ll si legge gl come in maglione
ny si legge ni
qu davanti a e e i si legge k
ua, üe, üi e uo si leggono uá, ué, uí e uó
uig si legge come ug (g dolce)
tg e tj si leggono g (g dolce)
tx si legge c come in ciao
x si legge sc come in sciacquo
z è come una s sorda

Italiano   catalano   castigliano

Espressioni di uso comune

Italiano	catalano	castigliano
grazie	gràcies/moltes gràcies	gracias/muchas gracias
di niente	de res	de nada
Scusi	perdoni	perdone
permesso?	em permet?	¿permiso?
sì/no	sí/no	sí/no
chi?/che cosa?	qui?/qué?	¿quién?/¿qué?
dove/da dove?	on?/cap a on?/d'on?	¿dónde?/¿a dónde?/¿de dónde?
come?/quanto?	com?/quant?	¿cómo?/¿cuánto?
quando?/perché?	quan?/perquè?	¿cuándo?/¿por qué?
buono/cattivo	bo/dolent	bueno/malo
economico/caro	barat/car	barato/caro
veloce/lento	ràpid/a poc a poc	rápido/despacio

Saluti

Italiano	catalano	castigliano
buon giorno	bon dia	buenos días
buona sera	bona tarda, bon vespre (maiorchino)	buenas tardes
buona notte	bona nit	buenas noches
arrivederci	adéu; adéu-siau	adiós
Ciao, come va?	Hola, com va això	Hola, ¿qué tal?
Come ti chiami?	Com et dius?	¿Cómo te llamas?
Come si chiama?	Com es diu, vostè?	¿Cómo se llama usted?
Mi chiamo …	em dic …	me llamo …

Muoversi

destra/sinistra	a la dreta/a l'esquerra	a la derecha/a la izquierda
sempre dritto	tot dret; recte	todo recto
città/quartiere	ciutat/barri	ciudad/barrio
via	carrer	calle
strada/viale	carretera/avinguda	carretera/avenida
informazioni turistiche	informació turística	información turística
polizia	policia	policía
aeroporto	aeroport	aeropuerto
All'aeroporto, per favore	A l'aeroport, si us plau!	!Al aeropuerto, por favor!
treno/stazione	tren/estació	tren/estación
stazione dei pullman	estació d'autocars	estación de autobuses
nave/porto	vaixell/port	barco/puerto
biglietto/biglietteria	bitllet/taquilla	billete/taquilla
A che ora arriva a...	A quina hora arriba	¿A qué hora llega
il treno?	a ... el tren?	a ... el tren?
Dove si ferma il pullman	On para l'autocar que	¿Dónde para el autobús
per ...?	va a ...?	que va a ...?
Quanto costa il biglietto	Quant costa el bitllet	¿Cuánto cuesta el billete
per ...?	a ...?	para ...?
andata/e ritorno	anada/i tornada	ida/y vuelta
Dove devo cambiare?	On he de canviar?	¿Dónde tengo que cambiar?
È aperto/chiuso?	Està obert/tancat?	¿Está abierto/cerrado?
Dov'è il distributore di benzina?	On hi ha una benzinera?	¿Dónde hay una gasolinera?

Indicazioni temporali

lunedì/martedì/mercoledì	dilluns/dimarts/dimecres	lunes/martes/miércoles
giovedì/venerdì	dijous/divendres	jueves/viernes
sabato/domenica	dissabte/diumenge	sábado/domingo
data/ora	data/hora	fecha/hora
giorno/settimana	dia/setmana	día/semana
mese/anno	mes/any	mes/año
mattina/di mattina	matí/al matí	mañana/por la mañana
pomeriggio/di pomeriggio	tarda/a la tarda	tarde/por la tarde
sera/di sera	tarda/a la tarda	tarde/por la tarde
notte/di notte	nit/a la nit	noche/por la noche
ieri/oggi/domani	ahir/avui/demà	ayer/hoy/mañana
presto/tardi/prima/	aviat/tard/més aviat/	pronto/tarde/más pronto/
dopo	més tard	más tarde

Soldi/acquisti/posta

prezzo/cambio	preu/canvi	precio/cambio
mancia	propina	propina
Quanto costa?	Això, què val?	¿Cuánto vale esto?
Mi serve ...	Necessito ...	Necesito ...

Cerco ...	Cerco/busco ...	Busco ...
ufficio postale	correus	correos
lettera/cartolina	carta/postal	carta/postal
francobollo	segell	sello
telefono/chiamata/telefonare	telèfon/trucada/telefonar	teléfono/llamada/llamar

Alloggio

Avete una camera libera?	Tenen habitacions lliures?	¿Tienen habitaciones libres?
camera singola	habitació individual	habitación individual
camera doppia	habitació doble	habitación doble
hotel/pensione	hotel/pensió	hotel/pensión

Emergenze

medico/dentista	metge/dentista	médico/dentista
ospedale	hospital	hospital
farmacia	farmàcia	farmacia
medicina	medicament	medicamento
Ho la febbre/	Tinc febre/	Tengo fiebre/
il raffreddore/	un refredat/	un resfriado/
mal di testa/	mal de cap/	dolor de cabeza/
mal di pancia	mal de ventre	dolor de estómago

Numeri

1	u, un, una	uno, un, una
2	dos, dues	dos
3	tres	tres
4	quatre	cuatro
5	cinc	cinco
6	sis	seis
7	set	siete
8	vuit	ocho
9	nou	nueve
10	deu	diez
20	vint	veinte
30	trenta	treinta
40	quaranta	cuarenta
50	cinquanta	cincuenta
60	seixanta	sesenta
70	setanta	setenta
80	vuitanta	ochenta
90	noranta	noventa
100	cent	cien/ciento
200	dos-cents, dues-centes	doscientos, doscientas
1000	mil	mil

Vocabolario gastronomico

catalano	castigliano	italiano

Specialità/preparazioni

catalano	castigliano	italiano
albergínies farcides	berenjenas rellenas	melanzane ripiene
all i oli, aioli	alioli	salsa di aglio e olio
entrepà	bocadillo	panino ripieno
brou	caldo	brodo
bullit, bollit	cocido	bollito/zuppa con carne e verdure
caldereta	caldereta	zuppa a base di pesce
empanades/panada	empanadas	sfoglie di pasta ripiene
ensaladilla	ensaladilla	insalata di patate
fideuà	fideuá	piatto a base di pasta simile alla paella
pa amb oli	pan con aceite	pane con olio, pomodoro, formaggio o prosciutto
paella	paella	riso con carne/pesce/verdure
peix a la sal	pescado a la sal	pesce al sale
sarsuela	zarzuela	zuppa di pesce
sobrassada	sobrasada	salume piccante di maiale tipico di Maiorca
salsa	salsa	salsa
sopa	sopa	zuppa

Spezie/condimenti

catalano	castigliano	italiano
mel	miel	miele
mostassa	mostaza	senape
pebre	pimienta	pepe
sal	sal	sale

Pesce e frutti di mare

catalano	castigliano	italiano
anfós	mero	cernia
anxoves	anchoas	sardine/acciughe
bacallà	bacalao	baccalà
boquerons	boquerones	sardine
bunyols	buñuelos	frittelle
calamars	calamares	calamari
cloïssa	almejas	vongole
gamba	gamba	gamberi
llenguado	lenguado	sogliola
lluç	merluza	merluzzo
musclos	mejillones	cozze
ostra	ostra	ostriche
peix	pescado	pesce
rap	rape	rana pescatrice

| salmó | salmón | salmone |
| sípia | sepia | seppia |

Carne

botifarra	butifarra	salsiccia/sanguinaccio
cabrit	cabrito	capretto
carn de vaca	carne de vaca	carne di manzo
carn de porc	carne de cerdo	carne di maiale
conill	conejo	coniglio
costella	chuleta	cotoletta
escalopa	escalope	scaloppina
llom	lomo	lonza di maiale
llom	solomillo	filetto
xai	cordero	agnello
porc	cerdo	maiale
porcella	lechona	maialino da latte
pernil dolç	jamón york	prosciutto cotto
pernil serrà	jamón serrano	prosciutto essiccato all'aria
mandoguilles	albóndigas	polpette di carne
salsitxa	salchicha	salsiccia

Pollame e selvaggina

ànec	pato	anatra
perdiu	perdiz	starna
pollastre	pollo	pollo

Verdure e contorni

all	ajo	aglio
arròs	arroz	riso
bleda	acelgas	bietole
bolet	setas	funghi
carabassons	calabacines	zucchine
carxofa	alcachofas	carciofi
ceba	cebolla	cipolla
ciuróns	garbanzos	ceci
col	col	cavolo
espàrrecs	espárragos	asparagi
espinacs	espinacas	spinaci
faves	habas	fagioli bianchi
fonoll	hinojo	finocchio
macarrons	macarrones	maccheroni
mongetes	judías	fagioli verdi
olives	aceitunas	olive
patata	patata	patate
pèsol	guisantes	piselli

pebrot	pimientos	peperoni
tàpera	alcaparra	capperi
tomàtigues/tomàquets	tomates	pomodori

Frutta

figa	higo	fico
llimona	limón	limone
macedonia	macedonia	macedonia
maduixa	fresa	fragola
préssec	melocotón	pesca
pinya	piña	ananas
poma	manzana	mela
raïm	uva	uva
taronja	naranja	arancia

Uova e latticini

formatge	queso	formaggio
mantega	mantequilla	burro
nata	nata	panna
ou	huevo	uovo

Dessert e prodotti da forno

coca	coca	torta lievitata oppure una sorta di pizza
gató	tarta de almendras	torta di mandorle alla maiorchina
gelat	helado	gelato
pa	pan	pane
pastís	pastel	torta

Bevande

aigua amb gas	agua con gas	acqua minerale gassata
cafè amb llet	café con leche	caffelatte
cafè americà	café americano	caffè nero
cafè tallat	café cortado	caffè con un po' di latte
cafè sol	café solo	espresso
canya	caña	birra alla spina
cava	champán, cava	spumante
cervesa	cerveza	birra
herbes	licor de hierbas	liquore alle erbe
llet	leche	latte
orxata	horchata	latte di mandorle
pal	palillo	aperitivo tipico dell'isola
suc	zumo	succo
xerez	jerez	sherry

indice analitico

indice analitico

referenze iconografiche/crediti

Copertina: la torre di Ses Animes e il pittoresco paesaggio che la circonda

Risvolto copertina: suggestiva atmosfera serale nella Finca Sa Galera a Cas Concos

Nota: autore e editore hanno verificato tutti i dati con la massima cura. Non si possono tuttavia escludere eventuali inesattezze per le quali non ci si assume alcuna responsabilità. Scriveteci! Ad esempio se qualcosa è cambiato, se desiderate esprimere un elogio o una critica, oppure dare consigli utili a migliorare questa guida.

DUMONT c/o Datanova S.r.l., Via De Togni 27, 20123 Milano, viaggi@dumont.it, www.dumont.it

Edizione originale: Hans-Joachim Aubert – Mallorca; DuMont Reise-Taschenbuch

© 2018 Edizione italiana: Guido Tommasi Editore / DATANOVA S.r.l., Milano
IV edizione aggiornata
Traduzione: Gaia Benin, aggiornamento: Elena Tonazzo
Revisione e redazione: Andrea Arrighini per GTE, Milano
Grafica edizione italiana: Tommaso Bacciocchi per GTE, Milano

Concetto grafico: Groschwitz/Blachnierek, Amburgo, Germania
Stampato e confezionato in Italia

ISBN 978 88 99694 21 0

indice analitico